A Treatise on Money
• 1930 •

约翰·梅纳德·凯恩斯文集
JOHN MAYNARD KEYNES

货币论

② 货币的应用理论

[英] 约翰·梅纳德·凯恩斯 著
李井奎 译

復旦大學出版社

目录

第二卷 货币的应用理论

第五篇 货币因素及其波动

299 / 第二十二章 货币的应用理论

302 / 第二十三章 储蓄存款对现金存款的比例

312 / 第二十四章 流通速度

335 / 第二十五章 银行货币对准备金的比率

358 / 第二十六章 营业活动

第六篇 投资率及其波动

371 / 第二十七章 投资率的波动——I. 固定资本

377 / 第二十八章 投资率的波动——II. 营运资本

399 / 第二十九章 投资率的波动——III. 流动资本

413 / 第三十章 历史的例证

第七篇 货币管理

465 / 第三十一章 货币管理问题

475 / 第三十二章　管理国家的办法——I. 对会员银行的控制

504 / 第三十三章　管理国家的办法——II. 中央准备金的管控

517 / 第三十四章　国际管理问题——I. 各国中央银行之间的关系

524 / 第三十五章　国际管理问题——II. 金本位制度

536 / 第三十六章　国际管理问题——III. 国家自主权问题

564 / 第三十七章　管理国家的办法——III. 投资率的控制

600 / 第三十八章　国际管理问题

616 / **译者跋**

第二卷
货币的应用理论

第五篇　货币因素及其波动

第二十二章　货币的应用理论

我们现在从货币的纯理论以及对代用货币体系之特性的定性研究中转过来，去探讨货币的应用理论以及对现存主要货币体系，主要是英国和美国货币体系中的事实进行定量的研究。

本卷的安排如下：

在第五篇，我们将探讨货币因素及其统计上的波动，比如银行货币总量在储蓄存款和现金存款之间的分配比例、银行货币的流通速度，以及造成银行货币总量如此构成的原因。这些章在阐述上较为详细，这对于使我们能够判断不同因素在数量上的相对重要性而言是必要之举。这是因为，一旦银行货币总量已经确定，则对于这一总量有多少被用于金融流通，多少留给工业流通，储蓄存款的这些统计数字就成了最为重要的指标；而且如果给定工业流通量的话，那么大体而言流通速度就决定了工业流通所能支撑的产出水平和收入水平。

在第六篇，我们不再对所谓"货币方面的影响"进行讨论，而是转而讨论"投资方面的影响"，这样我们就要研究投资率波动的原因，并通过分析近代历史上几个代表性时期所发生的情况而阐明本篇的论点与本书前文的论点。

在第七篇，我们第一次谈及我们主题的规范性一面，也即，国家货币体系的通货发行当局和全世界各通货发行当局应该树立什么样的理想目标，以及在达到这些目标的路上存在着什么样的障碍,最优的解决之道又是什么。

在第五篇,读者可能会认为我是在往价格决定问题的旧式"货币数量"方法上回归,因为我在此篇将会集中讨论货币(monetary facilities)的**供给**,更准确地说,是集中讨论可用于工业流通的货币量的问题。因此,就我所构想的货币数量与物价水平之间的关系,对读者做一番事前的铺垫可能还是有好处的。

如果假设收入的获取和支配在习惯和方法上不变,如果收入水平和产出量给定,而且如果商业存款 A 的流通速度也没有变化,那么,工业流通所需的货币量就被唯一地决定了。如果满足了金融流通的需要之后可用的货币量少于此数,那么,要维持现有的收入量将是不可能之事。此外,在均衡状态中,当所有生产要素都得到了利用,储蓄与投资相等时,那么,工业流通量就不仅决定了收入量,而且也决定了物价水平;同时,根据产出和就业量的变化而进行更正后,它还决定了报酬率。也就是说,**当物价水平与生产成本处于均衡状况时**,可用于工业流通的货币量的确(如果习惯和方法未予改变)可以控制局面;我们需要在传统公式中唯一引入的修改,就是添上"可用于工业流通"这么几个字即可。我们在本书第一卷第三篇和第四篇所发展的对普遍接受的理论所做的改变,其意义就在于,当均衡因储蓄与投资之间的不平等而受到扰动时,以及从一种均衡状况转移到另一种均衡状态时,在物价决定的运行方式上对它们进行应用。

当然,从形式上来看,这种变化与传统货币数量论彼此是兼容的——由于后者是一个恒等式,这确实是不言自明的。但是,根据传统理论,这一点却又没有以一种富有启发性和易于理解的形式被人提出来,而是与其他因素一起被放置于那个廓然而笼统的概念"流通速度"之下。

且让我们把数量方程写出如下:

$$M' \cdot V' = \Pi \cdot O$$

其中 M' 是工业流通量，O 是产出量，Π 是产出的物价水平；如此则按照我们的讲法 V' 就是一个与流通速度 V 不同的复杂概念它由两个要素组成——其中一个取决于银行业、商业和工业的习惯与方法，与传统流通速度具有相似的特性；另一个则取决于储蓄和投资之间的平衡，当投资过剩时它大于1，当投资和储蓄相等时它等于1，当储蓄过剩时它小于1。

本书第五篇主要由对该方程左边的货币要素之统计研究所构成，该要素大不同于我们所称的投资要素；这些纯粹的货币要素与传统数量方程所考虑的那些因素相同或相仿。 5

第二十三章 储蓄存款对现金存款的比例

在第一卷的第三章,我们已经定义了储蓄存款和现金存款,并在第十五章就它们对金融流通与工业流通的关系进行了说明。由于这两者一起构成了总的存款,由此可知,储蓄存款对现金存款的比例之变化,容易对现金存款量尤其是对收入存款量做出反应,除非有意通过总存款量的相应变化而对之予以抵消。在本章,我们将根据统计资料对储蓄存款的比例在实际经验中的波动程度加以研究,从而能够就这些变化对总体货币状况所引发的反应之大小进行研究。

我们在第三章看到,英国的存款账户和美国的定期存款大体上相当于储蓄存款(saving deposits),而英国的往来账户(current accounts)和美国的活期存款(demand deposits)大体相当于现金存款。美国法律要求定期存款和活期存款必须分别公布,是故,这方面在获得统计数据方面没有什么困难——只要我们能够认定定期存款的波动乃是储蓄存款的近似代表即可。但在英国,迄今为止若无银行本身的帮助,是不大可能获得任何可靠的指标的。

1. **英国**。不过,由于所完成的虽不彻底但却代表着一个很不错的样本的调查,我已经获得了非常有意义的指标,用来说明当前英国银行体制下存款账户和往来账户之间的转账往来所具有的实践和理论意义已经足够了。同时,我们一定还记得,在第三章我们曾指出,英国的存款账户和往来账户之间的分界线很明显是模糊不清。大多数存款都是时间很短——七天到十四天——的通知存款，事实上常常是随支随取，可以减去几天的利息来代替通知。据称，存款时间明确比较长的存款不超过全部存款账户的四分之一或三分之一。

在大战之前，大家普遍认为英国定期存款占总存款的正常百分比接近50%。[1]在战争期间，存款账户（相对于存款的普遍增加而言）大大减少，截至1919年，定期存款额似乎维持在存款总额的三分之一多一点，而非二分之一。根据我所能从银行家那里获得的信息来看，[2]存款账户和往来账户每年占总存款的百分比之变化大体如表1所示。

表1 英国存款账户与往来账户在存款总额中所占的百分比

年份	存款账户（%）	往来账户（%）
1913	48	52
1919	34	66
1920	38	62
1921	44	56
1922	44	56
1923	43	57
1924	44	56
1925	45	55
1926	46	54
1927	46	54
1928	47	53
1929	48	52

因此，存款账户的比例是逐步向战前水平在恢复的，从1919年到1929年几乎从未间断。

由于米德兰银行和劳埃德银行如今按月公布其百分比数字——我希望这能成为其他银行效仿的榜样——所以，引述这些数字与前一张表格中给出更

---

[1] 劳埃德银行给出的年平均值可以上溯到1902年。定期存款占总存款的百分比在1902年是41.8%，从1903年到1905年大约为44%，1906年是46.4%，1907年到1914年大约为48.5%。这与战后的体验非常相似。定期存款似乎因布尔战争（the Boer War）而减少，之后稳步复苏到50%，1906年到1907年的"牛市"崩溃又使这一复苏受到剧烈刺激。

[2] 所给的这些数字是"五大"银行当中的三家提供给我的指标的平均值。最近另外两家也公布了它们的数据。

为全面的估计值一起列出来（表2）将会很有用处。

表2　存款账户占存款总额的百分比

年份	米德兰银行（%）	劳埃德银行（%）
1919	28.6	39.3
1920	33.8	43.3
1921	39.7	49.3
1922	40.0	50.3
1923	40.2	48.5
1924	41.5	49.0
1925	42.7	50.4
1926	43.7	51.4
1927	44.3	52.6
1928	44.7	53.6
1929	46.8	54.8
1930（6个月）	48.3	55.5

7　这些数字表明，存款账户与往来账户相对比例的变化已经大到足够使存款总额的变化成为有关往来账户变化的一个充满误导性的指标——这一点表3对之有着清楚的说明。

表3

年份	九间清算银行平均存款总额 （1924年为100%）	假设的往来账户占存款总额的比例	往来账户的估计总额 （1924年为100%）
1919	90*	66	106
1920	100*	62	111
1921	108	56	108
1922	106	56	106
1923	100	57	102
1924	100	56	100
1925	99	55	97
1926	100	54	96
1927	103	54	99
1928	106	53	100
1929	108	52	100

* 估计数字。实际数字迄今未公布。

因此，如果这些估计值均正确无误，[1]虽然1920年的总存款可能至多与

---

[1] 如果这些数字不准确，我希望那些对情况能有了解的银行家们会出来进行更正。

1926年一样高，但往来账户却高出了16%。这种不断从往来账户向存款账户的转移，使得存款账户经历战后衰减之后逐步向战前的正常比例恢复。事实上，这种转移起到了一种隐蔽的通货紧缩功能，用于解释——假设它同等地影响了营业存款和收入存款——在存款总额没有任何变化作为助力的情况下物价水平降低大约20%的现象已经足够。

对于解释1920年到1923年之间的物价水平下降的幅度——其与存款总额下降的幅度（如果有的话）不成比例——以及它们后来在1923年到1926年间的情况，这些数字尤其有帮助。1923年到1926年间，根据公布的情况，全部银行存款并未改变，同时消费指数也几乎没有变化。然而，如上表所示的往来账户总数所占的百分比则从102%下降到了96%（1924年为100%）。由于1926年的产出量几乎肯定要少于1923年，所以，此一期间往来账户的减少为有关货币发展过程的解释补上了一个重要的缺环。

然而，英国的往来账户从存款总额中分离出来，对货币状况的发展历程之解释提供的最为显著的贡献却是在战争期间的那部分。我们还记得，1914年第一次筹集战争公债所遭遇的失败，其中大部分不得不由英格兰银行和其他银行认购，嗣后进行了密集性的宣传运动，让公众认购之后的战争公债。彼时提出的理由是，银行认购这些公债会造成通货膨胀，而公众认购则无此虞；人们甚至认为，这一理由也适用于公众从存款账户取出货币来用于认购战争公债的做法——的确，彼时银行为使这一做法得以顺利进行还做了一些特殊的"爱国主义的"安排。我认为，当时没有人注意到这样的做法乃能成为带来通货膨胀的利器。实际上这类认购措施在效果上就好似银行自身直接认购，且在其往来账户中增加全部认购金额一般。公众把全然不具备现金功能的存款账户里的货币转移到政府的往来账户中来，由政府来支出，从而增大了其他往来账户，使流通货币量增加到与任何可以观察到的银行总存款额的变化完全不成比例的地步。因此，有些受到干扰的存款账户可能是银行持有的这类账户中最持久、最可靠的账户。

如果我们假设，在爱国主义宣传的影响下，投资在战争公债上的存款账户只有战前存款账户的三分之一，那么（假设在战前存款账户只占存款总额的一半）往来账户就将增加33%，这对于把物价维持在比战前高出这么多的水平上已然足够。事实上，政府支出的性质是使其中的很大部分很快归为收入存款，其结果是，从储蓄存款所做的转移在使货币购买力降低方面发挥了其全部的效力。的确，1915年到1916年英国货币的发展历程，几乎称得上是关于这类转移对物价所能发挥影响的方式给出的一个完美例证。

因此，这一未被观察到的在存款账户与往来账户之间来回转移的因素，对于1914年到1920年间英国物价的上涨以及1920年到1926年间的下降，很可能产生了相当可观的作用。不过，如果所有银行都同意分别公布其存款数据和往来账户以往和今后的数据，我们应该可以对过去的情况做出更为精确的判断，也可以调整我们的未来政策，以便对这一因素加以考虑。

此外，对于银行惯例以及宣传活动的改革，有迹象显示也是合乎期待的。英国银行目前通行的办法是对存款账户和往来账户保持相同比例的准备金。另一方面，美国的情况则非如此。美国法律要求联邦储备系统的会员银行对定期存款仅持有3%的准备金即可，与之形成对照的是，对活期存款则需保有7%到13%的准备金。这极大地缓解了储蓄存款所代表的那部分金融流通的变化对工业流通所产生的膨胀或紧缩的影响。如果英国的银行打算对存款账户保有一个很低的准备金率，而不是采取与往来账户相同的比率，那么这就可能使得英国的银行体系对工业所发挥的作用更加和缓。[1]

---

[1] 英国皇家印度通货委员会（The Royal Commission on Indian Currency）（1926）曾向计划成立的印度新中央银行推荐美国的制度（§161）。印度的银行要在中央银行保有10%的即期债务和3%的定期债务。此外，这一制度自1923年起已经在南非施行。

的确，如果我们能够确定存款账户与储蓄存款严格对等，那么，从某些观点来看，对存款账户不留任何准备金是有其理由的——这将可以保证储蓄存款量的变化不会对现金存款总额造成变化。反对这一办法，乃至反对让存款账户准备金率低于往来账户的那种实用性观点认为，这会冒险鼓励银行私下与其客户达成协议并加以让步，从而把实际上的现金存款伪装成储蓄存款，由此而避免提供准备金。据称［见下文（原文）第 15 页］，这种逃避现象在美国事实上已经猖獗到了一定程度。如果这一反对意见被认为具有现实可行的根据，故而算得上是一绝佳的理由，那么，在考虑到会员银行们的存款账户与往来账户之存款比例后，中央银行在决定让会员银行保持哪一种合适的总准备金水平时，可以得出大体相同的结论。当下在英国英格兰银行甚至可能不知道这个比例，更为可能的是它没有认识到这个比例相关意义。

就算我们承认，中央银行关注金融流通量从而避免资本膨胀或紧缩——这迟早会对投资量做出反应——通常值得称许，任何改变若能使中央银行更加容易分别对工业流通和金融流通加以考虑和处理，就是值得称道的改变。

2. 美国。这使我们可以研究美国的同一现象——虽然由于上述理由，作为干扰因素该现象在美国不像它在英国那样之严重。然而，值得注意的是，正是美国联邦储备系统在 1925 年到 1929 年之间定期存款的增长而无需准备金的相应增加，才可能使得会员银行的贷款和投资大大增加，同时又没有带来商品价格的上涨。

联邦储备系统的统计资料本身可以作为一项独立的研究，对它的研究我无法胜任。不过，表 4 给出的活期存款与定期存款各自的情况，已足可说明储蓄存款与现金存款之比所发生的波动，其意义在英美两国并不相同。

表 4　美国定期存款与活期存款占存款总额的百分比[1]

年份	定期存款（%）	活期存款（%）
1918	23	77
1919	24	76
1920	28	72
1921	32	68
1922	32	68
1923	35	65
1924	36	64
1925	37	63
1926	38	62
1927	40	60
1928	42	58

因此，美国和英国定期存款对活期存款之比的上升趋势在方向和数量上大体都是一样的。由于定期存款需要的准备金百分比要低得多，所以，这一变动在给定准备金基础上实际可得的银行信用之增长要比其他情况下大得多。此外，如果定期存款的增长没有那么大，那么，在不使物价上涨的情况下，银行信用规模不可能扩张得如此之大。这是一种健康的发展。但是，如果遵守英国的那一种准备金惯例，则定期存款如此增长必将产生严重的通货紧缩效果。即便就实际情况而言（准备金按照3%的规定），如此则在给定的准备金基础上所带来的对物价水平的影响，会使其较之于这类准备金原本所能维持的物价水平为低。

英国和美国银行业的惯例各自就定期存款的准备金百分比所产生的不同效果，可以由下列计算得到阐释。我们把美国活期存款的平均准备金率定为11%，定期存款的平均准备金率定为3%，英国总存款的准备金率为11%；那么，如果存款总额中有10%从活期账户转入定期账户，以使定期存款由占

---

[1] 这些数字是根据"公告"日期（"call" dates）（一年3—5次）持有量的平均值而来；参看《联邦储备局第十三次年报》（*Thirteenth Annual Report of the Federal Reserve Board*, 1926），第142页。定期存款包括邮政储蓄存款。若用"活期存款净额"代替"活期存款"，则所得数字略有不同。

存款总额的 30% 增加到 40%，如此在美国对物价水平产生的影响，排除其他因素，会造成 4% 的下降趋势，而类似的账户转移在英国则会对物价水平造成 14% 的下降趋势。

事实上，美国定期存款在 1920 年到 1929 年近乎一倍的巨大增长，使金融流通在那些年间扩展到了若使用英国的准备金惯例则会使物价因工业流通紧缩而严重下跌或使准备金成比例地增加之地步。英国的体制因其急于防止银行作为工业目的的货币供应者上所可能发挥的通货膨胀作用，这就使它们在完成其他职能上缺乏弹性，也即在应付金融流通的波动性所需的更多货币时缺乏权变的空间。另一方面来看，美国的体制对于金融流通的扩展只是起到略踩刹车的作用。

就维护工业稳定而言，美国的体制要显得更加明智而有效。另一方面，人们也可以提出这样的反对意见：正因为如此，此一体制可能会让资本膨胀发展到英国体制所不可能达到的地步。但是，如果维护工业稳定和最优的产出量是我们的主要目标——整体而言我认为应该如此——那么，美国的体制更值得期待。

我还应再补充一下，从定量角度来看，阅览美国统计数字时必须小心为是。按照《联邦储备局报告》（*Report of the Federal Reserve Board*，1926）第 8 页所载，定期存款的增加"某种程度上只代表由于定期存款所需的准备金比较低，以及会员银行更加努力地鼓励储蓄账户这两个因素而使活期存款转移到定期存款的现象"。[1] 不过，规定三十天内的通知存款均属活期存款范围这一规章性质较为严格从而对上述情况起到了抵消作用。就其自身而言，这

---

1 此点由帕克·威利斯教授（Professor Parker Willis）的《美国银行业大变革》一文［《银行家》（*The Banker*），1927 年 5 月，第 385 页］所确证，在这篇文章里，威利斯教授认为定期存款的增长乃是因为银行之间产生了过度竞争所致，过度竞争使银行不仅提供高利率，而且还鼓励客户将通常以活期方式储存的款项纳入到了定期的范畴当中。

一规章是极好的，因为一个体制如果鼓励尽可能严格划分储蓄存款和现金存款，那将是受人欢迎的。

此外，自大战以降，美国定期存款的增长率一部分是由于会员银行在定期存款准备金比例较低的刺激下当下付出了更大的努力，从互助储蓄银行那里把这一业务争取过来而造成。表5的这张表格是由W. R. 伯吉斯（W. R. Burgess）给出的［载于《储备银行和货币市场》（*The Reserve Banks and the Money Market*），第38页］，该表说明了两种储蓄存款合并之后的结果。

此表主要让人关注的地方，可能在于它说明了社会习俗在它所揭示的变动不居的环境中乃是高度稳定的；同时，美国和英国的相应数字也高度接近——这是因为，如果我们要使这些数字能和表1更加可比，从而把英国的邮政储蓄银行存款也纳入在内，那么，相应于表1最后一列的英国战前与战后的百分比均大体为54%左右，[1]与之相对，美国则是51%和52%。

表5

年份	储蓄存款			个人总存款（百万美元）	储蓄存款和定期存款占总存款的百分比（%）
	互助储蓄银行（百万美元）	商业银行中的定期存款（百万美元）	总额（百万美元）		
1911	3 459	4 504	7 963	15 604	51
1914	3 910	4 802	8 712	18 891	46
1916	4 102	5 357	9 459	22 065	43
1918	4 382	7 153	11 535	24 518	47
1920	5 058	10 256	15 314	32 361	47
1922	5 818	11 761	17 579	36 336	48
1924	6 693	14 496	21 189	41 064	51
1926	7 525	17 171	24 696	47 472	52

3. **其他国家**。很显然，储蓄存款占银行存款总额的正常百分比国与国之间随其银行界的习俗和传统之不同而差别很大。我没有十足的把握引述欧洲国家的数字，因为不同国家的银行统计数字往往有不同的含义。不过，关于德国，我们则可以取得一些较全面的数字。1928年3月31日，83家信用银行

---

[1] 若把信托储蓄银行纳入进来，将会把这个数字提高1%或2%。

(包括6家主要的柏林银行)、22家州和省的银行,以及17家票据交易所(Girozentralen),一共拥有6.88亿英镑的存款(不含流通中的支票),其中七天内的通知存款占比为39%,七天以上、不足三个月的通知存款占比为50%,三个月以上的通知存款占比为11%。在澳大利亚,计息的定期存款(fixed deposits)很多是一年或两年的定期,据估计,1927年的存款总额为2.85亿英镑,其中这种存款占比为60%。

16

第二十四章 流通速度

第一节 运用于银行货币的"速度"概念

"流通速度（或快速程度）"[velocity (or rapidity) of circulation] 这个表述首次被使用，是在支票制度得到发展之前，此时通货主要由铸币和银行钞票（bank notes）构成。这个"速度"衡量的是铸币（或银行钞票）的平均换手率，从而表明了通货对商业交易的"效率"。[1]这个概念界定明确，并无模糊之处。但是，为了清晰起见，还必须申明的一点是，这一概念只应运用于实际**作为货币**的铸币和纸币，而不应运用于贮存。这是因为，不然的话，贮存量的增加（或减少）看起来将会导致货币流通速度的下降（或提高），然而贮存实际上所引起的只是有效货币的供应或**数量**的下降（或提高）。因此，就实际可行的范围而言，我们一般都把"流通速度"局限在有效货币（effective money）或实际流通中的货币上，根本不进入流通而只用作"价值贮藏手段"，因而无速度可言的货币并不包含在内，以免冲淡了流通过程中的货币速度而使这个概念没有了价值；一旦把贮存量的变化考虑进来，则是把这些变

---

[1] 不过，还有一个非常古老的传统，这一传统认为"速度"与一国年度收入对该国现金储蓄的比率是相关联的。本章下一节我会回到这一点上来。读者要想了解在这个问题和其他问题上对速度这个概念的发展所做的极为有趣的历史总结，可以参看：Holtrop, "Theories of the Velocity of Circulation of Money in Earlier Economic Literature", *Economic Journal History Supplement*, January 1929.

化看作牵涉到流通货币的供应或数量的变化,而不是牵涉到流通货币的速度变化。举个例子,在估算印度的货币流通时,习惯的做法是尽可能地把贮存起来的卢比排除在外;即便在公开铸币的时代 (the days of open mints),该国贵族和平民作为价值贮藏手段而持有的贮存起来的金锭、银锭以及金银首饰通常也是不被包含在流通货币存量当中的。例如,由于饥荒造成的这种贮存减少,被说成是增加了流通货币量而非提高了流通速度更加合宜。

当我们把这个概念扩展到银行货币时,会出现一个类似的问题,即我们到底是该用存款总额还是现金存款来代表货币量。流通速度应用于银行货币时,把它定义为单位时间上支票交易总量对银行存款总量的比率,出于上述的目的而把整个存款量都看作处于实际流通之中,这种看法也不是不普遍。[1] 在英国,存款账户和往来账户的统计资料并没有分开,这就相当于为了计算流通速度而把"贮存"当成了现金。这是因为,我们是在把实际上所称的"价值贮藏手段"视为流通货币了——其结果是,这一贮藏价值量的变化以流通速度上令人误解的表象而出现。基于我们在第二十三章已经厘清的那些理由,这一不合宜的术语容易就得到正确结论造成障碍。

为避开这一困难,我提议使用这样两个名词,即速度(V)和效率(E);[2]后者表示银行票据清算额对存款总额的比率。这便可以让我们自由地使用"流通速度"这一表达,以清楚地表示真正作为现金的存款——即现金存款——之周转率或周转速度。由此可知,$E = Vw$,其中 w 是现金存款占存款总额的比例。把 E 这个表达称为银行货币的**效率**或**现金效率** (efficiency or cash-efficie),这并非不相宜。这是因为,这一部分变得越大,则相当于银行货币某个给定量的现金周转量就越大——储蓄存款的增长会降低用作现金

---

1 例如,庇古教授采用了这个办法[《工业波动》(*Industrial Fluctuations*),第十五章],但欧文·费雪则没有采用这个方法,他将"速度"的应用局限在活期存款上。

2 在早前的一章里,我曾用字母 E 表示"报酬"。我希望这种符号的重复使用不会带来混淆。

的银行货币的"效率",而其下降则会提高这一"效率"。

第二节 收入存款流通速度与营业存款流通速度的区别

不过,比现金存款的流通速度(V)和总存款的效率(E)之间的区别更为重要的,乃是收入存款流通速度V_1和营业存款流通速度V_2之间的区别。符号V是两类极为不同的事物的平均值,某种意义上言之,它根本就不是真正的速度。即使V_1、V_2没有变化,由于分别代表收入存款和营业存款的活期存款之比例的变化,V仍然可能发生变化;这就好比如果电车和火车的速度没有任何变化,则乘坐电车或火车的伦敦乘客的载运速度仍可能由于乘客比例的增加而提高载运速度一样。

因此,若和之前一样,M_1、M_2、M_3和M分别代表收入存款、营业存款、储蓄存款和总存款,M_1、M_2、M_3的流通速度分别为V_1、V_2和0,M_1、M_2的平均加权流通速度为V,M_1、M_2、M_3(即M)的平均加权流通速度(或如我所称的"效率")是E;那么,如果B是现金交易或货币周转总量,则我们有:

$$B = M_1 V_1 + M_2 V_2 = V(M_1 + M_2) = E(M_1 + M_2 + M_3) = EM$$

由此可以明显地看出,即使V_1、V_2是常量,E和V还是可能会因M_1、M_2和M_3对M的比率不同而不同。因此,对于合成量V和E的变化,我们一定要区分它们是由真实的流通速度V_1和V_2的变化而造成的还是由$\dfrac{M_1}{M}$、$\dfrac{M_2}{M}$和$\dfrac{M_3}{M}$的变化所造成。

我认为这一区分将能使我们澄清非常古老的一个概念上的混淆。从这一主题最早期的文献来看,正如豪尔特罗普博士(Dr Holtrop)所表明的那样,[1]货币理论家一直在如下两种倾向之间犹豫难决:一种倾向认为速度

---

[1] 参见前引书中各处。也可以参看其著作:*De Omloopssnelheid van het Geld*。

（或快速程度）乃是国家货币存量和国民收入之间的一种关系，另一种倾向认为速度乃是货币存量和交易总量之间的一种关系。早期的著作家主要受前一种概念的影响，但是在十九世纪后者大行其道，到今天，尤其是在当代美国文献中，后一概念已然被欧文·费雪教授的著作奠定了坚实的基础。不过，无论是在约翰·斯图亚特·穆勒还是在——我们将看到的——熊彼特教授和庇古教授的著作里，我们可以发现前一概念的痕迹非常明显。

混淆之处是这样的。如果我们意欲关注平均货币存量和国民收入之间的关系，那么我们必然用前者意指作为收入领受者的公众成员所持有的平均存量，即收入存款，而不是指包含营业存款的总货币存量。收入获得者每年的总收入和他们所持有的平均货币存量之间的关系是一回事，这种关系我们称为收入存款的流通速度；而用于各种目的的总交易流量和因各种目的而持有的平均货币存量之间的关系是另外一回事，这种关系我们称为现金存款的流通速度。但是，收入获得者所持有的平均货币存量和出于各种目的而持有的平均货币存量之间的关系，是一个混合而成的概念，并无什么特别的意义。然而，这类概念在经济学文献中却一而再、再而三地出现。例如，在最近一次关于这一问题的讨论中，庇古教授［在《工业波动》（*Industrial Fluctuations*），第十五章］区分了三类"速度"。其第一个意义下的速度（参同前引书，第152页）——我认为这是他最偏爱的一种——是由一个社会的**货币收入**占**货币总存量**的比率来衡量的；他的第二个速度是由**用于换取现金的收益性商品的数量**之货币价值占货币总存量的比率来衡量，而第三个速度是由**用于换取现金的所有各类商品的数量**之货币价值占货币总存量的比率所衡量。用我的术语来表示，这第三个速度就是我所谓的现金存款的流通速度（V），或者这样说，如果庇古教授把储蓄存款包含在"货币"当中，那么它就是银行货币的效率（E）。但其第一个速度用我的符号表示，则 $E=\dfrac{M_1}{M}V_1$，因此乃是两个

20

全然不同事物的乘积。这就仿佛他打算用电车和火车所载乘的乘客总数去除火车乘客1小时所行驶的客运里程数,然后把这个结果称为"速度"。我认为,熊彼特教授在使用这个术语时,差不多也是这样做的。[1]

第三节 收入存款的流通速度

目前,无论是哪一个国家,我们都无法取得与营业存款相分离的收入存款量的估计值,有鉴于此,若想直接通过把它们的量与国民收入相比较而计算其流通速度,势必难以实现。不过,如果在我们所了解的该社会的习惯上进行通盘考虑,那么,对于这一速度所可能处于的大概范围给出某个估计值,这还是有可能的。

收入存款的流通速度是一个社会有关下列各个事项之习惯的函数,这些事项包括:工资和薪水发放的时间间隔是按周、月还是季度[2]等来算;两次取得收入的日期之间在支出其收入上规则还是不规则;从一个收入日期到接下来的收入日期,其收入中有多大比例继续用于存储。更准确的表示是:

令 R = 相关的年收入,

x = 每年收入发放的次数(例如,如果收入按周支付,则 $x=52$)。

---

1 到底佛斯特(Foster)和卡钦斯(Catchings)二位先生〔在所著《利润》(*Profits*)一书〕使用的"货币周转速度"(*circuit velocity of money*)一语是在我之意义上言之,还是在庇古和熊彼特教授的意义上言之,我尚不是非常肯定。

2 这一点曾为威廉·配第爵士的《献给英明人士》一书所清楚地理解,豪尔特罗普博士在其讨论流通中的货币是否足用的那一段中引用了配第的话(参同前引书):"假如消费是4000万英镑,如果周转周期非常之短,就好比周六领取收入的贫穷艺术家和劳工一样,那么,100万英镑当中有40/52就够用了。但如果周转周期是按季度来,按照我们付租金和收税赋的习惯,那就得要1000万英镑才够。因此,假设对收入的支付一般是在1周和13周之间,那么40/52再加上10,然后除以2就会得到 $5\frac{1}{2}$,大概就是550万英镑;这样的话,我们有550万英镑就足够了。"

且让我们假设收入在一次收入发放日期和下一次发放日期之间是以一种规则的平均速率而被花费出去的,而波动集中于每一次领取收入的时期结束时的继续存储量上,也即集中于在发放收入的日期前夕持有在手里的收入存款量(这个假设仅仅是为了算术上的方便);如此则继续存储的平均量为$\frac{R}{y}$。

由此可知,收入存款的平均水平是$\left(\frac{1}{2x}+\frac{1}{y}\right)R$,因此它们的流通速度是$V_1=\frac{2xy}{2x+y}$。

在不同的假设下,V_1的数值很容易就可以计算出来。如果收入按周发放,即$x=52$,$\frac{R}{y}$是三周的收入,则大体上有$V_1=15$;而如果$\frac{R}{y}$是一周的收入,则$V_1=35$。如果收入按月发放,即$x=12$,$\frac{R}{y}$是两周的收入,则$V_1=12$。如果收入按季度发放,即$x=4$,$\frac{R}{y}$是一个月的收入,则大体上有$V_1=5$。读者可以自由地做出任何其他自己认为合理的假设。很显然,收入发放的时间间隔越短,则平均而言,继续存储总数所占每次收入量的比例就越大,这是因为对于给定量的收入而言,把收入花费出去的时间间隔要长于收入发放的时间间隔——如假期的支出。

通过抽样调查来确定代表性阶级的代表性成员平均而言年收入中有多少比例以现金或活期存款方式持有,并非难事。如果连这也做不到,那我就冒险推测若是把钞票和银行存款余额包含在收入存款的定义当中,那么,目前英国的V_1值可能每年为12左右,按周工资获得者来计算可能是17,按月或按季付酬的话该值大约为10,如此等等。这意味着,平均而言周工资获得者平均持有的现金大约等于三周的收入,而该社会其他人所持有的现金和本期

22

银行存款余额则大概等于五个星期的收入,整个社会的平均值接近一个月的收入。¹这些数字乃是一年所平均持有的余额,与按照季度等的发放日远高于此的余额可以兼容。

当然,在缺乏统计证据的情况下,这些数字不过是猜测而已,意在表明相关数量的可能量级,并刺激有关机构将来给出更好的统计资料。不过,上述所给出的数字与已知的事实是相当一致的。这是因为,如果我们假设没有在银行设立账户的周工资获得者其收入为每年 17 亿英镑,其他人为每年 30 亿英镑,²那么,由上述可知,由前一阶级作为现金收入所持有的钞票的平均量将会是 1 亿英镑,后者所持有的钞票和收入存款的平均量为 3 亿英镑,这其中让我们假设银行存款是 2.75 亿英镑,钞票是 2 500 百万英镑。由于实际的纸币流通量(即不持有在银行手中而处于流通当中的钞票)可能大约为 2.5 万英镑,所以按照上述假设,以其他方式持有的钞票就是 1.25 亿英镑,其中 1 亿英镑是营业现金,2 500 百万英镑是储蓄存款(即那些没有在银行设立账户的人所持有的贮存量);由于往来账户上的银行余额大概是 10.75 亿英镑(年度平均值),所以营业存款和伪装的储蓄存款是 8 亿英镑。所有这些数字似乎都非常合理。这是因为,如果我们把薪资阶层的流通速度提高到 15,那么这就会把银行收入存款减少到 1.75 亿英镑(这似乎太低了),而把营业存款等提高到 9 亿英镑。另一方面,周工资获得者的流通速度下降似乎很少与纸币发行量的已知事实相容;而薪资阶层流通速度的任何重大的下降,都将使银行收入存款相对于营业存款而提高到一个不太可能的高数值上来。如果一定要做出某种修正,那么很可能是在增加工资获得者的估计流通速度上。这会改变实际流通中钞票在收入获得者与企业之间的平均分配额度,但并不

---

1 对于周工资获得者,这一数字可能太高了,而对于其他人,则又显得太低。如果是这样,那么,出于营业的目的而持有的钞票必然超过我所给出的估计值。

2 这两个数字加起来超过了该国的净收入,因为现在的核算所用的乃是毛收入(是扣除国债利息等之前的收入)。

会影响上述与银行货币相关的一般性结论。

本书第一卷第三章在对储蓄存款和收入存款进行定义时,我们曾指出此二者之间的界线并不是泾渭分明的。一个拥有储蓄存款而在必要时又可以随时取出来使用的人,会把它看成是节约其收入存款量的一个原因。因此,关于储蓄存款量的一些统计数字在这里是恰切的。按照我们在下文(第二卷,原书第 27 页)的估计,1926 年英国的存款账户共为约 8.5 亿英镑,不过,这些存款并不是全部都由私人账户所有。邮政以及信托储蓄银行中的储蓄存款大体相当于未设立银行账户的周工资获得者所持有的存款,这部分存款在该年大约为 3.7 亿英镑(包括爱尔兰)。是故,私人的总储蓄存款可能已达 10 亿英镑左右,这差不多是年收入的四分之一。因此,如果我们的估计无误的话,包括收入现金的收入存款额当在年收入的十分之一和十二分之一之间,而储蓄存款大约是年收入的四分之一。

有一些需要把收入储存起来以备不虞的重大支出,在支付的时间间隔上要比大多数工资和薪水的支付时间间隔更长。这个情况显然会降低流通速度,使它处于应有的水平以下。这其中最重要的可能是按季度支付的租金、按半年支付的地方税和收入税、按年支付的保险费以及节假日和圣诞节的花销〔按照前引书中(第 75 页)伯吉斯先生的说法,纽约和其他城市的百货商店单是 12 月这一个月通常就实现了其全年营业额的大约七分之一〕。这种间隔时间长达一个季度的薪水支付,以一年为时间间隔的农民收入以及(在英国)通常以半年为限的利息和股息支付等,也发挥着降低流通速度的作用。正如所已经指出来的那样,普通的个人收支日期越是接近,则平均现金需要相对于收入的比例就越小,因之流通速度也就越大。由是观之,流通速度在很大程度上乃是社会习俗和惯例的函数。

出于这个原因,我们会预期收入存款逐年之间的流通速度相对是稳定的,虽然在较长的时期上由于习俗的逐渐改易有可能显现出一种明确的趋势。但这个结论要受到一个重要的限制。很多个人不能或不愿调整其支出以迅速适应其收入的变化，尤其是向下的变化。如此一来，当货币收入改变之时，从一个收入日期到下个收入日期继续存储的总数可能也会趋向于朝着同样的方向变化。也就是说，收入下降的首个冲力将会落在收入余额上，而且收入提高的第一拨儿收益也会如此。例如，如果失业和经济不景气使劳动阶层平均现金持有量从三个半星期的收入数下降到两个半星期的收入数，使中产阶级的现金持有量从五个星期的收入数下降到四个星期的收入数，结果将会使相应的流通速度从 15 提高到 20，从 10 提高到 13，平均值从 12 提高到 15。类似地，在经济景气时，流通速度可能会降到正常水平以下。但若预计非正常的数字会一直持续下去则并不存在这样的理由。

第四节　营业存款的流通速度

至于营业存款的情况，我们并没有可以把我们的推测建立其上的靠得住的数据，就是相当于个体消费者所持收入的可能余额量相对收入量之比例那样靠得住的数据。不过，从另一方面看，如果我们关于收入存款量和储蓄存款量的推测可靠的话，我们是可以从存款总额和票据清算总额的可用统计数字中推算出营业存款的流通数量和速度的。

在我们的数值当中存在着许多陷阱以及较大的误差容许量；但在这里要想对有关的量级给出良好的推测，却还是有可能的，而这就是我们在一般性的讨论中取得进展所需要的全部了。

一、英国

我们将从试着计算现金存款的流通速度开始，即从分别计算收入存款 V_1 和营业存款 V_2 的加权平均值开始。表 6 是英格兰和威尔士的数据：[1]

---

[1] 要是包含苏格兰，则英国的数字可能会高出约 10%。

表 6　英格兰和威尔士的数据

年份	(1) 票据总清算额* (百万英镑)	(2) 12月31日的 存款总额 (百万英镑)	(3) 往来账户		(4) 大略的流通 速度((1)列 对(3)列的 比率,%)
			占总额百分比 (%)	绝对量 (百万英镑)	
1909	14 215	711	52	370	38
1913	17 336	836	52	435	40
1920	42 151	2 012	62	1 247	34
1921	36 717	2 023	56	1 133	32
1922	38 958	1 885	56	1 056	37
1923	38 429	1 856	57	1 058	36
1924	41 414	1 843	56	1 032	40
1925	42 302	1 835	55	1 009	42
1926	41 453	1 878	54	1 014	41
1927	43 261	1 923	54	1 038	42
1928	45 878	1 982	53	1 050	44
1929	46 495	1 940	52	1 009	46

* 包括地方上的票据清算额。

对于表明现金存款流通速度的可变性之目的而言，这些数字是有其价值的；因此，假设收入存款的流通速度近乎恒定，则这些数字对于表明营业存款流通速度的可变性也是有价值的。但是，在我们能够就此流通速度的绝对值得出一个估计数之前，还须做出某些校正。首先，票据清算总额并不包含全部支票交易，这一点我们已经做过解释，原因在于它们没有包含一间银行自己客户之间的内部票据清算或没有正式的票据清算事务所的地区其银行间的票据清算。如今的现实是大部分业务均由极少数银行（五间）所完成，这势必会存有严重的误差。为了得到支票交易总额，我们可能必须使票据清算总额增加至少35%，[1]令英格兰和威尔士1926年到1928年的平均总额达587.25亿英镑。其次，每年12月31日公布的存款总额肯定夸大了该年度的平均数值，可能夸大了6%，也可能夸大了10%。因此，如果我们把表6第一

---

1 即便是在银行遍地开花的美国，据估计，也只有三分之二左右被支取的支票是通过票据交易所清算的（参阅：J. S. Lawrence, "Borrowed Reserves and Bank Expansion", *Quarterly Journal of Economics*, 1928, p.614）。

列中的数字提高 35%，把第二列和第三列的数字减少 6%，那么第四列中大略的流通速度将会提高 34%。如此一来，对于 1924 年到 1929 年之间现金存款的平均流通速度之最佳估计每年可以提高到大约 60%。

关于整个英国银行体系的这些估计值可以与我得到巴克莱斯银行（Barclays Bank）准允而提供的某些更为严格的数字相比较。该银行编制出了经过其账面的每年借方总额，即支票交易总额，而不仅仅是经过票据清算的每年总额，这些总数可以用往来账户中的实际平均量来除。其结果如下：

表 7

（单位：%）

年份	巴克莱斯银行（实际数字）	整个银行体系*（估计数字）
1924	49	57
1925	51	60
1926	55	59
1927	58	60
1928	58	63

* 此列与前面的计算一样，都是"大略"的流通速度提高 43% 之后的取值。本书这些页的内容付梓时，据宣称，银行全体已经决定公布其借方数字。

要求其客户在往来账户中维持一个最低的余额而非其他方式来作为给予银行报酬的手段，是银行业的惯例。很显然，这种手段所采用的程度大小会影响该银行的流通速度。而且，该行参与诸如证券交易和其他金融交易这类高流通速度的营业的程度，也会极大地影响它的流通速度。

从上文以及前面我们关于收入存款的估计值，我们可以就营业存款的流通速度推算出一个估计值。前文的论证表明了英国（1926—1928 年）近似后的数值如下：[1]

---

[1] 上述关于英格兰和威尔士的票据清算数字和现金存款数字增加了 10%，以计入苏格兰。

表8

(单位:百万英镑)

支票交易总额	64 500
往来账户总额	1 075
银行现金存款的流通速度	60
银行收入存款	275
银行收入存款的流通速度	11[1]
收入存款的支票交易量	3 000
营业存款	800
营业存款的支票交易量	61 500
营业存款的流通速度	77

概括地说,根据现有的统计资料,我们所能做出的最佳估测是:在英国,银行收入存款、营业存款和储蓄存款量之间的比例大体为 1:3:4($M_3=4M_1$,$M_2=3M_1$),它们的流通速度分别为(V_1)11、(V_2)70—80 和零。[2] 不过,读者一定不要因这些关于不同存款类型的正常比例上的估测而忘记我们分析的一个基本部分,即这些比例在限度内是**可变的**,其结果是,

$$E\left(=\frac{M_1V_1+M_2V_2}{M_1+M_2+M_3}\right) 或 V\left(=\frac{M_1V_1+M_2V_2}{M_1+M_2}\right)$$ 上的变化可能不仅是由于 V_1 和 V_2 的变化所致,而且还会由 M_1、M_2、M_3 之间的比例造成。不错,我赞成这样的观点:为某一既定目标而持有的银行存款的流通速度不大容易有很大程度的改变,除非是时期比较长,而且,我们所观察到的通货效率(E)或整体现金存款的流通速度(V)上剧烈的短期波动可能通常主要是由于为不同目的而持有的存款之比例上的变化所造成。在本章第五节,我们还会回到这个主题上来。

---

1 这与我们之前对收入现金流通速度为 10 的估计值是一致的,只要我们在收入存款的支票交易中包含把换成钞票的支票兑现,把前面计算中各种货币互相兑换的数字移除即可。

2 亚当·斯密曾在一个著名的段落(见:*Wealth of Nations*,bk. II, chap. II)得出结论称:营业现金的流通速度低于收入现金的流通速度。但他用来支持这一论断的论据是单次交易在后一种情况下要更少,而"较少的交易量要比较大的交易量循环得更快",这个判断并不令人信服,而且即便在他自己的那个年代也不见得站得住脚。

我应该提醒读者的是，上文所述之"往来账户"的流通速度乃是根据这一术语为英国银行所普遍接受的那种意义进行阐述的，因此，"现金账款"(cash facilities) 的流通速度（参看本书第一卷，第三章）与此是不一样的。这是因为，我们不得不把客户根据与银行的协议为答谢后者所保持的固定最低额度的存款包含在"往来账户"中，但从另一方面来看，我们并没有把未使用的透支账户纳入进来考虑。也许这两种误差的来源大体上可以被视为彼此相互抵消。

二、美国

美国的相应数字所依据的统计基础要比上文所引之数字来得可靠。这方面的先驱性工作是由欧文·费雪教授所完成，许多其他方面的货币统计工作亦是如此。[1]后来，伯吉斯博士[2]对 1919 年 1 月到 1923 年 2 月这段时期进行了仔细的统计研究。像这样的时期，这些数字自然不仅显现出重大的季节性波动，而且还会显现出较大的周期性波动（季节性波动的最大值和最小值之间大约为 20%，周期性的范围至少为 30%）。但是，对于这一时期的平均流通速度，伯吉斯博士得出结论认为，就全国而言，该值在每年 25 到 35 次之间，更可能在 30 次以下而不是以上。不过，这一平均数字掩盖了美国不同地区之间较大的变化，其范围从纽约的 74 到芝加哥的 46，再到布法罗和罗彻斯特的 20，锡拉丘兹的 10，幅度非常之大。

斯内德先生新近做了进一步的研究，在伯吉斯博士所研究的时期上又增加了 3 年，涵盖了 1919 年到 1926 年这一时期。斯内德先生称他的数字误差不超过 5%，明确证实了伯吉斯的数字。但斯内德先生的这些数字更加清晰地表

1　费雪教授所做的推测显得过高了。由于我对英国的推测所依据的基础较之于 25 年前费雪教授对美国的推测并不会更好，所以，它们也可能会有同样的缺陷。

2　"Velocity of Bank Deposits"，*Journal of the American Statistical Association*, June 1923.

明，美国不同地区之间的平均值相差甚远，详情如下表[1]所示：

表 9 美国的现金存款

年份	流通速度			全国	
	纽约市	包括纽约在内的141座城市	全国	以10亿美元计的支票交易量	以10亿美元计的现金存款量
1919	75.2	42.3	28.8	546.8	18.99
1920	74.1	41.9	27.9	587.7	21.08
1921	68.3	38.5	24.7	484.0	19.63
1922	75.8	40.5	26.1	533.9	20.47
1923	79.1	41.4	25.8	570.3	22.11
1924	79.6	40.9	25.5	600.1	23.53
1925	87.7	44.2	25.1	653.4	25.98
1926	—	—	27.2	695.3	25.57
1919—1925年之间的平均值	77.1	41.4	26.3	—	—

我们可以注意到，营业存款占上风的纽约的平均值为77.1，与我给出的英国营业存款的流通速度之数字77非常接近。[2]此外，纽约市各间银行开出的支票约占全美所开出的全部支票的40%到50%。[3]

按照所讨论的存款类型，伯吉斯博士举了一个流通速度可变性的例子，来说明在财政部余额当中流通速度为每年300次左右。[4]

接下来且让我们做一番非常粗略的尝试（意在抛砖引玉），分别估计一下美国在1923年的收入存款和营业存款。美国该年处在实际流通中的铸币和

---

1 纽约以及141座城市的数字采自斯内德的《商业周期和商业测度》(Business Cycles and Business Measurement)第294页；全国的数字采自威斯利·米契尔（Wesley Mitchell）的《商业周期》(Business Cycles)第126页。根据我的了解，前者乃是按照年份分别计算的，后者则主要根据1922年所持存款占总存款的比例超过五分之四的240座城市的数据一次性计算得到。后来，斯内德先生（Review of Economic Statistic，1928年2月）又估算出1927年的支票交易额为7 660亿美元，该年美国的平均流通速度则大约为30。

2 这两个数字极端接近纯属巧合。我忘了美国的数字是多少，而且为避免受到影响，我一直到算出英国的数字后才查阅美国的数字。

3 参看：Snyder, Review of Economic Statistics, February 1928, p.41.

4 The Reserve Banks and the Money Market, p.91.

纸钞总额达约37亿美元,其中我们或许可以假设有20亿美元一般说来是作为先进收入而被持有的(也即公众所持有的其存贮之外的流通现金)。如果该国的流通速度大体与我们所假设的英国的数字相同(即15),则以此种方式支出的总收入将达300亿美元。[1] 净收入为700亿美元,是故,在考虑了毛收入的增加和各种杂项的重复支出之后,也就还剩下差不多550亿美元用支票支付的记在个人收入项下的交易额。[2] 如果我们假设美国的流通速度与英国的流通速度一样(即10),则总额220亿美元当中会有55亿美元的收入存款,这与英国的比例差不多相同。而且,余下的营业存款当为165亿美元,据此而开出的支票为5150亿美元,由此而得到的流通速度为31[3]——远低于美国的77这个数字。不过,对这些数字大体做一番浏览,不需要做出详尽的推敲就明显可以发现英国营业存款的平均流通速度必定远大于美国。可以想见,之所以会这样,一部分可能是由于英国更多使用了透支,但更为可能的则是美国地域广大,交易发生的距离比较长,这意味着由于邮递支票所产生的时滞而使货币效率大受损失。[4] 在这种情况下,使用航空邮递可能会使为达

---

1 此一数字与卫斯理·米契尔对于各种用途的现金所估算出来的26这个流通速度彼此相符,这是合理的,因为个人收入的现金中支付给营业现金的每一笔款项都会由与营业现金中支付给个人收入的现金中的款项相抵销。所以,上述数字完全可以解释米契尔估算的总数94中的600亿美元周转额。不管怎么样,在这个方面,用30亿美元已经是很高的比例了。

2 在做出上述完全独立的推测之后,我发现这个数字也被卫斯理·米契尔所证实,他把我所谓的个人收入计算成总额的10%,在1923年大约为570亿美元。他给出这一估计值的整段都有意义,值得在此系数转引(Wesley Mitchell,*Business Cycles*,p.149.):"零售额不超过总支付量的二十分之一,给个人的货币收入的支付额大约为十分之一。即便是个人收入后又付出货币而构成的循环流通量,在平常营业年度总支付额中似乎也只占六分之一。这些相当严格的比率值可能有问题,但其他营业交易所引起的支付比个人收入的收受和付出所引起的支付额大上好几倍却似乎是肯定的。"

3 如果我把收入存款的流通速度降低到6,那么我们当可在上述假说下把营业存款的流通速度提高到40。

4 只要我把支票寄出,我就把它从我的余额中去除了;但你的银行没有收到它之前,你是不会计入你的余额的。

成一定量营业额所需要的平均余额量产生革命性变化。

如果我们把注意力局限在这 141 座城市，那么且假设现金存款中有四分之一是流通速度为 10 的收入存款，营业存款的流通速度经过计算是 55——这就更加接近英国的数字了。

有趣的是，我们可以注意到，我们为英国的收入存款总额（现金和银行余额加在一起）所做的推测是 4 亿英镑，净收入为 40 英镑，前者占后者的比例为 10%，而美股的存款总额（1923 年）为元，净收入为 700 亿美元，前者占后者比例为 11%。这些数字彼此暗合，基本上可以证实我们所给出的推测值在量级上相当精确——这也是我对它们的全部要求了。

第五节　营业存款流通速度的可变性

上文我们尽力对营业存款流通速度（V_2）的大小进行了估计。但对于该流通速度的**可变性**，我们并没有直接的证据，我们只能从可以观察到的整体现金存款的可变性当中做出推断。

因此，我们势必要从研究英国统计资料所表明的现金存款流通速度的可变性之研究开始。对于现有的统计资料，我们所能做的最多只能是取得银行票据清算总额的指数，然后用往来账户量的指数（根据第二卷，原书第 27 页给出的往来账户对总存款账户的估计比例而得出）来除[1]；或者采用另外一种办法，取得该国和各地清算额（因为没有各地往来账户的统计资料可用）的指数，然后再用同一数字来除。这第一组数字将会为我们给出总营业存款流通速度可变性的指数，但由于它受到了城市金融交易额的遮蔽而黯然失色，所以不会成为工业营业存款或营业存款 A〔我们在本书第一卷，（原书）

---

[1] 根据九间清算银行的月度平均值而得到的这一指数与本书第二卷（原书）第 27 页给出的、根据所有银行年底数据而得到的指数稍有不同，但并无本质差异。

第 221 页的叫法] 流通速度的指数数字；而第二组数字虽然可能会更好地说明营业存款 A 的流通速度，但由于地方往来账户随往来账户总额亦步亦趋这一假设而受到了污染。姑且先不论其价值如何，我们在本书第二卷，(原书)第 35 页的页首把其结果给了出来。

该表当中的流通速度乃是基于该国和各地方票据清算总额给出来的，就我们所能得到的对工业流通的速度之可变性，它给出了最好的估计；而那些根据票据清算总额而得来的流通速度则表明了这一总额当中有关金融流通和工业流通的交易分别所占比例带来的效果。

表 10 英格兰和威尔士

(1924 年 = 100)

年份	银行票据清算总额	地方和各地区银行票据清算额*	计算出来的现金存款水平	现金存款流通速度	
				票据清算总额	地方和各地区票据清算额
1920	102	152	111	91	137
1921	88	101	108	81.5	93
1922	93	96	106	87	91
1923	92	96	102	90	94
1924	100	100	100	100	100
1925	102	101	97	105	104
1926	101	93	96	105	97
1927	105	98	99	106	99
1928	111	98	100	111	98
1929	112	98	100	112	98

* 根据五座城市的资料得出的截至 1921 年的地方票据清算额，1921 年之后的则是根据 11 座城市的资料得出来的。

按照地方和各地区票据清算额（country and provincial clearings）得到的流通速度之变化所呈现出的一般性方向，是对本书第三篇和第四篇结论令人满意的证实，这些结论是：我们预计，当企业盈利时的流通速度要比其遭受亏损时为高。相对而言，地方支票清算额不会受大宗金融交易的影响，其程度可由 1928 年选定的两个检验日期的支票平均易手价值所表示，具体如表 11：

表 11

	1928年1月3日*		1928年8月24日†	
	件数	平均值（英镑）	件数	平均值（英镑）
城市清算额	322 000	538	116 000	911
大城市清算额	234 000	35	129 000	34
地方清算额	488 000	31	297 000	25

注：* 被选为高易手量的代表日。† 被选为低易手量的代表日。

此点在一定条件下得到了票据清算交易所秘书霍兰德-马丁先生（Mr. Holland-Martin）的证实，他在其 1928 年的报告中称：

> 我必须提醒大家，为使记账结算更加容易，按每次交易而不是按交易余额使用支票的习惯日益风行，由此，城市数字一天一天地变大，所以，它们很少能当做贸易变化的风向标来看待。地方票据清算数字和各地票据清算数字乃是更为可靠的指标，不过，若是像去年底在某地发生的情况，厂商之间因业务的购销往来而使用了大额支票，从而使这些数字变大，则这些数字也会不堪此任。

现在出现了这样的一个问题——从现金存款流通速度当中观察到的变化是不是真正反映了营业存款流通速度的变化呢？或者说，它们是不是反映了营业存款和收入存款，或者不同类的营业存款范畴的比例的变化呢？统计资料本身无法回答这个问题。但是，我们首先可以计算，给定营业存款和收入存款各自的流通速度不变，营业存款和收入存款的比例发生什么样的变化会带来所观察到的这些结果；其次，假设这两种存款类型之间的比例不变，并且收入存款的流通速度也不变，那么，营业存款的流通速度又会发生什么样的变化。

对于这两个计算中的第一个，且让我们假设收入存款和营业存款之间的正常关系是：后者的数量 3 倍于前者，其流通速度七倍于前者（这两个流通速度分别稳定在 77 和 11 上）。那么，由于 $V = \dfrac{M_1 V_1 + M_2 V_2}{M_1 + M_2}$，

$$V = \frac{11(M_1 + 7M_2)}{M_1 + M_2}$$
；从中我们可知，V 从 60 下降到 55 的波动意味着 $\frac{M_2}{M_1}$ 从 3 变为 2，而 V 从 60 上升到 64 的波动意味着 $\frac{M_2}{M_1}$ 从 3 大约变为 4。

接下来，我们假设收入存款和营业存款的相对量是恒定不变的。那么，若取营业存款（M_2）3 倍于收入存款（M_1）、后者的流通速度（V_1）为 11，由于：

$$V_2 = \frac{1}{M_2}\{(M_1 + M_2)V - M_1 V_1\}$$

故有：$V_2 = \frac{1}{3}(4V - 11)$。因此，如果现金存款（$V$）的流通速度从 60 变为 55，那么我们根据这些假设可以得到这样的推论，即营业存款的流通速度（V_2）会从 76 变到 70；而如果 V 从 60 变为 64，则 V_2 会从 76 变为 82。

此外，正如现金存款可以分解为具有不同流通速度的收入存款和营业存款一样，营业存款也可以分解为具有不同流通速度的工业存款和金融存款，在本书第一卷，我把它们分别称之为营业存款 A 和营业存款 B，前者隶属于工业流通，后者隶属于金融流通；因此，我们所观察到的营业存款流通速度上的波动可能是由金融存款和工业存款比例上的变化所致，而这些不同类存款的流通速度则没有发生任何变化。由于金融存款的流通速度可能远远高于工业存款的流通速度，所以这一点或许非常重要。

我们可资利用的统计资料无法再把我们的归纳说明向前推进了。但上文所述足以表明，若要解释所观察到的事实，并不必然要求真正的流通速度出现重大变化——这是因为，这些流通速度可以由在不同用途上使用的存款比例上的变化所解释。因此，我们在繁荣时期所观察到的现金存款流通速度的提高以及在萧条时期所观察到的下降，可能只是部分由真正的流通速度变化所造成；该变化部分可能是由于与营业存款 B 相关的交易增加造成，部分则证实了我们前面的预期，即与工业流通有关的交易之价值会在盈利期相对提高收入存款，在亏损期相对降低收入存款。

第六节　决定真正流通速度的因素

因此，在各种不同用途的"平均"货币流通速度和特殊用途的"真正"货币流通速度之间进行区分是很重要的——后者的意思是指特定类型交易量与其所用货币量的比率；这是因为，"平均"流通速度的波动可能不是由于"真正"的流通速度的波动，而是由于不同类交易相对重要性的摇摆不定所致。但现代我们必须对那些能够促使真正的流通速度发生波动的因素稍加深究。

在决定按照预期交易额的比例需保持多少余额（此二者均以货币计量）上，存款人部分受以一定的**便利**程度而进行营业所需要的余额量影响，部分则是受该数量的资金以彼种方式锁定后所牵涉的**牺牲**程度影响。因此，为既定类型交易所持有的、与交易额成比例的余额水平，即该用途上的真正的流通速度，是由所得之便利与所涉之牺牲之间在边际上的平衡所决定。无论是便利还是牺牲，其程度是有变化的。但后者的可变性可能远大于前者。经验表明，当牺牲较大时，企业界维持经营所需的余额，只是当牺牲非常之小以致它们能够尽得其便利时所保持的余额之一部分。

对便利的诸多考虑，主要乃是由逐步变化的社会和商业习惯所支配。但还有一种不是那么缓慢的短期影响——即业务兴旺时企业界能用相同数量的现金账款完成更大额的交易，同时又不会造成便利方面的任何损失。

不过，我们所观察到的营业方面的兴隆与流通速度的增加之间的相互关系，就其形成原因乃是由于"真正"的流通速度增加言之，可能也可以由这样的事实来解释：当营业兴旺时，以现金形式固定保有着，可以转化为营运资本的实际资金之支配权，意味着更大的牺牲。因此，我们一定要转过来研究，与运用这种资金支配权到其他方面的情况相对照，导致保持余额所引起的牺牲发生变化的可能原因是什么。对于下述方面的影响，我们尤其应该加以考虑：(a) 营运资本需求的变化和折现率的变化，(b) 对未来物价行情的预期。

(a) 这种情况下是存在一种牺牲的成分的，这是因为，就个体存款人而言，持有余额就会将原本可以用于其他方面——定期存款、投资或扩大经营——的资金支配权给锁住了。当经营状况不佳、投资缺乏吸引力的时候，持有现金存款的成本只不过是牺牲了原本用于储蓄存款、期票或其他短期流动性投资而带来的利息。同时，如果折现率和存款利率都比较低的话，那么，在决定余额对营业额的比例上，对便利的考虑就可以发挥作用。另一方面来看，当生意兴隆、经营扩大，因之厂商或个人的全部资金都被要求用作营运资本时，当厂商的借贷能力已经用到了最大限度时，当贷款的利息很高时，那就会有一种强大的动机把余额限制到通过任何方式所实际能够达到的最低水平，即便如此作为不得不冒着动用紧急储备的风险也会在所不惜。如此一来，使用与之前一样的实际余额就可以进行更多交易，或者使用和之前一样的货币余额可以进行更高定价的交易，也即降低了货币余额对货币营业额的比例。

当对营运资本的需求强烈且有超过供给的趋势时，这些节省余额的动机所造成的压力会对物价产生极为重大的影响。很显然，这种事态可能与交易量的同时增加有关；但另一方面来看并没有必然的联系。这部分可以解释，为什么试图在 V 的变化性和交易量 T 的变化性之间找到真正关系的人会发现，在有些时期进行调查时统计数字证实了他们的预期，而在其他一些时期却无法做到这一点。比方说，在美国 1920 年的繁荣时期，交易量的增加伴随着的是营运资本供给上的紧张，其结果是，V 和 T 看起来是共同在变化。然而在 1921 年到 1922 年萧条之后的恢复期，交易量重新回到了原来较高的水平上来，但这次并没有伴随着可贷资金供给紧张的情况，其结果是，我们所认定的 V 和 T 之间的相互关联在前一时期似乎已经得到了证实，但现在却不再成立。换言之，正是信贷的紧张局面才趋向于使流通速度提高。

因此，在（a）项下牺牲的数量取决于与其他使用资金的机会相竞争的程度。然而，在（b）项下牺牲的数量则取决于我们对余额的真实价值是否会贬值的预期或恐惧心理——即取决于抬高物价水平的可能性。

由此一原因造成的实际余额的下降，在欧洲战后由于所谓的"逃离"通货而导致的对通货的不信任经历中，自然而然地到达了顶点。但存款人由于害怕如果推迟到通常的时间上再购买，在此期间物价会发生对他们不利的变化，故而一般倾向于超过他们直接或正常需要的购买，这个时候也会出现同样的现象。一定程度上来说，这一现象会逐步转为对（a）项讨论的营运资本的需求之增加；但这两种影响可以按照对商品的新增需求之情况而进行区分，即到底是由于营业兴旺而提供必要的大量供给，还是由于对物价上涨的预期而使购买的商品超过了当时真正需求所造成。很显然，这两种现象常常会趋于共存。

除了严重地恐惧货币贬值这一极端情况之外，这一原因通过提高（或降低）流通速度而对物价产生直接影响究竟是否重要，我还不很清楚。只有在人们提取的商品量超出正常营业所需要的量并贮存所谓的现货时，它才会发生作用。这种现象大规模出现的机会很少。这是因为，我们一定不要把投机或期货市场上的预购预销混淆起来。

然而，在物价上涨预期普遍存在，因之一般老百姓为免手中现金贬值而一拿到现金就马上买成商品或证券这类极端情况下，这一影响对于减少实际余额（同时提高流通速度）从而提高物价方面所产生的效果可能是灾难性的。有关于此新近的事例早已尽人皆知，对此已无需再做阐述。[1] 惊恐之状一旦开启，物价水平即趋于上涨，其速度要快于通货膨胀；而一旦此种惊惧之情普遍蔓延，则此种上涨态势还会进一步加剧，速度更快。到了这个阶段，即便是对进一步发行通货予以限制的办法，在公众的信任没有得到恢复之

---

[1] 我在我所著的《货币改革略论》第二章中对此进行了论述。

41 前，对阻止物价上涨也将收效甚微。通缩、高银行利率、外汇管制等措施，大体上也须根据它们影响公众将其实际余额恢复到正常水平的可能效果来做判断，而非按照其对其他货币要素的反应来进行判断。

在诸如法国这样的国家，通货的效率一般是很低的——主要是由于人们愿意贮存纸币的缘故——所以，货币价值尤其易受不信任的情绪影响，因为
42 无需使任何人遭受任何真正的不便即可大大提高货币效率。

第二十五章 银行货币对准备金的比率

旧日那种粗陋的货币数量论——虽然它用**其他条件不变**（other things being equal）之类的话来保护自己——很容易这样认为，即便不是唯一，货币总量（M）也是现金账款供给方面的主要决定因素。在战时财政以及战后通货膨胀的情况下，物价波动给人的体验并不与货币总量对产出量之比的变化紧密相合，正是这些体验使几乎今天的每一个人都能对其他货币因素的相对重要性给予同等的重视。然而，货币总量即便不是具有决定意义的因素，长期来看至少也是占尽上风的一个因素——而且由于它是最**可控**的因素，所以具有着特别的现实意义。

因此，现在且让我们继续探讨支配货币总量的决定性原因。在本章和后面一章里，我们将分成两个阶段，首先研究银行货币量是如何与储备货币量相联系的，然后（在本书第七篇第三十二章）研究是什么在支配准备金量。

我们已经在第二章看到，现代银行体系的会员银行存款总量取决于会员银行意欲保持的准备金率（即准备金对存款的比例）以及准备金的数量（以现金和中央银行存款的形式）。这是因为，如果任何一间银行发现自己持有的准备金量超出这一比率，它就会像第二章所描述的那样，通过更加宽松地贷出款项和进行投资来"创造"更多存款；这就会增加其他银行的准备金，因之使它们也创造出更多的存款；依此类推，直到整个银行体系恢复到正常的准备金率为止。如此一来，虽然第一间银行对于它所出现的超额准备金不能按照全部倍数（用准备金率的倒数来衡量）创造更多存款，但由于它只要进一步放松条件进行贷款，它就会失去一部分新增的准备金而流入其他的银行，然而整个银行体系中超额准备金的存在将会产生一种反应，这种反应使存款总量按照与准备金增加的同一比例增加（从后者的初始增量里减去准备金中因存款水平较高而流入实际流通过程中的现金的任何损失量之后）——这是因为，只有到这种情况出现，有些银行才会发现自己已经远远超出正常准备率了。如此一来，超额的准备金和存贷款的增加额最终将按照适当的比例由该体系中的所有银行来分摊，而最初是哪间银行开启了这一连串的过程并无关紧要。有些银行家一直倾向于对这些推论持怀疑态度。但是，他们的反对意见在弄清楚之后归纳起来往往是这样一种观点：任何一间发现自己拥有超额准备金的银行都无法因此而把该银行的贷款增加到这一超额准备金的10倍（或与正常准备金率相一致的任何其他倍数）——这当然是千真万确的。

将更多资金注入银行体系所产生的准确的定量效果，部分取决于实际流通中相当于银行货币的给定增量的现金增量是多少，也取决于准备金对银行货币量的比率。举个例子——取其可能最简单的数字例子来阐释——如果流通中的现金增加量是银行货币增量的10%，而且银行准备金正常情况下是银行货币的10%，那么，注入更多的资金最终将会导致存款增加5倍于准备金的量，这是因为，这些新增的资金最后有一半变成了流通过程中的现金，还有一半留作准备金，这后一半将会导致存款增加10倍于新增准备金的量。

在美国，对有关此一计算的实际统计比率进行估计之尝试，已经有人在做。斯特朗州长在美国国会货币稳定委员会上所做的证词中估计，美国流通中的现金增量大约是活期存款增量的20%，准备金为活期存款的10%。如果这些数字无误的话，注入更多资金（以现金或中央银行货币的形式）将会导致活期存款最终的增加量达到增注资金量的3.3倍。[1]

不过，虽然流通中的收入现金量与收入存款量之间预计会有相当稳定的关系，但流通中的现金总量与现金存款总量之间却根本无可希冀其有稳定的关系——不管怎样，在短期内或没有经过一段相当长的时滞后，情况不会有所改变。变化的趋势也不一定都相同。例如，从1921年到1929年，美国流通中的现金量几乎没有任何变化，然而就在同一时期，现金存款则增加了40%以上。的确，在任何变化时期当中，有一种非均衡的原因有时候会是这样的事实：当准备金刚开始增加时，银行货币所能扩张的程度要大于货币收入和收入存款中现金部分有时间做出相应增长之后所能长期维持的程度。对以现金形式保有的收入存款和以银行货币形式保有的活期存款一定要保持不同数量的准备金，因之，两个过程之间的相互转换便具有一种它可能不应有的现实意义，这是现有体制的一种令人生厌——而且的确也很危险——的特征。

因此，银行货币量——即银行存款量——乃取决于会员银行的准备金量，同时还取决于会员银行根据法律、习俗或为自己的方便而意欲保持的准备金率。本章我打算把会员银行的准备金量假设为既定，然后研究在这个准备金基础上它们将创造的存款量。在本书第七篇第三十二章，我们将进一步对决定会员银行准备金量之因素的更深一层的问题进行研究，这其中尤其是要对不同货币制度下会员银行自身能在多大程度上影响这些准备金的数量，由中央银行或这些会员银行所不能控制的因素又在多大程度上决定了这些准备金的数量。

---

[1] J. S. 劳伦斯教授（Professor J. S. Lawrence）在一篇发表在《经济学季刊》上的引人关注的文章（"Borrowed Reserves and Bank Expansion", *Quarterly Journal of Economics*, 1928, pp.593—626.）中，通过复杂的论证，他认为"最终的扩张系数"是4.97。对于这一论证过程，我未能了解得很清楚。

第一节 准备金率的稳定性

有时曾有人言道，银行乃是按照其贸易情况而改变准备金的。譬如说庇古教授（《工业波动》，第 259 页）即称"这一比例不是刚性的，而是弹性的。在繁荣期，股份制银行和其他人一样感到乐观，可能会愿意缩减它们的比例，而在萧条期，由于悲观，则可能希望扩大这一比例。"为支持这一结论，庇古教授所引述来的唯一的证据，来自一百多年前。诚欲如下文所见，就英国和美国的情况而言，现代统计学并不能证实庇古教授的这一结论。我们会发现，这个比率随银行的不同类型而各异，同时，由于各种原因，这个比率也在不时地发生着变化。但是，在任何给定时期，各间银行却都严格遵循它们所制定的既有比率，而且下文给出的数字也将表明，其中所显示出来的这类波动与贸易情况并无相关关系。这一结果是我们意料中的事。若然使这一比率降到虑及审慎和信誉后所确定的数字以下，这就变成了软弱的象征，或者至少说是优柔寡断的表现；然而，若是使该比率升至这个数字以上，那就全然放弃了利润的一个来源，这是没有必要的，因为超额准备金总还能用来购买证券或用于投资。

因此，（下文将要引述的）统计资料表明，除了例外情况，所有银行都会把它们的准备金用到最大程度；也就是说，它们很少或从不哪怕是暂时地把超过惯例或法定比例的储备金闲置起来。的确，只要完全流动资产能够被买到，他们又为什么要这么做呢？ 摆在银行面前的问题不是贷出去多少的问题——这个问题的答案即银行储备的适当倍数，可以由简单的算术计算得到——而是以相对不那么具有流动性的形式所提供的贷款占多大比例才算安全的问题。因此，实际上会员银行无论如何也不能有效地控制其存款总数——除非它们能够控制其准备金总数，对于这种可能性，我们在第七篇中转回来进行讨论。

不过，银行将在最大限度内放款这一结论，即它们绝不会在超过正常比

率的意义上闲置准备金的结论,要取决于以下两个条件之被满足:

(i) 要求必须是生息资产可以取得的情况,该资产的流动性不是问题。否则,银行有时候就会不得不保有超额准备金,以作为日后避免准备金不足的唯一手段。如果所出现的局面像意大利不久前发生的情况一样,即该国国库券到期,财政部无从兑现,而其中央银行又不在市场上为这种证券提供新的预付款,或者如果人们害怕这种局面可能会出现,那么,这一条件就没有得到满足。但是,自从中央银行于当代创生以后,这类局面的存在,甚或对之的害怕心理,都不正常。在美国,联邦储备银行事实上承担了对某些特定类票据的贴现;在英国,则是英格兰银行长期担负着这样的职责。现代中央银行的用现金购买某些特定类生息票据的责任,与必须用法币(legal tender)来兑换其纸币(如果它们的纸币本身不是法币的话)几乎一样,乃是一种绝对之责任。因此,银行汇票即与黄金一样好——而且更好,因为它可以带来利息。所以,为什么银行应通过保有超过按成文法或习惯法所要求的现金数量,而牺牲其由之可以取得的利息(直接或间接地通过向市场放贷的形式)?银行并没有理由这么做。

(ii) 要求还必须是这样的情况:银行因法律或有约束力的习俗而习惯持有的现金准备金一定要超过为便利营业交易所需的最高额。先前的情况并不总是这样。今天则到处都不是这种情况了。但与支票相比,现金使用减少了,而从总行向外调拨的运输手段却又更加迅捷,同时,银行存款人造成严重"挤兑"的情况也是不大可能的事(不管怎样,英国"五大行"的情况是这样的);凡此种种,结合起来就减少了银行严格所需的以库存现金形式对其存款所保持的现金比例。除了它们的库存现金以外,各间银行还需要在中央银行存上一笔余额,以备"清算"发生逆差这种紧急情况下使用。但只要各间银行用充裕的、完全流动的生息资产以应对各种按照道理可能会发生的情况,那么,在上述这些需要之外,银行是压根儿没有必要再持有任何现金的——如果不是受法律或有约束力的习俗制约的情况下。

现在让我们根据英国和美国眼下的事实来检验一下这些归纳出来的原理。

1. **英国**。英国是没有法律规定会员银行必须持有多少比例的现金作为准备金的。这个数字是由习俗和惯例决定的；不过，一旦这个数字确定下来，如果一间银行把其准备金率降到了通行水平以下，对于该银行的声誉而言，这就会有所损害。但英国在这方面还有两个独有的习惯值得一提。

首先，由于没有法律对这一问题予以规定，所以遵循数字发布日的惯例要比遵循非发布日的惯例更重要。以前，它们半年才发布一次；现在它们每月发布一次。一定程度上，可能因为是这些数字是唯一公布的数字之时代遗留下来的风气，所以，银行现在仍然习惯在年度终了所做的年度报告中把惯例数字（customary figure）调整得比每月报告中的数字要高。事实上，它们在年度报告中公布的库存现金以及存在英格兰银行的现金总额，较之于年终结算日之外正常结转的数字甚至还要高出50%——无论是否故意欺瞒，此举似乎都称得上是愚不可及。还有一种情况——但在多大程度上可以获取详情不得而知——它们每月报告中发布的数字是该月四天的平均值，即每一周里资产负债表造表日的平均值，该值要高于真正的每日平均值。[1] 还不仅如此："五大"银行中循此行事的有四家之多（米德兰银行除外），能够而且也在实际上各自在每周当中选取不同的日子来略加施为。也即是说，每间银行轮流从货币市场收回一定量的资金，这样可以使在每周中划归收款银行的当天扩充该银行在英格兰银行所存的余额。按照这种方式，"五大"银行所公布的一部分准备金数字就好似舞台上出现四次的跑龙套的士兵一般。当A银行的圣日一过，为了发布数字而存于英格兰银行的那部分余额就不再需要，如此便可贷给货币市场，货币市场即刻迅速递传给圣日到来的B银行，因此，黎明

---

[1] 我认为，米德兰银行的情况是个例外。当然，一个稳定的平均值应该与各间银行在此数字上下的每日剧烈波动相一致，对于该体系的平稳运行而言，这是必不可少的。

之时，英格兰银行的余额还是 A 银行的准备金，黄昏来临前摇身一变，已经成了 B 银行的一部分准备金而呈现在公众面前；这种情况日复一日地在上演。总而言之，正如里夫博士（Dr Leaf）在担任威斯敏斯特银行董事长时所坦率地表达过的那样，所公布的准备金"在一定程度上是虚假的"。[1]按照这种方式，英国股份制银行的传统"优势"即可安全地保持下来，传诸后世，并为子孙所崇仰。

其次，各间银行不会尽全力把准备金比例调整到同一个数字上去。银行营业习惯上的这些差异，可能是由于所营业务的种类不同造成，也可能是由于所持有的次级流动资产的数量有别造成。但是，它们也可能只是旧日情形遗留的痕迹，已经不再具有任何明确的意义，又或者，这些数字可能表示的乃是人们对准备金比率调整到高于平均值这一行事作风的广告价值或信誉价值的不同估计结果。[2]尽管存在着这些差异，但是一般来说每间银行——从数字上来看——都坚定不移地坚持自己的数字，其结果是，银行整体的平均值之比例——考虑到每半年期的上升态势——也是非常稳定的。

撇开每半年的资产负债表给出的较高比例——尤其是 12 月份——这些数字表明，在 1921 年到 1926 年期间，情况接近绝对稳定，一如我们所预料的那样。在这些动乱不安、变化频仍的年月当中，这些数字没有表现出与商业情况、银行利率或波动不止的预付款比例（第二卷，原书第 60 页）存在任何的相关关系；同时，就 1921 年到 1926 年期间每年平均值而言，准备金对存款的比率，其变化之稳定区间在后者的千分之一以内。自 1927 年开始的平均值之下降，主要乃是由于米德兰银行做法之改变所致，对此我们后文将予以探

1　*Banking*，p.133.
2　这可能解释了米德兰银行一直到 1927 年还保有的较高数字——这是一个可以追溯到爱德华·霍尔登爵士（Sir Edward Holden，1848—1919，英国银行家、自由派政治家，因其带领米德兰银行并将它发展成当时世界上的最大银行而蜚声国际，后被封为准男爵。——译者注）时代，正是他引入了这一数字，并对之非常重视。

讨,同时,也是由于每半年末的"弄虚作假"(window-dressing)所致。

表 12 九间清算银行[1]持有的库存现金及其在英格兰银行所存现金总额对存款之比例

年份 月份	1921*	1922	1923	1924	1925	1926	1927	1928	1929
1月	11.3	11.4	12.0	11.7	11.9	11.7	11.6	11.3	10.9
2月	11.0	11.5	11.5	11.6	11.8	11.7	11.6	11.0	10.5
3月	11.1	11.6	11.7	11.6	11.6	11.7	11.5	11.1	10.6
4月	11.7	11.7	12.0	11.6	11.8	11.7	11.7	11.1	10.8
5月	11.7	11.9	11.8	11.5	11.6	11.8	11.6	11.1	10.9
6月†	12.3	11.8	11.9	11.9	12.2	12.1	11.8	11.2	10.9
7月	11.7	11.5	11.8	11.5	11.9	11.8	11.5	11.0	10.7
8月	11.7	11.7	11.6	11.6	11.9	11.8	11.5	11.1	10.7
9月	11.8	11.7	11.9	11.7	11.8	11.7	11.5	11.2	10.9
10月	12.0	11.6	11.8	11.6	11.6	11.7	11.4	11.0	10.7
11月	11.3	11.6	11.6	11.6	11.6	11.6	11.3	11.0	10.6
12月†	12.4	12.1	12.1	12.4	12.1	12.0	11.7	11.3	11.3
平均值	11.7	11.7	11.8	11.7	11.8	11.8	11.6	11.1	10.8

注: * 1921 年第一季度相对较低的数字可能可以由以下这个事实来解释:这乃是因为战后月度数字的发布刚刚开始,所以不同银行的惯例比率仍需时间方能确定下来。
† 应予注意的是,年终出现了井喷,结果使 12 月的每周平均值略有上浮,同时,直到最近的 6 月,同样的情况也小规模地发生着。不过,自 1927 年以来的数字表明,这种做法正在消失。

然而,不同的银行之间,其营业做法却大相径庭。公开月份数字的十间清算银行当中,米德兰银行通常保持着比其他银行要高出许多的准备金率,即 14.5% 到 15%,不过现在则维持在 11% 左右——此一数字可能比表面上看来的还要相对为高,因为人们相信米德兰银行的月度数字没有"弄虚作假"。[2] 劳埃德银行(Lloyds Bank)和威廉姆斯·迪肯银行(Williams Deacon's Bank)公布的准备金率为 11% 到 11.5%;接下来的其他五间银行是 10% 到 11%;最后是蔻茨银行(Coutts' Bank),该行的业务与其他银行差别较大,其准备金率为 8% 到 9%。另一方面来看,由于所持有的"通知存款与短期现金存款"低于平均值,所以米德兰银行部分地平衡了其较高的现金准备金率,而蔻茨银行则由于这种存款高于平均值,也部分地平衡了它的现金准备

---

1 为了确保记录的连续性,如今包含在票据交易所数字内的国家银行不在此表之列。
2 除去弄虚作假的部分之外,其他银行按日真实平均值可能不会超过 9% 太多。

金率。

如果转过来看战前的统计资料，我们就会发现，准备金率有着缓慢变化的趋势；但是变化是非常缓慢的，而且与银行利率或贸易情况毫无干系。公布月度数字，乃是在戈申[1]的建议下于 1891 年由 13 间银行首先开始的。[2] 彼时，准备金率为 13%。到了 1898 年，该比例已经升至 14%，到 1908 年达到 15% 或 16%，1914 年战争爆发前仍然维持在了这个数字水平上。不过，战前的数字在准备金中囊括了"联合王国其他银行的余额以及向王国收款的支票"，还有库存现金以及存在英格兰银行的存款。如果现在把这些也都纳入进来，那么该比例会提高 3% 到 3.3%，由此，在米德兰银行改变其准备金率之前的那段战后时期，该比率的平均值高达约 15%，或几与战前的数字持平。即便是这种情况，战前的数字仍然显得超出较多，原因可能是以下事实所致：这些数字如今表示的是每周中一天的平均值（不同银行选择的日子不同），而战前的数字则只是每月中一天的数字（不同银行选择的日子也不同），由于"弄虚作假"现象的存在，与今天的情况相比，这就可能使之更高于真实的平均数字。

而关于这些银行的准备金中现金和存在英格兰银行的存款之间各占多少，亦有估计之可能。有一间银行（伦敦与斯密联合银行）战前习惯公布其库存现金及其存于英格兰银行之现金的数字，这些数字表明，二者基本上平分秋色。当下（1928 年），似乎各银行准备金总额中足足有三分之二必然是以纸币形式持有，存在英格兰银行的现金不超过三分之一。这是因为，1928 年 11 月，在银行券和流通券合并发行之际，首次于此时[3] 公布的主要经

---

1 乔治·戈申（George Goschen），第一代戈申子爵（1st viscount Goschen），生于 1831 年，卒于 1907 年，英国德裔政治家、金融家。1886 年起曾担任英国财政大臣。——译者注

2 彼时这些银行的存款是 1.22 亿英镑，这大概占这个国家存款总额的大约 30%。

3 这相当于说是从 1877 年开始的情况。从 1844 年银行法案通过到 1877 年，伦敦的银行家们所持有的余额项是另列出来一个条目给出来的。

营国内业务的所有英国银行存于英格兰银行的存款总额不超过 6 250 万英镑（1928 年 11 月）；而这十间银行所公布的准备金总额在 1.9 亿英镑到 2 亿英镑之间。如果我们假设所公布的数字由于弄虚作假的原因增加了（比如说）2 250 万英镑，那么我们就会得到（比如说）1.725 亿英镑这个数字。这其中以纸币形式持有的是 1.15 亿英镑，以英格兰银行存款形式持有的是 5 750 万英镑。数字应该更确切，这是毋庸置疑的，但是——正如银行统计资料中许多其他数字一样——这些数字也是个谜。

九间清算银行所公布的准备金占总发行量（国库券和银行券都计算在内）加上存于英格兰银行的私人存款总额之比如表 13 所示（第二卷，原书第 54 页）。

表 13

年份	存于英格兰银行的私人存款 (1)（百万英镑）	银行券与流通券 (2)（百万英镑）	(1) 和 (2) 的合计 (3)（百万英镑）	有关于此的指数（1923年=100）(4)	九间清算银行的存款（1923年=100）(5)	九间清算银行的准备金（1923年=100）(6)	(6) 对 (4) 的比率（1923年=100）(7)
1921	124	435	559	113	108	107	95
1922	118	399	517	104	106	105	101
1923	110	386	496	100	100	100	100
1924	110	389	499	101	100	99	98
1925	111	383	494	100	99	99	99
1926	105	374	479	97	100	100	103
1927	101*	373	474	96	103	101	105
1928	102	372	474	96	106	99	103
1929	99	361	460	93	108	99	106

注：* 据信，这一数字乃是出于比较的目的而在 1927 年春至少消去了 500 万英镑，其原因是因为英格兰银行贷给了法兰西银行，而且在当时已经偿还的贷款所列的某一项账目不见了。

该表最后一列的数字给出了九间清算银行准备金中所持有的国家货币和中央银行货币占这类货币总量的比例。该列表明，最近已有相当大的稳定增长。由于"弄虚作假"或已减少，所以这些数字可能少报而不是多报了这一增长。九间清算银行所公布的准备金之绝对量 1929 年和 1924 年是一样的，而第三列中的总量则下降了 8%。这表明，公众手中持有的纸币势必明显减少，同时现金存款——正如我们在本书第二卷，（原书）第 35 页所看到的——

实际上几乎没有变化。因此,这些迹象表明,相对于支票的使用,这些纸钞的使用仍可称得上是在显著下降。该表还以一种引人注目的方式表达了米德兰银行在其准备金率方面的变化所带来的影响;这是因为,虽然英格兰银行在 1929 年保有的国家货币和中央银行货币总额比 1926 年低 4%——其中的 1% 反映在清算银行准备金的下降上——但会员银行却增加了 8% 之多。

2. 美国。美国与英国主要的差别在于,是法律而非习俗确立了准备金比率。我们将看到,二者实际所保有的准备金实际上几乎不分轩轾。

联邦储备系统的会员银行[1]根据要求,需以存款账户的形式在其储备银行中保有以下比例的准备金:[2]

表 14

	活期存款(在 1929 年及以内通知期内付款)(%)	定期存款*(在 30 日或以外通知期内付款)(%)
中央储备银行所在城市(纽约和芝加哥)	13	3
63 间储备银行所在城市	10	3
其他城镇	7	3

注:* 在 1914 年之前,活期存款和定期存款分别所规定的准备金并无差别。联邦储备系统开始运行时,后者的准备金率固定在 5% 上,1917 年该法案的修正案将之降为 3%。

实际上(对于原因我无需在此讨论),如果从所公布的活期和定期存款数字中计算法定准备金率,所得之结果要比上表中给出的情况更加复杂。不过,与实际准备金数字相比,法定准备金数字乃是由通货审计官不定期编制,意在让他自己可以确定银行是不是真地遵守了法律的规定。活期存款净额的平均法定比例一般算出来是 10%—11% 之间。由于定期存款的比例只有

---

[1] 到 1926 年底,联邦储备系统共有 9 260 间会员银行,非会员银行不少于 17 824 间,不过,会员银行的资产占总资产的 60% 左右。

[2] 库存现金为计入所规定的比例。因此,其大小已经调节到所需库存现金的最小额度。会员银行在储备银行所在城市以及中央储备银行所在城市像这样而持有的活期存款之实际百分比,在 1928 年 12 月不到 2%,故而储备银行所在城市与其他城镇之间在法定准备金率上的差异即因后者拥有大量现金而予以抵销。

3%，所以总存款的法定比例在定期存款相对增加时会下降，这一原因使该比例从 1918 年的大约 9% 下降到了 1922 年的 8%，到了 1927 年则降为 7.2%。不过，由于在美国库存现金不计算在法定准备金内，所以我们必须在上述数字之外另加 2% 左右，如此方能将这一数字与英国方面的数字进行比较。若虑及英国所存在的弄虚作假的做法，则两国会员银行按照法律或习俗所规定持有的现金及中央银行存款占其总存款的比例会接近一致，这个比例大体在 9%—9.5% 之间。

另外，在美国，实际持有的准备金百分比法定的最低额通常没有什么根本性的差别。在战争期间那种不稳定的情况下，实际准备金偶尔也会超出最低额，其超出的幅度为存款的 1%；但自战争以来这些数字很少有超过最低额（除了 12 月 31 日）达存款的 0.5% 以上的情况出现，通常只是超过最低额 0.1% 或 0.2%。例如，在 1926 年年中，各间国民银行（代表了超过 80% 的会员银行）所实际持有的准备金为 7.5%，同时，法律规定的最低额为 7.4%。这意味着，会员银行实际上正在最大限度地在使用它们在储备银行的存款。

这些结论在联邦储备局发布的 1924 年年度报告中明白无误的表述得到了证实，具体情况如下（第 9 页）：

> 储备银行尚未清偿的信用额对于会员银行的贷款和投资之比例，仅相当于 1920 年比例的一部分，会员银行在储备银行所保有的准备金余额对会员银行存款债务之间的比率，实际上稳定在 10% 左右，[1] 一般来说这代表着法律规定的最低水平。

会员银行当然希望尽可能接近法定最低额，这可以由它们尽量少持有不生息的资产这一自然的动机所解释。它们之所以能够这样做到，则可由

---

[1] 我认为，这必然是指按净活期存款来算的准备金。

某些特殊的便利条件之存在所解释。首先，只要每周的平均值是充裕的，那么，法律就允许银行准备金在具体某一日降到所规定的数字以下。准备金上的任何不足，都能很快由联邦储备银行的贴现予以补足。在通知贷款市场上任何超额都可以马上贷出，并在合适的时候加以使用，令票据流出。因此，几乎所有银行都尽力减持其准备金到接近于法定最低值（尤其是纽约，此地通知贷款市场近在咫尺），这乃是通行的办法，丝毫不令人感到奇怪。[1]

如此一来，事实表明，在现存于英美两国的银行业情况下，银行存款总额（在我们的货币方程中由 M 代表）是会员银行"准备金"的一个倍数，基本上接近于常数。[2]

3. **其他地区**。伯吉斯博士（参同前引书，第36页）引用的数字表明，在若干其他国家，准备金（包括现金）对存款的百分比与英美两国的情况大同小异。他根据1925年和1926年的情况做出如下估计：

表 15

	代表性准备金率（%）
美国会员银行	9.5
10间伦敦清算银行	11.5
4间法国信贷公司	11.5
瑞士私人银行	8.0
加拿大特许银行	11.0

不过，德国的情况则是既不受法律的保护，也不受习俗的保护。考诸主要几间柏林银行的情况，它们的存款当中以现金和发行银行存款余额作为准备金的比例如下：

---

[1] 关于美国在上述方面的现行办法，我要感谢 B. H. 本克哈特教授（Professor B. H. Beckhart）提供的有用信息。伯吉斯博士还给出了一些与此相同的有意义的数字（《储备银行和货币市场》[（*The Reserve Banks and the Money Market*），第152—155页]）。

[2] 当然，当定期存款和活期存款各自的准备金率不同时，计算上必须要做适当的修正；而且总存款在这两者之间所分划的比例也在改变。

表16

1900年末	12.5%
1913年末	7.4%
1924年末	6.1%
1925年末	5.0%
1926年末	4.4%

57 在这一年的其他时间，事态仍然在恶化。例如，在1928年3月31日，6间主要的柏林银行持有的现金、外国通货、息票以及发行银行和清算银行的存款余额仅为其存款总额的2.5%，这也是该国83间主要信贷银行（包括六间柏林银行）对总额达5.28亿英镑的存款总数所保持的百分数。较之于英国，它们通知存款的百分数要更低一些，这是事实［参看前文（原书）第16页］；但是，之所以百分数要低一些，其主要原因似乎是现金获取更加便利所造成；只要有所需要，从左近的德意志银行的分支结构进行贴现，即可获得所需要的现金。所以，德国银行适于再贴现的证券投资也构成事实上的准备金，这一证券投资占其债务的比例可以有效抑制膨胀。不过，这也就意味着当贸易复兴、合适的票据之供给因此而扩大时，在德国的体制下，要迫使德意志银行相应地创造出更多的信贷，就可能会异乎寻常地简单。换句话说，德国的银行系统与其他国家相比较缺乏防卫能力，对于违背中央银行意图的利润膨胀之发展，它相对缺乏应对能力。德意志银行当局意识到了这一危险，近来有时也会对各间柏林银行施加一定的压力，促使其改变方式。[1]一旦出现紧急情况，德意志银行便可以把信贷配给作为最后的手段，即它对某个机构的合格证券进行贴现时，就其贴现量任意设定一个限额。就局外之人观之，德国的银行法律在要求会员银行保持有的最低限度准备金（最好采取在德意志银

58 行存款的方式）这个方面，似乎亟待修正。

---

[1] 参看《德意志银行总裁报告》（*Report of the Commissioner of the Reichsbank*）1927年12月号第37页："德意志银行反对这种发展（即准备金百分比降低），而且认为要求银行保持足够的准备金乃是明智之举。"

第二节　非准备银行资产的转换可能性

人们往往这样来谈论会员银行持有的投资、贴现和预付款等的总额，就好像它们在相当大的限度之内乃是由会员银行做出的明智判断来决定的。在做出这一决策上，人们假定这些银行对于贸易的需求情况、企业潜在的运营状况是否稳妥、客户账户的总体情况、投机的盛行程度，等等都有关注。

然而，上文给出的统计资料证明，这一说法乃是"流俗之谬见"。撇开少数时候对惯常比率的刻意改变，譬如米德兰银行在1927年之所为，也抛开会员银行意欲影响其自身的准备金之可能性（我们把对此的讨论推迟到第七篇进行），银行家通常所要决定的，并非他们将要贷出的总数是**多少**——这基本上由其准备金状况决定——而是将以**何种**形式贷出——以什么比例在他们可以采取的各类投资形式之间分配其资金。概而言之，有三种类型可以从中选择——(i) 向货币市场供给承兑汇票（bills of exchange）和通知贷款（call loans）；(ii) 投资；(iii) 给客户的垫款。一般而言，给客户的垫款比投资更有利可图，而投资要比承兑汇票和通知贷款更有利可图；但这个顺序并不是一成不变的。另一方面来看，承兑汇票和通知贷款要比投资更具有"流动性"，即更有把握在较短的通知期内兑换成现金而不遭受损失，而投资比垫款更具有"流动性"。相应地，银行家要在这种权衡利弊当中永不停歇；他们的资金在这三个类型之间的分配比例也会面临较大的波动；在决定其行动方向上，他们要受到上述所提到的各种考虑之影响。例如，当他们感到投机活动或贸易繁荣可能到达了危险的阶段时，他们就会更加严格地检查自己流动性较低的资产是否安全，并尽可能地设法转到更富有流动性的状况上来。从另一方面来看，当商业客户对垫款的需求增加，而这类客户又是银行认为正当且受欢迎的那一类时，他们会通过减少其投资乃至承兑汇票来尽力满足这些需求；同时，如果对垫款的需求在下降，那么他们会通过再次增加投资而利用先前闲置的资金。

作为例证，给出英国各主要银行的"垫款"对其存款之比例方面的数字也就足够了，这些比例也即他们给其客户的贷款对其存款的比例。

很明显，用于客户垫款的银行存款之比例为与商业贸易方面的需求保持一致，是可以有着较大幅度的波动的；但是，并不能由此得出结论认为，这些银行**在总体上**贷出的是多还是少。

表17 英国9间清算银行垫款量对其所持有的存款量之百分比（%）[1]

年份 月份	1921	1922	1923	1924	1925	1926	1927	1928	1929
1月	46.7	41.2	42.9	45.5	49.5	52.4	53.0	52.8	52.9
2月	48.1	41.5	44.8	47.2	50.0	53.8	54.6	54.1	54.5
3月	50.3	42.7	46.5	49.0	52.4	55.2	55.8	55.6	56.4
4月	49.8	42.9	46.3	49.0	52.8	55.0	55.6	55.3	56.6
5月	48.6	42.4	46.2	48.7	53.1	55.2	55.3	55.5	56.4
6月	46.0	41.2	46.0	47.9	52.4	53.6	54.3	53.7	55.3
7月	45.5	41.7	45.6	48.2	52.1	53.1	54.6	53.3	55.4
8月	45.3	42.3	46.1	49.0	52.1	53.4	55.0	53.8	55.7
9月	44.4	42.8	46.2	49.3	51.7	54.1	55.2	52.7	55.4
10月	43.7	42.9	45.8	49.4	51.5	53.7	53.7	53.6	55.0
11月	43.2	43.9	46.0	49.8	51.7	53.8	54.0	53.8	55.4
12月	41.9	43.5	45.2	49.0	51.4	52.7	52.9	52.4	54.9
平均值	46.1	42.4	45.6	48.5	51.7	53.8	54.5	53.9	55.3

第三节　准备金比率应如何确定？

在英国，银行所保持的准备金比率从来没有由法律予以确定过。在英国股份制银行兴办前期，这个问题是由银行自己基于审慎和便利的考虑而自由确定的；同时，除了在那些与正常情况很少有联系的半年度资产负债表中公布之外，像这样保持的数字从来没有公布过，所以它们也就没有动机保有更多的准备金。不过，在1891年2月，时任财政大臣的戈申先生在利兹发表了他那著名的演讲，在这篇演讲中，他利用之前一年巴林危机（Baring crisis）

---

[1] 即利物浦银行、巴克莱银行、蔻茨银行、格林·米尔斯银行、劳埃德银行、米德兰银行、国立地方银行、威斯敏斯特银行和威廉姆斯·迪肯银行。本章各表没有包含现今按月份公布数字的国家银行，因为在这整个的时期内该行的数字无法取得。

所带来的担忧以及随之而来的情况,认为银行习惯保有的准备金数量对于确保整个系统的安全并不足够。这个演讲对于公共舆论而言,可谓一石激起千层浪,以致各间银行都感觉到它们必须做些什么才行。此外,戈申先生还暗示,他已经准备好了一个通货改革计划,打算提交给议会。正如当时的《经济学人》杂志所说,"由于银行家的反对,以及格莱斯顿党人(Gladstonian party)的为难",这份计划无疾而终,但银行多少还是更加重视起准备金问题,并开始发布月度报告。由于这些月度报告基本上是给公众看的,而且也无需满足什么法律规定,所以那些一直持续到今天的"弄虚作假"的做法很不幸也被采用了。过了一段时间,日常经营中对现金的使用变少,又兼银行之间的合并[1](大规模合并据称或是从1896年巴克莱银行成立开始),这些都减少了银行实际用来以防万一的准备金总额;而根据管理所保有的准备金数额则略有增加,原因在于,银行为了打广告和建立声誉而力保当初只有实力更强的银行才能保持的那种比率之缘故。到了1926年,情势已经发生变化,使时任威斯敏斯特银行总裁的里夫博士把准备金比率描述成"完全随意而定"[2]。

正如我们已经看到的那样,在美国,情况大是不同。虽然不同类型的银行而多少有所不同,但准备金率则由法律确定。此外,对于定期存款来说,其准备金率则比活期存款低很多。而且,库存现金根本就不被视为法定准备金的一部分,因此,在美国,关于银行准备金额由银行应对不虞之实际需要决定的任何标榜,都已经被放弃了。

那么,我们必然要问的是:为什么法律或习俗应该强使银行保持比其实际所需更多的准备金呢? 无疑,一部分原因在于——正如我们的通货和信贷

---

[1] 1891年,存款超过1 000万英镑的股份银行只有四家,它们是:持有3 700万英镑的大伦敦银行,持有2 700万英镑的伦敦与西方银行,持有1 600万英镑的联合银行,持有1 300万英镑的伦敦股份银行。

[2] *Banking*, p.130.

方面许多其他的措施一样——这一办法只是过去形势下所留下的习惯做法，同时，也是我们把一个代用货币体系当成商品货币体系处理所造成的结果。但是，在这一现象背后，还有一个合理的现实原因。要求银行保持超过其存款库存现金与清算方面所需的严格数额之习俗，是一种使它们负担起中央银行由于维持通货所承担之费用的一种手段。

在我们可以想象得出的货币制度下，这可能并不必要。但若然要维持一个国际本位，中央银行必须保持一定数量的闲置资金，这些资金不生息或者不能产生足够多的利息，其形式是黄金或其他储备。如果由于中央银行采用的承认某种票据或某类证券是"合格"的，所以存在完全流动的生息投资，那么，从理论上来讲，会员银行就可能尽情地削减其准备金——把它们局限在库存现金和日常清算方面的要求上。因此，在这样的情况下，会员银行被强迫分摊整个系统最终准备金的部分维持费用是合理的——如果没有这类准备金的存在，则"合格"票据和"合格"抵押品的便利办法有时可能会行不通；而这种办法会受到强迫它们在中央银行保有非生息存款或保持非生息票据的一定比例之影响。

现代银行制度下，大部分中央银行的黄金储备一般仍是由掌握在公众手中的实际纸币发行量所提供，这一点诚然不错；但是，我认为，演化的潜在趋势乃是朝着政府把纸币发行当作收入的合法来源这个方向上行进的，[1]同时，还有一种要求会员银行提供它们分内的中央银行准备金的维持费用之趋势。

只要会员银行预计应保持的现金准备金比例全然由它们根据自身安全与

---

[1] 自从上面这段写出来之后，英国的《新银行纸币法案》（*New Bank Note Act*, 1928）做出规定，信用发行的全部利润归国库，会员银行非生息存款的利润归英格兰银行。由于信用发行并不等于公众手中的实际流通量，同时会员银行在英格兰银行的存款也不是其常例准备金的全部，所以这一举措并不像其表面上看来的那样符合逻辑。虽然如此，实际上所计算出来的数字与上文提议的办法所得的数字相去并不甚远。

便利之需来确定,那么,英国令银行自己决定适当数字的传统做法就很有其理由——尤其是达到了一个阶段,就像现在英国的情况,一夜暴起的银行已然绝迹之时,情况更是如此。但是,一旦考虑到其他有关情况——比如考虑到上述影响到整个银行系统而不是个体银行利益的情况——则上述做法是不是最好的方案显非一目了然。大战后中央银行管理技术的发展——这种发展既不可避免,又为大家所喜,我将在本书第七篇更为充分地对之进行解释——已经使我们达到了两种准备金比例标准之间的过渡阶段。现代银行管理方法,尤其是"公开市场操作"(open-market operations)的运用,必使银行能够握有一笔资金,其大小一定,与整个银行系统的规模有关;会员银行以它在中央银行的无息存款形式对高度经济且有效的系统的安全性供应着所需要的大部分资金,这种高度经济且有效的系统之存在,可以让会员银行变得如此舒适,并有丰厚的获利,而这一切是正确且合理的。现在,为求使英格兰银行强大到无可置疑之地步,并能在所有情况下在市场上指挥若定而不过于紧缩其自身的盈利能力,那么,它所需的正常水平的银行家存款会比会员银行为自身营业上的安全与便利所需的严格数字为大。如果这一点无误,那么我们所观察到和预计将要发生的情况,会让我们产生这样的怀疑:再让这种事情全然由会员银行斟酌决断还是不是我们所想要的?

如果后退个50年,我们可能会发现会员银行彼时所持有的准备金并不比其因自身安全和便利所需的金额为高——也许结算日是个例外。在两个结算日之间的时期内,人们的确没有什么动机把资金不必要地封存起来。银行合并现象的增多,公众使用现金的情况减少,以及银行机构运转速度和效率的普遍提高,均使严格所需的准备金比例降低。不过,由于我国银行的保守,也由于没有哪一家银行愿意当第一个吃螃蟹的人,被认为首先把准备金比例降到了其他银行以下,是故,它们并没有充分利用这一条件,其结果是,我们现在形成了这样一种勉力支撑的局面——银行自愿保持的准备金比例比其实际所需的确稍高,至于原因,银行自己可能也不是非常明了。在合乎安全与外表体面的情况下,人们想尽可能地多赚一些钱,也是很自然的。然而,这也会让他们采取一些像"弄虚作假"这类非常不妥当的策略行事,是故,他们的实际比例要远低于其表面比例。事实上,如果他们通过在一个时期上逐步采取步调协同或和谐一致的行为,一点一点地改变他们习惯的比率,是没有任何障碍存在的。

1927—1929 年发生过一个有趣的插曲,可能可以用来阐明这种情况发生的可能性。正如前文所指出的那样,米德兰银行在过去若干年中所保持的准备金比例大大高于其竞争对手。这从该行自身的立场来看是否真正值得,并不能一目了然。因此,从 1926 年下半年开始,米德兰银行的准备金比例逐步下降的趋势就变得比较明显,该比例从 1926 年的 14.5%一路降到 1929 年的 11.5%。由于此一时期米德兰银行的存款总额至少可达 3.7 亿英镑,所以,这就等于说释放出了 1 100 万英镑以上的现金,实际使银行整体可增加存款(和垫款)大约 1 亿英镑,同时又没有造成总储备的任何增加。所以,全部操作的结果,要么是得到了英格兰银行的默认,造成银行货币大量增加而又没有造成准备金量的增加,要么就是使英格兰银行的资金减少了 1 100 万英镑——失之东隅收之桑榆,这笔资金的利息由米德兰银行取得,而由英格兰银行失去。

就彼时的情况言之,这笔信贷的释放在具体的情况上看来还是对公共利益大有好处的。这是因为,会员银行固定存款的增加是需要会员银行存款总额的增加来平衡的——如果让英格兰银行自行处理这一存款总额,可能就不会有充分的增加。因此,米德兰银行事实上不仅是为了自己的利益而沿着无可指摘的道路行进(因为其准备金率仍然高于其他银行的平均值),而且也为总体局势提供了很大的便利。不过,在任何健全的现代体制下,会员银行资金的这类扩张不应取决于个别会员银行的行动,即便通过适当举措抵消其影响仍在中央银行的掌握之内也是如此。这是因为,我们应该可以这样假设,即中央银行至少与会员银行一样聪明,也应该更多地依靠中央银行来为总体利益服务。

因此，我得出了这样的结论：通过法律规定会员银行准备金量的美国制度，较之于通过含糊而不确定的习俗规定之的英国制度，要更胜一筹。

此外，调整当前的制度，赋予英格兰银行无可挑战的掌控力，其原因不止是因为"五大行"全部或其中几家可能会逐步改变其准备金率。正如前文所指出的那样，目前会员银行的准备金不仅由其在英格兰银行的准备金所构成，而且其中还包括他们所谓的"现金"，而且它们可以在总准备金中对这两个类型之间的比例自由地进行改变。通常而言，"现金"是由银行钞票（以前还包括国库券）构成，但它也包含黄金或存于外国中央银行的存款，后者想来是可以的，但据我所知英国的银行尚未实际推行过这种办法。现在采取其中任何一种办法都可能使英格兰银行遇到如下意外或不便的情况：

(1) 只要英格兰银行根据其目前的公式计算它的准备金"比例"，那么如果会员银行将它们的"现金"转为英格兰银行的存款，情况即可能在很大范围内受人为的影响，反之亦然。诚然，现存的信用发行（fiduciary issue）对于银行自有储备的影响充分与否，基本上取决于会员银行在上述方面的政策。

(2) 如果会员银行以真实的黄金作为它们的部分准备金，那么，其影响可能要么减少英格兰银行的利润，要么把该行自由黄金（free gold）降到安全点以下。诚然，有一项条款加在了 1928 年的《通货与银行钞票法案》（*Currency and Bank Notes Act*）里，以应对这一偶然情状，根据该条款，英格兰银行有权强制收购国内以此种方式持有的所有黄金。然而，这一条款并不能阻止会员银行把它存在国外或运输在途的黄金算作准备金的一部分；据信，近来已经出现了银行利用这种自由的许多事例。

(3) 没有办法防止英国的会员银行以"专款账户"（earmarked）的形式把它所持有的准备金存到美国纽约的联邦储备银行里去。以安全的立场观之，乃至即便以便利的角度来看，这类存款实际上也与"黄金一样好用"。但是，很显然，这一做法剥夺了英格兰银行必要的资金和利润量，将大大减少英格兰银行控制英国银行货币量的力量。我不清楚，这一选择权是否曾被行使过。不过，该风险是真实存在的。这是因为，就欧陆的会员银行来看，把它们一部分准备金放在外国的中心之做法司空见惯。而且有时候——例如我所听说的瑞士的情况——这一做法还会大大损害中央银行的权威。在德国，目前主要会员银行在外国中心所持有的很大比例的流动资金很是能够严重损害德意志银行的领导权。

此外，除了那 10 间清算银行之外，还有包括海外银行的伦敦支行在内的很多银行，因其不公布月度数据或平均数值，就为伦敦货币市场带来了便利，而它们是可以不必按照比例为英格兰银行的资金做出贡献的。

最后，还有一些没有法定准备金比例就无法实现的重要技术优势，有关这些优势的全部意义我们将在后文给出。这就是活期存款与定期存款所分别需要的准备金之间的区别和英格兰银行在规定的限度内随时**改变**法定比例的权力。

为所有银行确立法定准备金比例的原则问题，与这些条规所应当包含的内容之问题是截然不同的。不过，我现在按照以下方面来给出一些意见：

(i) 所规定的比例要包含英国以英镑支付的全部银行[1]存款。

(ii) 须在 30 天（或可能是 14 天）或更长的通知期内支付的存款视为定期存款。

(iii) 所规定的比例要与每月日平均值计算相联系。

(iv) 现金准备金要由英格兰银行钞票或在该行的存款余额构成，但该存款余额不少于总额的 40%。

(v) 正常的现金准备金对存款的规定比例如下：活期存款，15%；定期存款，3%。

---

1 "银行"的法律定义殊难给出——但也不是不可克服——这些困难在性质上是法律的而非经济的。

(vi) 英格兰银行要有权对 30 天以前通知的存款改变所定比例,活期存款可改变 10%—20%,定期存款可改变 0—6%。

这些条规将极大地强化握于英格兰银行手中的控制权——这的确会使其对银行货币总量拥有这几乎完全的控制权——同时又不会以任何方式损害股份银行的合法经营。这里第(vi)项对此的重要意义,我们将在第三十二章第六节详加阐述。

因此,在那些法律或习俗把存款准备金规定得比较死板的国家,对于银行货币量 M 的最后确定,我们要回到那些决定这些准备金数量的因素上来。中央银行在多大程度上决定这些因素,能使会员银行的行为必然随之亦步亦趋呢? 而且,如果会员银行自身能够对准备金数量主动地产生影响,这种影响又能到多大的程度? 只有当会员银行确实能对这些准备金数量产生影响时,我们才需要对会员银行所能决定的只是贷出的形式而非贷出的总量这样的说法进行修改。

关于这些问题的答案,我们必须推迟到第七篇给出。

第二十六章　营业活动

第一节　营业活动对营业存款流通速度的影响

很长时间以来，人们一直认为，营业兴旺时现金周转就会比较快。的确，在这种情况下流动速度可能不止是与交易成比例地增加；因此，交易的增加就不会像"如果其他情况保持不变"的情况那样，与价格水平的下降相应出现，在商人的心目当中交易的增加实际上反而常与价格水平的上升相联系。在第二十四章，我们已经看到，这一结论之所以合理，有其明显的理由。营业兴旺之时，整个交换过程加速进行，此一加速度就减少了交易之间必需或适于保持现金的平均时间：收入与支出接踵而至，更加快速。另外，市场行情良好时，人们在寻找感到满意的销路方面信心更大，因此，至少在商界的信念当中是不太需要为滞留的库存和无法收回的贷款等意外情况来做准备的。除此之外，还有一个理由。营业兴旺之时，商人为提供营运资本，对其资金可能会看护得更紧，从而使他们可以最大限度地节约其所持有的现金。不过，这一论点可能过于依赖这样一个事实，即在实际经验当中，营业活动更加兴旺，常伴随着的不是物价水平的下降而是上升。这是因为，较之于用直接影响真正的流通速度这一因素，这一事实可以更好地由过度投资带来基本方程第二项的增长来解释。

实际交易量的扩大常伴之以流通速度的提高超过比例的提高，这个结论多为人所持有。但还有一批著作家认为这两个因素的变化趋于相等——即它们的变动几乎严格成比例。安吉尔教授（Professor Angell）曾提出，维塞尔（Wieser）乃是这一学说的早期信徒，查尔斯·莫恩男爵（Baron Charles Mourne）是近年来该学说在法国的拥趸。[1]在这些方面最为当代学人[2]所熟知的阐发，乃是纽约联邦储备银行的卡尔·斯内德先生（Mr Carl Snyder）。[3]

斯内德先生的结论是经验性的，是建立在过去几年美国银行借方（即银行清算票据交易额）对活期存款的比率的可变性程度之计算上面的，或者用我的术语来说，就是现金存款的流通速度。他不是拿这个和"交易"（transactions）量比较，而是拿它和"贸易"（trade）量进行比较。由于斯内德先生的表格给出了迄今为止所作的最充分的考察，所以无论我们是否接受他基于这些表格所给出的归纳性原理，把它们复制在这里都是有益的。

表 18

年份	流通速度 (100=1919—1925 年的平均值)	美国的贸易量（%）
1919	102	104
1920	102	101
1921	94	92
1922	98	102
1923	99	108
1924	99	105
1925	105	111

1　《国际价格理论》（*The Theory of International Prices*），第 327 页和第 279 页。对于货币学说史，这部书是最有价值的资料来源。

2　安吉尔教授（参看前文第 180 页）提出沃思颖教授（Professor Worthing）（"Prices and the Quantity of Circulating Medium"，*Quarterly Journal of Economics*，1923）是美国在这方面的第一个近代著作家。

3　参看其所著之论文：New Measures in the Equation of Exchange（*American Economic Review*，1924），A New Index of Business Activity（*Journal of the American Statistical Association*，1924），and A New Index of the General Price Level from 1875（*Journal of the American Statistical Association*，1924）；以及他的著作《商业周期与商业测量》（*Business Cycles and Business Measurements*），该书第七章对这些文章进行了总结。斯内德先生在此书结论中似乎认为流通速度比先前发表的论文中提出来的稍微小一些。

表 18 给出的是包括纽约在内 141 座城市根据"贸易"量所得的偏离正常流通速度的年度平均百分比〔该平均百分比定义为清算票据交易额（或借方）对活期存款的比率〕。

即使我们是以面值来接受这张表格的，除了 1921 年经济萧条时两项数字均下降之外，似乎也不是怎么能证明一般所谓的相关关系。不过，如果我们不取 141 座城市而是取全国的活期存款流通速度，那么，这个一般所谓的相关关系就会更不明显，如表 19 所示，从 1922 年开始，几乎看不到一般所谓的相关关系明显存在。另一方面，如果我们取纽约的数字——该数字也在表 19 给了出来，那么，就变动方向言之，则有着相当大的一致性：

表 19

年份	现金存款的流通速度 (100=1919—1925 年的平均值)		美国贸易量（%）
	全国	纽约市	
1919	110	98	104
1920	106	96	101
1921	94	89	92
1922	99	98	102
1923	98	103	108
1924	97	103	105
1925	96	114	111

因此，可能是这样一番情况：如果斯内德先生宣称营业存款而非现金存款的流通速度和贸易量之间存在着一致关系，那么他会离真相更接近。另一方面来看，他的这个说法或许也过于笼统；这是因为，正如我们所见，营业存款不仅要用于"贸易"的处理，而且还要用于金融和证券交易所的交易，该交易的实际交易量可能有时会随着贸易量变动，但可能经常不是这样。[1] 因此，这一理论的统计学基础基本上不足以支持它。

---

[1] 斯内德先生指出，证券交易所交易对票据清算额的影响即便在纽约市也远不像原本所认定的那种情况，因为在纽约证券交易所进行的交易 80% 或以上是由该证券交易所自己的清算公司进行清算的（*Review of Economic Statistics*，1928 年 2 月号，第 41 页）。然而，如果把经纪人及其客户的支票考虑在内，这种影响势必相当可观。

第二节　银行票据清算额与贸易量之间的关系

我们是否能从银行票据清算额中取得一个令人满意的关于贸易量或产出量的指数呢？它取决于我们能否把与工业流通有关的交易和与金融流通有关的交易分开，或者至少可以取得前者变化的近似指数。

且让我们这样来写：

$$B（银行票据清算额） = Q_1R_1 + Q_2R_2$$

其中，R_1＝工资额与本期生产的商品（成品和半成品）的贸易量，R_2＝债券、股票、不动产和其他金融债务换手的量，R_1、R_2 每一个都是按照在使用现金方面所具有的重要性而进行比例上的加权；同时，二者的物价水平 Q_1、Q_2 是以同样的方法加权。

那么，我们可以看到，当与 Q_1R_1 相比 Q_2R_2 较小时，或者它以相同的方式在变化时，B 是 Q_1R_1 唯一可靠的指数。这是因为，就全国的票据清算额来看，我们没有理由认为 Q_2R_2 的值小。但是，有时候分离出某一部分银行票据清算额也是可能的，此时这个假设要更有依据。例如，把伦敦证券交易所清算日从总的票据清算当中排除出去，过去乃是一种常见的办法，意在取得一种可能会有助于说明英国贸易状况的数字；但由于如今在伦敦金边市场上并没有特别的清算日，所以这一校正就不再充分。目前，在英国要部分地分离 Q_1R_1，最有用的办法是采用国家票据清算额（the country clearing）和地区票据清算额（the provincial clearing）（即主要地区城市的银行间票据清算额），因为通过这种手段，大部分纯粹的金融交易可能是可以被分离出来的，原因在于这些交易是通过伦敦而完成的。

Q_1R_1 变化的方式也不与 Q_2R_2 相同。长期当中股票的价格指数趋于与 Q_1 一起变动，工资和商品的价格指数以及股票市场的异常活动会经常伴随着贸易的异常活动，这确实是事实。但是，在物价水平迅速变化之际，金边证

券指数不是趋于与 Q_1 的变化方向一致,而是**相反**。这一点可以由战后英国的物价和银行业的统计数据来说明。在表 20 中,A 是固定利息证券的价格,B 是普通工业股票的价格,这些数字是由伦敦与剑桥经济服务部计算所得;C 是英国的消费指数 [参看第一卷,(原书)第 55 页];而 D 是商务部批发物价指数:

表 20

(1913 年 = 100)

年份	A	B	C	D
1919	73	168	215	258
1920	64	169	257	308
1921	66	116	223	198
1922	79	132	181	159
1923	82	162	170	159
1924	81	158	172	165
1925	80	180	172	159
1926	79	187	169	148
1927	79	201	166	141
1928	81	237	164	139

此外,由于金融交易活动较之于工业交易活动更容易发生变化,所以看起来很明显,银行票据清算**总额**作为本期生产和消费带来的贸易交易量之指数几乎毫无价值,除非我们把证券交易所的交易量排除在外。这一结论可以由票据总清算额的数字得到证实。银行票据总清算额(B)在经过商务部批发物价指数校正之后得到了如下结果:

表 21

年份	B	D	B/D
1913	45	63	71
1920	110	194	57
1921	96	125	77
1922	101	100	101
1923	100	100	100
1924	108	104	104
1925	110	100	110
1926	109	93	117
1927	113	89	127
1928	120	88	136

现在，如果我们打算从费雪方程式 $MV = PT$ 中得出结论，认为由于 $B = MV$，故而 B/D 是贸易量的指数，那我们就谬之千里了。这是因为，我们应该可以发现，所谓的"贸易量"在 1921—1922 年的萧条期间比之在 1919—1920 年的繁荣时期大 50% 到 100%；在 1925—1926 年比战前大 50%；1926 年大罢工那一年比 1925 年大 7%；今天差不多是战前的两倍。这是这方面计算的一种归谬论证。很显然，这里头包含了各类金融交易以及根据批发本位对物价水平所做的校正，因此而出现了很大的差异，使这些结果全然归于无效。

不过，且让我们想想，如果我们把计算局限在地方和地区票据清算额（country and provincial clearings），在这个范围内，证券交易所的交易不起什么重要的作用，并且还用恰当的物价指数对货币量校正后，其结果将与我们从其他来源所知的关于贸易量波动的内容相一致。

对此而言，到底什么才是最合适的指数呢？我认为，主要以三个月前的批发价和本期的工资编制而成的指数会很不错，虽然商务部根据全部政府统计资料为依据可以编制出更好的指数来，但就目前而言，我们可以采用上文 [第一卷（原书）第 54 页] 所解释的那种编制方法制成的消费指数，然后用它来除地方和地区票据清算额 [如第二卷（原书）第 35 页所述来编制] 即可得到生产量的"票据清算额度指数"。

现在，如果我们把如此得到的票据清算额度指数的年平均值与主要根据原材料消费而为伦敦和剑桥经济服务部编制的罗威先生（Mr Rowe）的生产指数，以及洛克林先生（Mr Rokeling）[1] 的就业量指数进行比较，可以得到下表所示的结果。

---

1 这一指数是洛克林先生编制的英国生产指数的一部分（《经济学人》，1928 年 10 月），具体如下：

年份	指数
1920	101
1921	75
1922	88
1923	93
1924	100
1925	99
1926	90
1927	105

表 22

(1924 年 = 100)

年份	票据清算额度指数（凯恩斯）	就业指数*（洛克林）	原材料指数（罗威）	综合生产指数（三者的平均值）
1920	101.5	103	104.5	103
1921	78	89.5	75.5	81
1922	91.5	93.5	89.5	91.5
1923	97	97	91	95
1924	100	100	100	100
1925	101	101	101	101
1926	95	95.5	90	93.5
1927	101.5	104.5	110	105
1928	102.5	104.5	108.5	105
1929	104	106	116.2	108.7

注：*蒙洛克林先生慷慨的帮助，提供给我这些数字，我对他在《经济学人》发表的数字略有修正。它们代表 $A+B-C-D-E$，其中，$A=$农业工人数，$B=$年龄在 16—64 岁的已投保工人数，$C=$失业的已投保工人数，$D=$因病、因故等离职的已投保工人数，$E=$直接牵涉到劳资争议中的人数。这些数字一方面没有考虑效率的增加，另一方面也没有考虑工时的缩短。

一般来说，这些完全独立计算出来的变动之间的一致性——它们并没有相同的一个直接构成成分——是非常值得注意的。我认为，通过去掉这三个指数的平均值，就像表 22 最后一列所给出的结果那样，我们是可以获得英国最全面的生产指数的。这是因为，与其他两个指数相比，票据清算额度指数最近的增长速度多少要慢一些，我们在研究全国经济活动时，更纯粹的工业指数可能需要经过必要的校正；而原材料指数近来有超过就业指数的趋势，这一或许反映了效率的增加。

根据地方和地区票据清算额计算得到的贸易量指数按价格校正后，在某些方面确实会比根据生产和产出统计数字计算得出的指数更加优胜；这是因为，正如斯内德先生在处理美国类似统计数字时指出的那样，[1]绝大部分生产指数对基本商品给予了过大的权重，而支票交易额则给出了更为全面的描述，它把所有难以胜计的各类混杂的活动也包含在内，这些活动单个来看过于细微，统计学家不易捕捉得到，然而加总起来则非常重要。此外，这类

---

[1] 《商业周期与营业测度》（*Business Cycles and Business Measurements*），第 79 页。

指数还有一个优势,即毋需任何特别的计算,我们就可以马上获得这些数字。

斯内德先生对美国的计算结果证实,在主要金融中心之外的银行票据清算额按物价校正后(不过,这里的"物价"与上文我们自己的计算一样,不是批发物价指数而是消费物价指数)作为贸易量指数是有其价值的。下表以纽约市以外140座城市银行借方三个月移动平均值为基础,[1]对斯内德先生"总体物价水平"按物价校正后所得到的结果,还有就是他独立编制的贸易总量指数。

表 23

年份	纽约市以外按物价校正后的银行借方	贸易量
1919	105	104
1920	102	101
1921	92	92
1922	101	102
1923	105	108
1924	102	105
1925	110	111

第三节 统计上的总结

我们把以上各章的估计情况总结在表24当中。虽然读者一定不会对该表所涉的我们银行及其他统计资料的可悲状态下所存在的程度上的猜测、近似取值以及可能的错误,但我认为,作为对各种所涉因素的可变性之一般指标,它还是具有一定价值的。

我毫不怀疑,不过几年之后,这类猜测就会显得幼稚和错误到令人发指的地步,并为科学估计所取代。但是,由于它们还是表明了依据那些数字去了解是有意义的,并对其值做了不能确定的估计尝试,所以,我可以抛砖引玉,激励那些能取得更好数据的后来者来纠正我的错误。在英国,官方数字的编制一般先由私人做出相对粗糙、不够完美的工作,然后才被编制出来的。

---

1 现在哈佛经济服务部为编制意在反映营业状况的B曲线,剔除了除纽约市之外其他七座城市的借方数字,这些城市差不多都是金融及商业中心。

表 24

(1924 年 = 100)

年份	总存款额* (M)	现金存款额占总存款额的比例† (w)	现金存款额 (Mw)	流通速度 (V‡)	工业现金周转量 (MVw§)	产量 (O) (罗威和洛克林) [1]
1920	100	111	111	137	152	104
1921	108	100	108	93	101	82
1922	106	100	106	91	96	91.5
1923	100	102	102	94	96	94
1924	100	100	100	100	100	100
1925	99	98	97	104	101	101
1926	100	96	96	97	93	93
1927	103	96	99	99	98	107
1928	106	94.5	100	98	98	106.5
1929	108	93	100	98	98	111

注：* 如第 9 页所算。
† 如（原书第二卷）第 9 页所算。
‡ 如（原书第二卷）第 35 页所算。
§ 如此则让我们再次回到了（原书第二卷）第 35 页所算的地方与地区票据清算额指数上来了，这是因为，我们是通过用 Mw 除该值才得到 V 的。

如果我们假设可用于收入收付和本期业务——不包括金融交易——的现金存款在数量和速度上的变化可分别以 Mw 和 V 来近似地测度，即工业流通的周转量由地区和地方票据清算额来测度，那么，如果没有利润上的膨胀或紧缩，MVw 当可给出本期产品的总成本指数，而 MVw/O 应能为我们提供本期产出的物价水平指数。因此，如果我们的统计数字可信，那么，MVw/O 与产出的实际物价水平之间的差额就会是成本与价值之间差额的一部分，也即它只是部分表明了利润膨胀或紧缩的程度。这是因为，若有利润膨胀（或紧缩）出现，那么我们就会预计实际物价水平要高于（或低于）由 MVw/O 所表示的物价水平。因此，作为推断利润膨胀（或紧缩）程度的第一近似，且让我们把 MVw/O 给出的理论上的物价水平和消费物价指数［第一卷（原书）第 55 页］以及批发物价指数（商务部指数）一并在表 25 给出来：

---

[1] 我取了（第二卷，原书）第 77 页罗威指数和洛克林指数的平均值，这是因为，在这个上下文中引入票据清算额指数将会回避问题的实质——虽然事实上这对于结果并不会造成很大的差别。

表 25

(1924 年 = 100)

年份	MVw/O	消费物价指数	批发物价指数	利润膨胀或紧缩*
1920	146	150	186	127
1921	123	132	120	98
1922	105	106	96	91
1923	102	99	96	94
1924	100	100	100	100
1925	100	101	96	96
1926	100	98	89	89
1927	91	96	86	94.5
1928	92	95	85	94.5
1929	88	94	82	93

注：*这是用 MVw/O 除批发物价指数得到的数字。

遗憾的是，消费物价指数对于当下这个目的而言并不适合，因为我们的产出指数不包括服务（services），[1] 我们为把它们一并包含在内而明确对消费物价指数进行了加权。另一方面来看，批发物价指数过于重视进口原材料而轻视制成品。不过，如果因没有其他更好的指数而勉强把后者作为我们不包括服务在内的产出物价水平指数，那么，利润膨胀（或紧缩）的程度将可极粗略地由 MVw/O 去除该指数来表示，表 25 即是如此来做的。必须注意的是，取 1924 年为基年，我们即隐然假定这是均衡的一年，在这一年里，利润膨胀或紧缩都没有明显出现。

到现在，错误的可能来源已经积下很多，使我几乎没有办法对表 25 最后一列再行重视了。但至少他不会与本书第三篇的基本论证结论彼此矛盾。这是因为，正如该表所示，利润膨胀或紧缩的程度与我们合理的预期高度相合。1920 年的繁荣一直持续到 1921 年上半年，但却被该年下半年的萧条所抵消，1922 年到 1923 年则是持续萧条，1926 年陷入了极度困苦之境，1927 年到 1929 年利润紧缩徘徊不去，如此等等，自身即是恰如其分的说明。

---

1 在一定程度上，这样也会使得上述用途下的 MVw/O 不能应用；但程度不太大，这是因为，相当于劳务报酬的货币周转量相对较小。

第六篇　投资率及其波动

第二十七章 投资率的波动——I. 固定资本

当储蓄与投资之前存在非均衡时,其原因大多是由于投资率的波动所致,较少由储蓄率的突然变化而引起。在正常情况下,储蓄率具有着相当稳定的性质。因此,要理解我们在第一卷所分析的那种非均衡状态的根源和严重性,势必主要得去考虑引起投资率波动的原因为何,并对这类波动的量级进行估计。在本章及接下来两章,我们将依次对固定资本、营运资本以及流动资本的投资波动之原因和波动的程度予以讨论。这些章在性质上属于题外话,在一部论货币的专著中讨论这些话题确有问题,但因为在其他地方对投资率之波动所做的讨论均不能满足我之要求,故我只得把它们放在这里。

就固定资本的情况来看,要理解投资率的波动轻而易举。企业家受到诱导而从事固定资本的生产,或者受到阻遏而不敢从事这类生产,悉由他们对利润的预期决定。撇开这些预期何以在一个变化世界里必定波动不止这个问题的诸多次要原因,熊彼特教授(Professor Schumpeter)对主要变动态势的解释可以完全为我们所接受。他指出:

> 相对少数的格外活力充沛的一批企业家不时地有所创新——他们把科学发现以及机械发明付诸实践,发展新的工业和商业组织形式,引入不为众所熟悉的产品,开拓新的市场开发新的资源,改变贸易路线,如此等等。诸如此类的改变,一旦达到了一定规模,就会使大多数墨守成

规的商人制定计划所依据的信息资料（data）发生变化。而一旦少数天赋异禀之辈取得成功之后，榜样在前，轻轻易易地就可使大批效仿者纷至沓来，如法炮制。因此，创新的浪潮一旦开启，其势必将越发凶猛。[1]

于此，仅需补充一点：进行创新的企业家在利息成本不至于令其感到望而却步的条件下所进行创新的步速乃视银行体系负责人士的合作程度而定。因此，虽然说造成信贷膨胀的刺激来自银行体系之外，但是，只有在允许货币机构对这一刺激做出反应时才会出现，在这个意义上来看，它仍是一种货币现象。

诸如上文所讨论的波动，乃是由于在既定的利率条件下投资意愿只因变化所致。除了这些波动之外，我们还会遇到一些由于利率方面的变化所导致的投资率的波动。按照我们在第十三章所讨论的方法，只要从一份具体的固定资本上取得的收入保持不变，利率的变化就会影响用于这份固定资本所带来的好处。但是，固定资本的供给相对于对它的需求发生变化之前，这一收入不会有什么理由发生变化。不过，改变固定资本供给的过程在该固定资本所带来的收入再次与利率达成均衡之前，与投资率的改变是一回事。

是故，只要利率不是出于使用或享受固定资本的需求表的变化这个原因而发生变化，预期投资率的变化就是合理的。

顺便值得一提的是，除非所要求的变化很小，否则固定资本供给增加所历经的过渡过程，要比其减少所历经的过渡过程更加容易。这是因为，现存固定资本折旧率（the rate of obsolescence）为其总供给所能被减低的速率设定了限制；而且，由于不同种类的固定资本受到影响的程度不均等（因为需求弹性不同），所以，真实的最大限度的减低率将会在一个更为狭窄的限制内予以确定。

---

[1] 这段对熊彼特教授见解所做的简明扼要的总结，摘自米契尔的《商业周期》（*Business Cycles*），第 21 页。

第一节　统计指标

然而，一旦我们转向相关的统计资料，以便找到这些波动程度的某一切实的指标时，我们就会发现这类统计资料既少得可怜，又难以让人满意。我们尚且没有一套本可精确地对一个社会的固定资本投资增加率做严格测量的数字。因此，我们所能做到的，充其量不过是拿一些局部的指标，尽可能从其综合结果中进行判断罢了。

可能有人曾这样设想，投资市场上的新证券发行量可以提供一个相当准确的指数。但是这个总量并不能充分代表住房方面的投资率，因为住房基本上是通过新证券发行市场以外的其他渠道进行融资的；然而房屋建筑可能要大过任何一类的投资。另一方面来看，很多所谓的新发行证券不过是代表着现有资产从一方转手到另一方而已；而就控股公司、金融公司和投资公司而言，其间可能存在着大量的重复。此外，即使就那些类主要由发行债券融资的投资而言，债券进入到市场上的日期与投资相应发生的日期之间也缺乏同步。所以，债券的发行量也不是它们所为之融资的那些类投资的**短期**波动之良好指标。因此，投资率的波动较之于发行率而言，可能或者大一些，或者小一些。虽然如此说，但新发行量的波动也是我们必须加以考虑的不那么全面的指标之一。

现代世界固定资本之绝大部分——可能不少于四分之三——乃是由土地、建筑物、公路和铁路构成。是故——从金融转到实物方面来看——任何直接与着四个方面的生产活动相关的统计数据都会有所助益。美国是有一套对我们而言极有意义的这类性质的统计数据的——即建筑许可的每月价值。由于在这个语境里"建筑"一语一般包含建造物（construction）和承包工程（我想，这里头包括公路、下水道之类），所以，这些数字对于我们所需要的材料真是帮助多多。在英国，我们没有类似可比的数字；但建筑业和工程项目承包业的就业人数，以及《劳动公报》（*Labour Gazette*）上发布的不完全的建筑业季度统计表，就这些方面的投资量给出了某种指标。

由于当今在固定资本投资中不使用一定量钢铁的情况比较少见，所以，有一些著述者[1]曾主张，对这些物资的消费——有关于此，可以取得很长时期内的相当准确的数字的——堪称是测量固定投资率的可靠指标。然而，由于技术方法的日新月异，而不同类型的投资，即便在消费钢铁的地方，其消费的比例也差别迥异（例如，我们把房屋建造业与造船业进行比较就可以发现这一点），是故，我们最好不要去夸大这类指标自身的价值，而只能满足于把它当作几种指标中的一个。

不幸的是，沿着这些不同的路线进行统计研究的结果（请参阅卫斯理·米契尔的《商业周期》一书各处，可以找到对这些结果的总结）不能简化为表格的形式，使我们无法对逐年间固定资本投资率波动的量级做任何令人感到满意的数值估计。不过，这些结论是如此确定，足以清楚地表明这些波动幅度之大，以及与信贷周期各阶段相关程度之高，俨然达到了我们理论所预期的那种程度。

第二节 以固定资本投资波动为基础的若干信贷周期理论

的确，固定投资量波动的事实以及它们与信贷周期的关联早已为众所熟知，许多著述者也用它来作为信贷周期问题之解答的基础。虽然——如果我的理论正确无误的话——这些解答并不完备，尤其是它们忽略了营运资本的波动，但是，据我观之，即便在它们得出相反结果的时候，这些解答也都抓住了部分的真相。有一些著述者把这一周期归因于储蓄不足，有一些则把它归因于投资过度。例如，卫斯理·米契尔教授曾做出如下对比（参见前引书，第151页）："图冈-巴拉诺夫斯基（Tugan-Baranovski）教授声称，危机之来，乃是因为人们没有储蓄足够多的货币以满足繁荣所带来的庞大资本需

---

[1] 尤其是赫尔（Hull）和斯皮托夫（Spiethoff）。

求。斯皮托夫教授则认为，危机之所以发生，乃是由于人们将他们的储蓄过度地投入在了工业设备上，而用于消费品的储蓄不足所致。"如果我们把这两种说法中的第一种解释成储蓄满足不了投资，把第二种说法解释成投资超过了储蓄，那么，我们可以看到，两位权威专家所指在本质上乃是同一回事——而且也与我之所指是一回事。

于是，我发现自己极为赞成这一派著述者[1]——图冈-巴拉诺夫斯基、赫尔、斯皮托夫和熊彼特——其中，图冈-巴拉诺夫斯基是第一位[2]、也是最富原创性的学者。图冈-巴拉诺夫斯基本人以及两位美国的业余经济学家（有些人或认为他们是思想怪人）罗蒂（Rorty）[3]和约翰森（Johannsen）[4]著作中所采取的那种形式，我尤其赞同。图冈-巴拉诺夫斯基的不足在于，他认定，或至少隐含地认为，萧条时期储蓄能够在非投资形式下以某种方式积累起来，繁荣时期这一积累起来的资金则会被渐渐用去。他的不足还在于，认为储蓄之无法以稳定的速率转化为投资，乃是由财富分布不均而非熊彼特之所谓的"创新"以及银行体系无法以这类方式为保所需要的稳定程度做出反应所致。但是，这些著述者没有一个人清楚地理解储蓄与投资之间的非均衡对

---

[1] 有关这一派观点，有一个非常出色的简要概括，参看：卫斯理·米契尔（Wesley Mitchell），《商业周期》（Business Cycles），第20—31页。

[2] 他的理论最初于1894年发表于俄罗斯。

[3] 罗蒂上校（Colonel Rorty）的"过度投资说"（over-commitments）能够更加直接地应用于因营运资本增长率超过储蓄率而造成的周期现象。但这个理论有一个优点，那就是认识到在这类情形下，问题的本质在于一旦扩张开始，购买力就立刻会被创造出来，而商品则要到之后的时期才能随之而出，其时间取决于生产过程的持续之长短。

[4] N. 约翰森先生的理论最初发表在《关于危机的一个被忽略之点》（A Neglected Point in Connection with Crises）（1908年版）一书中，在该书之后，他又在1925年、1926年和1928年印行了多本小册子作品。他的"有害储蓄"的学说——即从消费开支中节制出来但又没有实现为资本支出的储蓄使已经为消费生产出产品的企业家们不得不亏本将这些产品售出——在我看来相当接近于真理。但约翰森先生把本期储蓄之不能实现为资本支出，视为现代世界多少具有永久性的现象，认为这种现象乃是由于资本市场饱和的缘故，而非因银行体系常常暂时未把全部储蓄量交给企业家所致，而且，他还忽略了这一事实：如果他对病症的诊断正确，那么降低利率岂不是一剂良方。

价格所造成的直接影响,以及银行体系所发挥的那部分作用。在这一点上,筚路蓝缕以启山林之作,当属 D.H.罗伯特逊先生的《银行政策与物价水平》(*Banking Policy and the Price Level*)。此外,适用于信贷周期问题的货币数量论之缺乏,也使他们没有深入问题之根本或认识到因营运资本增长所造成的周期现象至少与那些主要因固定资本增长所造成的周期现象一样"独特"。

第二十八章 投资率的波动——II. 营运资本

必要条件满足时（我们将在本章后面的小节里对这些必要条件进行阐述），就业量的增加通常需要营运资本量大体上成比例的增长。因此，营运资本投资的波动与就业量的波动紧密相关。譬如因投资繁荣导致的反常活动可以造成就业量的增加，从前次的萧条中恢复而导致的反常活动也可以造成就业量的增加。不管怎么样，正如我们之前所见，信贷周期会趋于与营运资本的投资增加相联——如果不是在其最初的阶段，那么就是在它的次级阶段。此外，除非就业量能与营运资本投资量按同一比例增加，否则（即便就业远在最优水平以下），增加就业量通常也是不可能的。

这些条件造成的营运资本周转资金量的波动，其重要性取决于它们的量级。如果这些波动相对于可以用于补充营运资本的新投资——或来源于新储蓄，或是因流动资本量的减少——之形成的速率而言很大，那么摆在我们面前的问题就具有重大的实际意义；我们的分析也可以为我们提供重要的线索用来解释繁荣和萧条中的时间要素。繁荣的现象或许是隐藏在信贷体系面纱背后的一种斗争，这一斗争使得对营运资本的补充速度要快于在物价稳定状态下可能达到的速度。

另一方面来看，如果对营运资本需求的可能变化相比较于其他要素非常之小,以致任何不足均能迅速由流动资本存量[1]和本期储蓄所补充,那么,上述分析的实际意义就并不重要。

因此,且让我们继续尝试着**定量**估计各种因素。例如,要想令英国的工业体系开足马力地运行,需要多少营运资本? 在景气与不景气之间,它又会变化多大? 这种变化对流动商品的存量、本期储蓄的流量以及总投资的流量、固定资本投资的变动又有着什么样的关联?

第一节 统计指标

为求对英国营运资本在常规条件下的量级(即生产和流通过程中的商品价值)取一个近似值,我们必须主要考虑产出的价值以及生产过程所耗用的平均时间长度。例如,如果生产过程平均持续六个月,且产品价值的增长速度稳定,从而使其在六个月内的平均价值为其最终价值的一半,那么,由此可知,所需要的营运资本即等于三个月的产出。

很显然,不同产品之间的单位产值所要求的营运资本量彼此差异巨大,这种差异与生产过程之长短变化一致——从几乎不需要什么资本的个人劳务到需要营运资本一年或不止一年产出的某些情况,不一而足。

当我们在计算某个国家所需要的营运资本时,我们一定还要考虑,该国在贸易和制造过程的哪个阶段为其进口商品付款,在哪个阶段能够得到其出口商品的收款;这是因为,对于该国的进口而言,前者是营运资本需求的起始日期,对于其出口而言,后者是营运资本需求结束的日期。就英国的情况来看,起始日期一般先于实际进口的日期,而结束的日期一般要晚于出口的日期。一个中国人所穿的衬衫,其生产与流通"过程"始于棉花地里的播种准备,终于这个中国人到商店购买它。第一个阶段的营运资本是由美国供应

---

[1] 霍特里先生即持此说,请参阅《贸易与信用》(*Trade and Credit*),第 126 页和第 156 页。

的;从购入原棉或稍后的时候开始,营运资本则由兰开夏供应;在上海标售或此前后不久,营运资本又由中国供给。全部过程平均下来从一年半到两年不等,其中兰开夏负责的时期可能有六到九个月,而在兰开夏接手之前,该产品已经获得了不菲的价值。但是,筹措营运资本的负担在这三个地方上的分配可能差异很大,端赖中国商人付款的疾缓以及棉花期票在纽约或伦敦货币市场上流转的时间长短,后者主要由相对利率掌控。这个例子表明,对一个从事贸易的国家要想进行准确的计算多么困难。另一方面,在国内生产,而且一年当中基本上以平均的速度在消费的农产品,则提供了一个更为简单的例子;有人已经计算过,一个种植各类谷物的混合农场所需要的营运资本等于大约一年的产出,一个生产牧草和乳制品的农场所需要的营运资本等于半年的产出。1

另外一个例子,可以给出相当确定的数字,这就是铜。在最终到达消费者手中以前连续五个阶段上过手量的统计资料都可以取得——熔矿场里的粗铜、提炼厂里的粗铜、提炼过程中的金属以及提炼厂里的精炼铜的总量占年纯铜产量的三分之一到二分之一。这里涉及的还只是冶炼系统。若是把运输在途以及工业主在用的铜,再加上废铜包括在内,美国金属统计局局长 W.R. 因加尔斯博士(Dr W. R. Ingalls)认为"美国正常的铜存量相当于六到十二个月的产出量,更接近十二个月的产出量而不是六个月的产出量"。2

---

1 这些数字是根据 W. C. D. 威特姆(W. C. D. Whetham)的计算结果得出来的,他的这些计算结果发表于 1925 年 12 月号的《经济学刊》(*Economic Journal*)。他给出农场月度数据如下:

混合农场		乳制品农场	
谷物	13.6—14.5	牛奶	7.65
牲畜	17.7	肥猪	3.9
牛奶	8.3	家禽和蛋	3.0
羊和羊毛	15.0	加权平均值	7.01
猪	8.6		
加权平均值	13.77		

2 W. R. Ingalls, *Wealth and Income of the American People*, 1923, p.150. 引自:Wesley Mitchell, *Business Cycles*, p.96.

对每一种主要产业中的营运资本皆来做一番精确的统计上的估计,将是一件有意义、也很有用的工作。但是,对于我们眼下的论述而言,如果我们可以得到其量值上大略的近似值,亦已足矣。

我主张从1924年英国生产活动、物价和现有工资水平的统计资料着手来做。我们必须主要依靠对外贸易的数字、工资总额以及生产普查结果来开展工作。

我们来看英国下面的统计数字,我们对这些数字取了整数,它们是英国1924年物价水平和贸易活动的统计数字:[1]

表26 1924年的生产普查——英国物价水平和贸易活动统计

(单位:百万英镑)

本普查所覆盖的所有产业净产出 (包括:采矿业,236;金属与机器贸易,380;纺织、制革与服装业,305)	1 719
建筑业和工程承包业的总产出	189
农业的净产出	300
个人劳务和消费资本(房屋)的使用	650
交通及配给成本	1 000
进口	1 280
出口	795
工资总额	(大约)2 000
银行垫款与贴现额(9间银行)	1 030
国民收入	4 000

我认为,这些数字表明了1924年英国营运资本可能处在15亿英镑到20亿英镑之间。工农业净产出加上进口达33亿英镑。要为此提供六个月的资金,需要16.5亿英镑,这还没有把运输和物流配送成本算上去。以上这两个限度与上述所引的其他指标相当符合。具体而言,这两个数字处在一年收入的40%—50%之间。暂时在没有更好的估计数字之前,我建议采用这些数字作为英国营运资本的量值。

美国相应的计算结果表明,这不大会是一个过高的估计数字。无论是美

---

[1] Cf. Flux, "The National Income", *Statistical Journal*, 1929, parts 1 and 1.

国普查数据还是联邦贸易委员会给出的美国1922年对生产和向消费转移过程中的商品价值估计值，均为360亿美元，这等于该年度美国国民收入的一半。美国标准统计服务部给美国工业企业的"存货"量——它与上述定义的营运资本非常接近——编制了一些有趣的统计数字。他们发现，其中存货量约占美国工业资本三分之一的超过500家以上的最大型企业，存货价值达到了这些企业总资本的大约17%，差不多达到了全年净收入的125%。据此，我们可以算得美国1927年总的工业营运资本可达90亿美元左右。此外，还需再加上农业营运资本以及大部分的贸易与零售业的营运资本（有些贸易和零售业公司也被列入了标准统计服务会的名单里）。虽然如此，标准统计服务会的数字还是使我认为，不管1922年的情况是什么样，1927年总营运资本可能要略低于该年度国民收入的一半。

与英国相比，美国采矿业和农业所具有的重要性比制造业大，这两大产业又均是生产过程比较长的部门，有鉴于此，可能会有人预计美国的营运资本在全年收入当中所占的比例会比英国来得大。另一方面来看，英国在相对较大的规模上从遥远的市场上购买和销售，这在其他方面是要打个折扣的。

因此，我们便只能得出这样一个结论，即营运资本的价值可能在一个国家年收入的40%—50%之间。

接下来，我们必须考虑的是，萧条之谷底时期与繁荣之高峰时期相比，营运资本减少了多少。罗威先生[1]关于英国的生产量指数和斯内德先生[2]关于美国的生产量指数如表27给出：

---

[1] 由伦敦和剑桥经济服务部发表。为保持记录的连续性，我给出的数字与罗威先生最初发表的数字一样。自从初次发表以后，罗威先生在后来几年里对这些数字做了相当大的修改。这一指数并未对长期趋势进行修正。

[2] Snyder, *Business Cycles and Business Measurements*, p.239.该指数所根据的是87项商品，未曾对趋势进行修正。

表27

年份	英国（罗威）（1907—1913年＝100）	美国（斯内德）（1910—1914年＝100）
1907	100.1	91.48
1908	93.2	81.75
1909	96.8	90.94
1910	97.1	96.28
1911	101.4	94.66
1912	103.5	101.93
1913	107.5	105.28
1914	—	102.20
1915	—	109.84
1916	—	124.53
1917	—	131.39
1918	—	125.49
1919	—	121.67
1920	97.2	128.97
1921	73.7	110.91
1922	88.7	128.66
1923	92.3	144.10
1924	97.5	141.22
1925	96.4	149.69
1926	79.8	—
1927	99.9	—

美国实际生产量的另外一个指数是由哈佛经济服务部发起，弗劳埃德·马克斯韦尔先生（Mr Floyd Maxwell）主持下一直编制至今的数字（*Review of Economic Statistics*，1927年7月，第14页）：

表28

年份	农业		采矿业		制造业	
	趋势修正	未修正（1899年＝100）	趋势修正	未修正（1899年＝100）	趋势修正	未修正（1899年＝100）
1899	102	100	101	100	98	100
1900	100	101	97	106	93	101
1901	88	89	97	115	99	112
1902	108	114	98	123	105	122
1903	98	105	100	135	101	124
1904	106	116	94	136	95	122
1905	105	118	105	162	106	143
1906	109	125	105	170	110	152

(续表)

年份	农业		采矿业		制造业	
	趋势修正	未修正 (1899年=100)	趋势修正	未修正 (1899年=100)	趋势修正	未修正 (1899年=100)
1907	96	112	109	186	106	151
1908	100	119	87	154	87	126
1909	98	118	101	189	103	155
1910	100	122	102	208	101	159
1911	94	115	95	207	93	153
1912	108	137	102	221	102	177
1913	94	121	102	237	102	177
1914	106	137	95	225	91	169
1915	110	144	99	239	98	189
1916	96	126	108	269	112	225
1917	101	134	112	288	109	227
1918	100	135	110	289	104	223
1919	101	137	95	257	98	218
1920	110	150	105	293	101	231
1921	90	124	82	233	76	179
1922	99	138	87	254	97	237
1923	98	138	116	349	112	281
1924	96	136	106	324	101	259
1925	97	140	106	333	110	290
1926	99	144	113	361	111	301

各类实际生产量指数仍处在襁褓时期,表28给出的任何一个指数都不能说达到了很高的精确程度。不过,对于我们当下的目标而言,它们可能也足够好了——尤其是它们还表现出相当程度的吻合。它们表明,情况严重时,繁荣年份与嗣后的萧条年份之间的波幅已达15%—25%之间。

由于这些数字是按一年取平均值,所以,繁荣的顶点和萧条的谷底之间变化还要更大。在《商业周期》(*Business Cycles*, pp.343-354)一书中,卫斯理·米契尔教授相当充分地对1878年到1923年商业周期的波动幅度进行了讨论,这其中还包括13次主要的大变动。有关商业活动的五种不同指数的总体情况相当一致地表明,一般而言,企业在萧条的低谷期要低于正常水平大约13%,在繁荣的高峰期要高于正常水平13%;每一种情况下高于或低于正常水平的最大值分别达约25%。

根据工会的百分数（1921年和1922年比1920年均低13.5%）观之，英国就业量的波动数字则要比上述数字小得多——这是我们意料之中的事情，因为这些百分数并不足以反映局部的就业和就业强度的降低。在美国，工厂、铁路和采矿方面就业量从1920年的峰值到1921—1922年萧条的谷底，下降了30%，总体就业量下降了16.5%——其中农业、零售贸易、家庭及个人劳务下降了3%—4%，拉低了平均值。

当然，企业活动水平的变化并不能用以衡量国民收入方面的变化，前者要大大超过后者。这是因为，国民收入还包括个人劳务以及固定消费资本的使用，这两项都远比上述各项稳定得多；——就英国的情况而言——除此之外还要包括海外投资的收入。它更不能用来衡量国民消费的变化，因为在景气的时候投资会增加，而萧条时投资又会减少。[1]例如，金先生有关美国实际零售贸易量的估计数字在繁荣和萧条之间并没有表现出超过7%的差异。这与其他指标并无冲突。对于繁荣与萧条之间消费方面的变化量值，我们的估计不应超出10%。

如此一来，我们假设"企业活动"的峰值在最严重的情况下比正常水平高出25%，在一般严重程度的信贷周期当中则高出13%，我们还假设在萧条的谷底低于正常水平的情况与此相应，营运资本需求的波动幅度绝不会有这么大，这是因为，营运资本需求要受到与该过程等长的时期内生产要素平均利用率的支配，同时，它还包括不会像就业量那样严重减少的正常存货和季节性存货的资金供给。对这些进行权衡之后，我们或可假设——至少为了阐释之目的——营运资本需求的波动幅度约为"企业活动"波动幅度的三分之一，这就是说，在严重的情况下，从高峰到谷底的变动幅度是15%，在比较一般的情况下则为10%。应予顺便提到的是，营运资本需求量的最大值和最小值的出现日期，并不与"企业活动"的最大值和最小值出现的日期相合，

---

[1] 因加尔斯博士（Dr Ingalls）（援引自米契尔前引书第154页）认为，在1920—1922年，美国储蓄量（大概就是我之所谓投资量）缩减到了其正常数字的一般——从占国民收入的14%—15%减至占国民收入的7%—8%。

一般来说要稍滞后一些。

如果我们可以接受这些大概的指标，那么英国在 1920—1922 年的繁荣与萧条之间营运资本资金减少了大约 2.5 亿英镑（以 1924 年的物价计算），也即占 16.5 亿英镑的 15%，其中繁荣时期的数字为 17.5 亿英镑，萧条时期为 15 亿英镑。与之前一样，这些数字我不会强调它们统计上的精确性。不过，作为我们讨论极端情况下量值的指标，它们已经可以阐明我的观点。

2.5 亿英镑与同期全年正常储蓄量之间的关系是什么样的呢？对英国当前的储蓄水平，最可靠的估计是大约每年 5 亿英镑。1922—1923 年这一数字可能略低一些——估计在 4 亿英镑到 5 亿英镑之间。因此，繁荣与萧条之间营运资本的减少在此种情况下足有全年储蓄的一半之多。

一般而言，储蓄占国民收入正常的百分比被设在 12%—15% 之间。因此，如果营运资本通常占国民收入的 40%—50%，而在 10%—15% 之间波动，那么，营运资本的波动幅度就是全年储蓄量的三分之一到一半。

然而，我们一定不要认为本期储蓄中的全部或者绝大部分可以用来补充营运资本。这是因为，在均衡状态，撇开营运资本的正常增长，本期储蓄全部可用于增加固定资本，而投资市场主要是随着这一形势而组织起来的。此外，对外投资一直在不断地增加；新建筑也永远不会停止；通过这些和其他方式，新储蓄中相当大一部分均被吸引到固定资本上去了。还有，处在生产过程中的商品也被指定要以固定资本的形式出现。

因此，当需要补充营运资本时，要迅速进行补充而又不使价格和收入之间的均衡受到破坏，或许**是难以办到的**。即便及时采取适当的步骤，要使营运资本能够得到恢复，也是要花上两年或两年以上的时间才可以做到；而如果不采取这样的步骤，则需要更长的时间。[1]

---

[1] 卫斯理·米契尔教授的表格（《商业周期》，第 338 页）表明，上升时期平均长度稍低于 2 年，最大长度为 3 年左右。

同样，当就业量下降时，要想补偿营运资本的减少，也是不可能的。是故，只需要就业率下降这一个事实，就几乎必然会导致投资率降低；净投资在这样一个时期下降的充分程度，可能会由于我们习惯主要根据新资本的发行量以及以房屋等形式下的固定资本存量——下跌得不是那么显著——之增量来衡量投资的缘故而使我们无法得见。例如，《经济学人》杂志为伦敦市场上新发行总额（英国政府为转换短期公债而发行的政府债券不含在内）编制的统计表格如下：

表 29

（单位：百万英镑）

年份	名义总额	物价水平*	经过物价水平校正后的总额
1919	211	162	130
1920	330	194	170
1921	186	125	149
1922	204	100	204
1923	194	100	194

注：* 批发物价指数。

因此，如果新发行量是投资率的准确指标，那么，投资率在萧条年份的1921 年要比 1919 年实际上反而更大。但是，我们回想一下，在战争之后的 1919年全年和 1920 年的一部分时间里，营运资本的资金迅速地增长，在 1921 年又被同样快速地耗减，若鉴于此，则上述的数字会有不同的表现。下面给出的这张计算表，不是根据统计资料得来，而是对可能已经发生之事情所做的一个还不是那么不合理的猜测——用意在于阐明我的论点，而不是陈述历史事实：

表 30

（单位：百万英镑，以 1923 年的价格水平计）

年份	新增固定资本额，涵盖对外投资	营运资本	总的净投资
1919	280	+120	400
1920	370	+120	490
1921	275	−250	25
1922	330	+75	405
1923	370	+50	420
1924	390	+100	490

由于繁荣的顶峰出现在 1920 年年中，而萧条的谷底出现在 1921 年年

中,所以,我们在 1921 年上半年的净投资额很可能微不足道。在 1924 年年底,仍可能至少需要 5 000 万英镑的营运资本方能使彼时的生产要素得到充分利用。美国在 1921 年之后的营运资本存量由于各种原因补充得要快得多。

且让我们把这个数字与《经济学人》上所发表的对净国民收入的粗略估计数字(1924 年 10 月 4 日)对照来检核一下——目的还是仅仅为了阐释:

表 31

(单位:百万英镑,以 1923 年的价格水平计)

年份	《经济学人》净收入	净投资(如表 30)	消费
1920	3 480	490	2 990
1921	2 816	25	2 791
1922	3 140	405	2 735
1923	3 470	420	3 050

这些数字会招致许多批评——我认为《经济学人》估计的所有数字绝对是过低了,而 1921 年的收入数字相对又太高——但为了说明一年与另一年之间可能的波动量值的情况,它们还是有其价值的。

这些说明性数字重点说明的问题如下。就 1922 年初生产和就业量而言,除非营运资本的流转资金能按同比例恢复,或者实际工资有相当大的下降,否则,要想回到 1920 年春的水平是不可能的。[1] 但是,一旦这一资金因 1920—1921 年发生的诸事件而受到减损,则除非总投资有较大幅度增加或以固定资本形态出现的收入比例大大减少,否则营运资本是不可能快速地得到恢复的。除非在整个时期上实现,否则要实现第一种办法而又不引起严重的通胀是不可能的。由于若干的原因,第二种办法也是如此——例如,要大家不再建设新房子也是做不到的;此外,彼时处在生产中的商品通常会有一定的比例被划定为以固定资本的形式出现,要对此进行修改是会需要时间的——可能需要大半年;最后,由于会有一定比例的生产要素要专业化地用

---

[1] 在英国,实际工资更大幅度的下降事实上一直延缓到 1922 年年中才发生。

于固定资本的生产，所以，过于猛烈的缩减固定投资的尝试，在一方面造成的对就业量的损害程度，与它在另一方面所带来的好处相当。不但如此，由于这次萧条波及全世界，所以，像德国1925年那样，以原材料和半成品的形式从国外吸引新的营运资本，在当时是不容易做到的。是故，意在促使生产率和就业率迅速增加的货币几乎肯定会使投资超过储蓄。因此，很显然，营运资本量的波动如此之大，有时会使其成为造成储蓄率和投资率之间失衡的一个重要因素。

上述讨论主要处理的是营运资本的统计面和定量面。然而，营运资本理论在其一般性方面则被大大忽视。在构思本书的论证时，我发现，即便只是为了澄清我自己的观点，我也不得不对这一主题给予相当的思考。在本章接下来的各节，我不揣冒昧，对这些结果给出了一个概括。

第二节　营运资本理论

第一卷第九章给出的"营运资本"的定义需要加以扩展。我把营运资本定义为生产、制造、运输以及零售过程中商品的总和（而且把营运资本的**成本**定义为商品总和的**成本**），包括为规避生产及流通过程中的风险或抚平季节不规则情况（例如，收获季节之间的间隔或各个收获季节在收成上于平均水平上下的波动）而需的最低存货量——无论是原材料或是制成品。它并**不**包括剩余存货，后者被看成是流动资本。不过，对于正在处理过程中的以下两种商品，这里都把它们包括在内，而不加区分，一种如食品和纺织品这类，表现为流动性收入的商品，它们的消费时间分布很短；另外一种如房屋和铁路这类，表现为固定资本的商品，它们的消费时间分布较长，不会被立即用掉。

在如此定义之下，营运资本的数量取决于下列几点：

（1）与生产过程存续时长相等的过去一段时间内的投入率（即产品开始被投入到机器制造的速率）。

（2）在处理过程的每一个阶段的单位产品上，正在或已经被利用的生产要素的使用强度。

(3) 使用生产要素的处理过程之持续时长。

(4) 单位时间上的生产成本率,即用于该产品的单位有效劳动上的生产要素报酬率;简而言之,我们可以把它称作工资率。[1]

(5) 为抚平季节性不规律的情况而必须贮存的存货之价值。

由此,我们不难得出一个在大多数情况下有关营运资本总量的公式。[2] 如果我们把任何时候的"生产要素使用率"(rate of employment)定义为处理过程每个阶段上产品总单位数分别与该阶段的使用强度相乘,[3] 那么,只要把生产要素使用率与工资率相乘,对时间进行积分,把所有尚未结束的处理过程推算回到开始的时候,就可以得到营运资本的总量。不过,也许用最简单的情况而不是如此复杂的数学推导更有利于我们说明问题,这种最简单的情况就是,产品投入率和生产要素使用强度均保持恒定。在这种情况下,所要求的营运资本量等于使用率乘以处理过程长度的一半,再乘以生产成本率(营运资本=使用率 $\times \frac{1}{2}$ 处理过程时长 $\times$ 工资率)。因此,由于单位时间的工资总额等于彼时的生产要素使用率乘以工资率,所以,我们也可以换一种说法来表达,即营运资本是任何时候的工资总额乘以处理过程时长的一半(营运资本=工资总额 $\times \frac{1}{2}$ 处理过程时长)。此外,在最简单的情况下,处理过程每个阶段上的投入率和生产要素使用强度均是稳定的,由此可知,由于工资总额等于投入率乘以工资率、再乘上处理过程时长,所以,营运资本=投入率 $\times$ 工资率 $\times$ 处理过程时长平方的一半。之所以在上面几个式子中加入因子 $\frac{1}{2}$,乃是因为如果处理过程所有阶段上的处理率(rate of process)保持

---

1 这里"工资"的意思是指**所有生产要素的报酬**。
2 在后文几节中,我们统统没有把贮存季节性存货所需要的营运资本计算在内。
3 "使用"这个词在这里的意思是对所有生产要素的使用。

恒定，则任何时候在处理的商品总体一般都会处在半制成品状态。但这个特殊的数字只是作说明用罢了。如果在处理过程的某些阶段上某生产要素的使用强度高于另外一些阶段（这种情况是可能会出现的），或者如果投入率一直不稳定，那么，就会有其他某个数字更加适当。

让我们对这些因素逐一进行讨论。

（1）当产品以稳定的速率进入到处理过程，且生产要素使用强度或处理过程时长没有发生使投入率和产出率皆归于稳定的变化时，我们可以知道，生产要素使用率与产出率一致，生产要素使用量乘以工资率等于本期产出的生产成本，如此则使报酬与产出成本相等。不过，如果投入率不稳定，生产要素使用率发生波动，则情况不会这么简单，"生产量"这个术语也变得含义模糊了。有时候，这个术语到底是指生产要素使用量还是指产出量，我们并不是很清楚。显然，长期来看，平均产出量势必要受到生产要素平均使用量的支配。但在波动中，它们会暂时分离。这是因为，在萧条时期，生产要素使用量比产出量下降得要快得多，也早得多；而且在繁荣时期它恢复得也快得多。同样，对营运资本的总需求在萧条时期的下降以及在繁荣时期的恢复都比产出量快，但比生产要素使用量慢。关于产出的统计数字表明了要素使用量**曾是多少**；关于要素使用的统计数字表明产出**将会是多少**；而对营运资本的需求则取决于尚未过去太久、未被反映到产出量中的生产要素使用量数字。因此，我们最好不要用"生产量"这个术语来指本期产出量，要用它来指生产要素的使用量。这样一来——为方便说明，我们把处理过程时长取为六个月——按照六个月中每日平均产出量的统计资料，我们可以推算出六个月这个时间段开始时的生产要素使用水平；而要想取得六个月起始时的营运资本量，我们就必须求出六个月中每日的平均产出，每一项都按照该日与六个月结束之时这之间的时长进行加权。[1]

---

[1] 在此例中尽管我不再假设投入率是稳定的，但为求简化，我还是假设处理过程中每一阶段的生产要素使用强度是稳定的。

那些希望解释过去事件和企图预测未来事件的人,由于其对这三种表现——产出量、对营运资本的需求和生产要素使用量——之间的时间滞后性没有给予足够的重视,所以常会犯些错误。下面给出一个例子。英国进口的原材料数量可以被看作投入率的大致指标,制造品的出口量可以被看成产出率的粗略度量。因此,在萧条的早期阶段,当投入在下降但产出尚未下降时,我们当可预期出口量会超过进口量。另一方面,在繁荣的早期阶段,当投入在上升但产出尚未上升时,我们当可预期进口量会超过出口量。

(2) 当贸易活跃,尤其是在一个停滞时期之后贸易开始复苏时,提高生产要素的使用强度——即在单位时间内对处理过程中单位产品增加生产要素投入,其结果是加大处理速率,缩短处理过程——或有其可能性在。如果正在复苏的需求要求"提早进行货物交割",以便通过加快速度来取得额外的收益。那么,这的确会对企业界产生一种强烈的诱惑力,使之提高生产要素使用强度来给处理率加速。由此可知,与所增生产要素使用量相应的营运资本的新增需求可由处理率的加快而被部分抵消。如果处理过程时长因要素使用强度加倍而减少了一半,那么,其他条件不变,对营运资本的需求(最终)也会减半。

另一方面来看,当处理中的商品量趋于处理过程中可用工具的最大限度时,由于不同的处理工具相对供应量并不完全平衡,速率会受到供应上最不充分的工具所限,所以处理率常常会出现停滞。换言之,在生产的某一阶段上就会发生"壅塞"。

(3) 处理过程的平均时长可能或者因生产要素使用强度下降(我们刚才讨论过),或者因处理技术的变化(可能是缓慢出现而不是突然发生的)而增加。此外,出于技术上的原因,某些商品的生产规模扩大也会使这些商品的处理过程相对于那些处理过程短的商品之生产而言要更长一些。在短期当中,这最后一个原因有时候是很重要的,但情况并不总是如此。纺织品的需求旺盛,其最终产品的单位价值会比钢轨在需求旺盛时所要求的营运资本为多。中国茶叶的畅销，较之于本地黑莓，所需要的营运资本也会更多。

（4）生产要素报酬率的提高对营运资本以货币度量的成本产生的影响可能非常之大。例如，如果对劳动的需求增加、工资上涨，那么每单位产品需要支付的工资总额较前就会更多。

在某些产业里，工资的相对上涨可能会对营运资本的成本产生相当大的影响，而如果这种情况发生在相对需要大量营运资本的产业中时，影响会更加之大。对营运资本的正常需求当中很大部分可能来自建筑业、处理过程中的纺织品，以及收成按照季节来而消费率则全年稳定的那部分农产品——比例远大于很多批发物价指数给予的重视程度。诸如1921年到1923年所经历的纺织品价格暴跌以及农产品的相对低徊（除了因大丰收所造成的结果），整体来看，这意味着在这些产业中较低的生产要素报酬势必大大降低对营运资本的需求。而1924年小麦价格（以及一般谷物价格）的回升则定会大大提高对营运资本的需求。

不同产业中生产要素相对报酬的变化以及生产量的变化一般来说可能是导致营运资本货币成本发生剧烈变化的两个突出原因。但还有一些波动则是从季节性存货量的变化里产生的，对此我们现在必须进行考虑。

（5）按照本章给出的定义，营运资本必须为两次收成之间的青黄不接预备存货（这是"处理过程"的一种形式），而且还要为一次收成到另外一次收成之间"续储量"（carry-over）的变化（就单次收成而言这种续储量是围绕平均收成发生无可避免的变动所要求的）未雨绸缪。另一方面，根据一季而预计另外一季，导致相对过剩的错误所造成的净预期剩余属于流动资本。

不过，由于好收成倾向于使农作物相对下降，坏收成又会使之相对上升，是故，来回要存贮的农作物所需的营运资本总值可能会、也可能不会与收获量的规模在相同的方向上变动。为说明这一点，我们且假设小麦的正常收成为100，正常的续储量是20，所消费的小麦量平均必须存贮六个月，续储量必须存贮十二个月。当续储量正常且正常收成为100时，令价格为 p；

正常收成为 110 时，价格为 p_1；正常收成为 90 时，价格为 p_2。且让我们假设在所有这些情况下消费恒定在 100 上。那么，£-月所需的营运资本量为：

正常收成：$\qquad 6\times 100\times p+12\times 20\times p=840p$

正常年景后出现好收成：$6\times 100\times p_1+12\times 30\times p_1=960p_1$

正常年景后出现坏收成：$6\times 100\times p_2+12\times 10\times p_2=720p_2$

假定 $p_1=\frac{7}{8}p$，$p_2=\frac{7}{6}p$：每种情况下此时所需要的营运资本量是相同的。如果相对于供给的可变性而言价格的可变性小一些，那么，好收成就会需要的资本最多（不管是营运资本还是流动资本都是如此）；如果价格的可变性更大，则坏收成就会需要最多的资本。为了说明的简便，我们在这里假设 p、p_1、p_2 在整个季节中都保持着同样的关系。不过，在收获之前，生产成本在三种情况之间可能不会有什么大的差别，这一成本实际上将支配着营运资本的成本，而这些所假设的价格将主要对收成与消费之间所需要的营运资本价值产生影响。此外，所需营运资本之变化，一部分可以由农民们相应获得的意外利润或损失来补偿。

位于美国加州的斯坦福食物研究所曾对美国小麦编制了一些颇有意思的统计数字，对于上述情况也有关系〔《小麦研究》（*Wheat Studies*），1928 年 2 月，"1896 年以来美国小麦的处置，尤其是其中关于年终存货的变化"〕。这间研究所对长达 30 年的时期进行研究，发现其中 13 个丰年的平均盈余为 8 000 万蒲式耳，其中 3 800 万用于增加出口，400 万用于增加消费，3 800 万用于增加存货；在 17 个灾年中，平均减产额为 6 300 万蒲式耳，其中出口减少了 3 000 万，消费减少了 400 万，[1] 存货减少 2 900 万。由于这一时期的平均收成为 7.77 亿蒲式耳，年终平均存货为 1.66 亿蒲式耳，所以，丰

---

[1] 这个数字附带表明，消费者需求弹性**非常**之小，虽然价格变动很大，但消费最大值也就比最小值高了 1%。

年的平均收成是总的平均收成的 130%，灾年的平均收成是总的平均收成的 92%，年终平均存货是总的平均收成的 21%。此 30 年中，排除战争年代的非常态之外，年终存货的最大值是平均收成的四分之一，最小值是平均收成的 8%。[1]

第三节　生产性消费与非生产性消费

用固定资本的生产取代消费品的生产，需要进行投资；而由于带来固定资本这一增加的之前的决策，使生产过程中出现以非可取的方式比以其他方式赚得的收入更多，而可取方式赚得的收入更少，所以，这就要求本期消费水平下降得比其他情况下所应有的水平更低。

因生产量和就业量增加（但不是由于生产过程的延长）而导致的营运资本的增加，也需要进行投资；不过，在这种情况下所进行的投资并不要求消费水平下降到生产没有增加时原应达到的消费水平以下。

这即是说，由于就业量增加所导致的营运资本增加，并不会令整个社会的本期消费像固定资本增加时那样遭受同样的下降和节制，而是主要把消费从社会其余人那里分配到新就业的人身上去。只要求本期消费再分配，无需消费总量降低的投资，可以说成是以生产性消费取代非生产性消费。

因此，我们可以把"非生产性消费"定义为消费者放弃后不会对其生产性努力产生影响的消费，而把"生产性消费"定义为消费者放弃后会影响其

---

[1] 那些察觉到农作物收成与信用周期之间关系的人或许会对下面的事实有所兴趣。倘若认为七月份的小麦存货不足 1 亿蒲式耳乃是非常态下的小数额，超过 1.5 亿蒲式耳是非常态下的大数字，那么存货最小值即在 1898 年、1905 年、1908 年以及 1909 年等年份的 7 月出现；存货最大值则在 1896 年、1899 年、1900 年、1907 年和 1923 年等年份的 7 月出现（战争期间不纳入考虑）。前面一类都处在信用周期的攀升阶段，后面一类除 1899 年之外均处于信用周期的下降阶段。这个结果颇为荒悖，即使有结论，我也不知道从中可以得到什么结论。不过，我们可以发现，丰年收成由于一定要让出口物的价格降低到对国际市场有足够吸引力的程度，因之会对一般价格产生不相宜的影响，是故，在存货少的年份当中，农村的购买力明显要高。

生产性努力的消费。此外，对消费的再分配也可能会以一种增加生产的方式实施，只要消费的减少给生产者造成的不利影响小于其增加对生产造成的有利影响，这就可以做到。

是故，每当可用收入从一个不事生产或相对不那么具有生产性的消费者那里转移给从事生产或较具有生产性的消费者那里，我们即可知晓，生产量会被扩大；反之亦然。因此，当这样的转移发挥作用时，虽然并没有减少可用收入的消费，但社会的财富却会以非可用的收入提高这样的方式得到增加，而非可用收入的提高又会使净投资量增加——这一增加量不是由生产增加所造成，而是由消费减少所得来。

虽然如此，这也还是要求一部分特定的人群减少其消费，这个人群就是原本会把由新使用起来的生产要素所实际消耗的物资消费掉的那些人。正如我们所见，这种减少非生产性消费、以生产性消费取而代之的过程，或者是以个人自愿将其货币收入的一部分储蓄起来而实现，或者是提高价格以减少这些货币收入的购买力，从而令他们一部分真实收入转移到用它来生产那些生产性消费品的人控制之下，通过这样的方式实现。

因此，无论在什么时候，一个社会都要去做出两套决策——一套是确定未来收入中多少比例用于消费，多少比例构成固定资本；一套是确定当前收入中多少比例用于生产性消费，多少比例用于非生产性比例。当我们思考储蓄与投资时，我们心中通常所念的是第一套决策。但是就业与失业则取决于第二套决策。生产要素的充分利用要求对总消费进行再分配，而不是减少总消费。似乎显而易见的是，我们可以想象这样一种环境的存在——由于无法找到任何其他的分配消费之法——在其中，最好还是以利润膨胀来对之进行再分配，而不是令失业持续下去（值得注意的是，就此目的而言，收入膨胀完全无用，除非我们可以用它来直接补贴某一产业或某一地区，拿它来支付高于其产品边际价值的生产性劳动者的工资）；也就是说，在这些环境下，不创造财富所带来的坏处较之于创造财富之后但财富不归为之做出牺牲之人的坏处要大；后者就是因利润膨胀使物价抬高从而缩减消费的那些人。

要想增加固定资本、流动资本和营运资本，唯一可行之法，即令整个社会在辛苦工作与实际享受之间出现一段时间上的间隔。但增加生产要素的使用同时又不立即增加整个社会的消费，这种投资的形式并不会使社会不去消费可用收入，而只会使这种收入由某一些人消费，从事消费的这些人所从事的生产过程要过上一段时间之后才能取得收入上的报酬。

只要失业与非生产性消费同时并存，则当前的净收入总额以及未来可用的收入都小于它们本应达到的量；要矫正这一局面，只需把一批人的消费转移给另外一批人就可以办到。

第四节　真实工资基金

一个静态生产均衡是不需要营运资本的任何净增加量的。这是因为，营运资本乃是一种循环式的资金（revolving fund），一旦在所要求达到的水平上建立起来，维持运营是无需新的储蓄或投资的。即便为了增加的人口或为了更长期的生产技术提供它，而需要逐年增加之，这般逐渐的增加量也不可能从本期储蓄中汲取很大的比例。[1]生产和消费达成完美的平衡状态时，也还是不需要任何流动资本的。因此，主要参考固定资本的净增加量来衡量新的投资，乃是很自然的做法。

在这个问题上，古典经济学家们那里存在着一个非常著名的混淆，他们的后继者也觉察到了这个混淆，但他们并没有意识到，真理就在这一混淆的核心之内，这就使得雪上加霜，混淆反而加重了。古典经济学家强调固定资本与他们所谓的"流通资本"（circulating capital）之间的区别。[2]但他们没有

---

[1] 如果营运资本以每年3%的速度在增加，那么，这可能不会超过每年储蓄的10%。请参阅第二卷，原书第100页。

[2] 对于亚当·斯密、李嘉图以及 J. S. 穆勒严格赋予这个术语的准确含义，可以参看马歇尔的《经济学原理》（*Principle of Economics*），第75页。

清楚地区分我给出的第三种资本范畴，即"处理过程中的商品"或营运资本，这个范畴与他们所谓的"流通资本"并不相同。他们领会到了要有资金在生产时期维持劳动力的必要性，但他们忽略了生产与产出的**连续**性质，而且还把营运资本与流动资本混为一谈，事实上前者乃是由**连续**地把可用收入流回馈到处理过程的运转而得以供应的，后者则是任何一个处理时期**伊始**时的存货。他们没有清楚地意识到，使得劳动得以就业的资本既不是来自已经可用的商品存货，也不是由节约可用收入的消费得来，它乃是从具有以下影响的决策中得来的：(a) 确定从处理过程的运转中出现的商品在固定和流动形式上各占多少比例；(b) 把可用收入流用于某一方面而不是另外一个方面，也即用来支持生产性消费者而不是非生产性消费者。

根据他们通常所谓的"工资基金"学说，[1] 若令劳动者从事"处理过程"中商品之操作，或更准确地说是为劳动者的这类工作付出的工资超过"流通资本"，是不可能的；这里的"流通资本"是一笔现货资金，它之前是被储蓄起来的，因此在处理过程中的商品以收入形式出现、随时可供使用之前必须经过的一段时期里，就拿这笔资金来供养劳动者。[2]

穆勒认为，工资主要取决于"雇佣劳动中劳动阶级的人数"与"构成流通资本中直接用于雇佣劳动的那部分的所谓工资基金总额"之间的比例。这种看法有误，用马歇尔的话说，[3] 主要乃是因为"它表明资本的**存量**与工资的**流量**之间存在着关联，而非表明在资本的帮助下劳动生产的**产品流量**与**工资流量**之间存在真正的相关关系"。但推翻这一学说而又不以其他学说取而代

---

1 对于该学说历史的重要评述，请参阅马歇尔的《经济学原理》，附录 J。

2 除了把"营运资本"与"流动存货"（liquid stocks）相混淆之外，这一学说还犯了一个次要的错误，因为它把可用来支持和付酬给所有生产要素的基金，与专门用来支付工资的基金混了起来。特别是，该学说忽略了这样的事实：即便这一基金保护不变，它在若干生产要素之间的分配比例也会改变。事实上，最终令 J.S.穆勒放弃工资基金说的原因就在于对这个错误的批判，而非对其中更为根本的错误之批判。

3 《经济学原理》，第 545 页。

之，这种做法无助于思想之澄清，是已经被证实了的。

这是因为，如果"流通资本"不仅被视同流动资本或"处于存货状态中的商品"，而且还被等同于流动存货**加上**处理时期累积的**可用收入流量**，那么，工资基金学说就包含着一项重要的真理，若然没有这项真理，我们必然无法理解生产过程自始至终的性质及其与资本和储蓄之间的关系。正是供生产要素消费的可用收入流量，才构成了真正的**工资基金**；而这一基金在相对生产性消费和相对非生产性消费之间的分配，决定了就业量和产出量。

第二十九章 投资率的波动——III. 流动资本

如果在经济萧条时营运资本蒙受的损失由适宜的若干类流动资本相应的增长而抵消，那么，在经济繁荣时营运资本的补充即可通过较高的流动资本存货达成。企业界向来不缺乏开足马力干的**手段**，复苏问题只不过是如何使企业界**有动力**开足马力干的问题。不过，我们会发现，对此一情况的研究使我们得到的结论，与我们研究营运资本情况时所得到的结论截然相反。我们将会发现，流动资本量的波动不是比我们预想的大，而是比我们预想的小；而且还有几个很有说服力的理由，可以解释我们为何不能指望从这个方面得到帮助来稳定固定资本投资的波动。

流动商品存货量的波动之实际量值问题相当重要，这是因为，这些波动可能无法提供一种能够看顾固定资本和营运资本投资率的短期增减，而又不会带来总投资率所要求的任何变化这样的抵消因素，对此，我们不能先天就可以一目了然。诚然，霍特里先生的信贷周期理论基本上即是以这一预设为基础的。对此种观点略加评论，对于领会本章之意义而言，或可作为一个有益的导言来看待。

第一节 霍特里先生的流动存货理论

在论证信贷周期是"一种纯粹的货币现象"上，较之于我所准备达到的程度，霍特里先生走得更远。他这样写道："生产活动波动的**所有**原因都是以货币要素为条件的。只有货币局势暂时对之有利的那些经济活动才能有所成就",[1]对此我表示同意。但我认为他没有充分地把货币要素决定的金融激励与生产性消费可用的实际收入供给决定的物质手段进行区分。有时候他似乎完全对后者视而不顾,在他笔下,就好像可用收入的产出与所完成的工作同时出现,从而使营运资本压根儿无足轻重一样——例如:"如果所有生产者都开工不足,那么他们全都将乐于接受额外的订单而不会要求提高价格。投入流通的新增货币将会被用于购买所生产的新增商品,而对于生产者与消费者之间的任何一个阶段上,物价的普遍上涨都不会有什么理由可言。"[2]

但是,当有人提醒他关注到这一困难时,他这样答复道,一般而言,适宜的货币政策是能够从流动资本存量中提出所需的实际资金的。他认为,凡是持有用借得的货币购买其部分存货的零售商们都会对银行利率的变化非常敏感,容易被较高的银行利率诱使而减少存货,被较低的银行利率诱使而增加存货:"一个商人所持有的日常存货量是富有弹性且变动不居的。他非常容易按照市场和信贷的状况来持有或多或少的存货量。市场景气时,他会设法多持有一些;信贷昂贵时,他会设法少持有一些。"[3]这些存货为贸易的复苏供应了原材料:"以生产中的商品之形式增加的营运资本,在该阶段上并非由物价上涨带给生产者'意外收获'提供,而是由货币供应提供,货币供应可以使消费者吸收存货中的制成品。只要存货充足而能承受这一负担,同时不会令物价上涨,这一增加就不会给任何人造成耗费。先前滞销的商品现在进入消费过程,暂时作为营运资本的一个项目而由制造过程中的商品所取代。"[4]然后,霍特里先生随后又称:"值得一提的是,存货量的波动**未必**总与

---

[1] 《贸易与信用》(*Trade and Credit*),第169页。

[2] 《贸易与信用》,第74页。

[3] 请参阅《贸易与信用》,第126页;也可以参看该书第10页,以及《通货与信用》(*Currency and Credit*),第24—26页。

[4] 《贸易与信用》,第156页。

经济活动的繁荣和萧条之更迭相一致。商人们在繁荣时期比在生产受到限制的时期愿意持有更多存货，当这两种情况之一持续了一段时间时，他们在前一种情况下会倾向于使销售价格高于重置价值（replacement value），在后一种情况下则倾向于使销售价格低于重置价值，以此来对其存货进行调整。"1

就其表面而言，我们并不能明显看出来，事情可能并不像霍特里先生所预想的那样，营运资本的波动由流动资本的相反变化而抵消。不过，如果我们深入地对之进行观察，我们就会发现，无论是事实上还是理论上，都有着良好的理由支持相反的意见。有三个理由——其中最后一个理由是最根本的，也即是最必然成立的——表明：虽然在萧条的初期阶段，流动资本的贮存量会有相当可观的增加，但在萧条时期触底之前，营运资本的减少就远远超过流动资本的任何增加，结果在萧条的谷底存有的流动存货仅足以为复苏的极早期的几个阶段提供之。

第二节　流动资本积累的障碍

1. 由下面的事实可以得出第一个论点：在经济萧条时期，生产会比消费下降得更为剧烈——也就是说，经济萧条不只是令生产减少，而且还会相应地使消费减少，同时还会使生产性消费替代非生产性消费。如果失业救济处在高水平上，情况更是如此。这些事实并没有表明，这一超额消费会完全由减少固定资本投资额抵消。如果这些说法正确无误，那么，由此可知，营运资本的减损势必要超过流动资本的任何增加。

2. 对不同日期上商品存货量的直接调查所得到的结论可以给出第二个论点。我曾一度认为，对流动商品存货的变化做一番细致的研究，或可找出信贷周期方面的一部分线索。就信贷周期而言，可资利用的统计资料不太能让人满意。但是，对于可以找到的材料加以研究，所得之结果表明：任何时候

1　《贸易与信用》，第160页。

所存在的真正的剩余流动资本存货量都是很小的，要想用它来补充营运资本，实在不足以产生任何决定性的影响。至于基本原材料的存货量，请读者参阅我所写的关于"基本商品存货量"的备忘录，[1]以及美国商务部搜集并发表在其月刊《当前商业状况调查》(Survey of Current Business)的资料。在看这些数字时，务请读者诸君铭记的是，并不是任何时候所存在的全部原材料存货量都被囊括在了我所给出的这一流动资本定义之内。其中相当的比例是营运资本的一部分。对于那些运输过程的物资存货、两季之间的物资存货、平衡收成波动所需要的物资存货，以及为确保生产不会中断所必需的物资存货，都必须被看成营运资本而非流动资本的一部分。不为上述这些目的所需的真正多余的流动商品，即使就个别商品的情况言之，充其量也很少能够达到与极少数几个月消费量相等的地步；而至于多种商品的平均值而言，其最大量自然也会小很多。[2]

此外，这些数字还证实了这样一个预期，在萧条的早期阶段（在萧条不是由其他原因而是由固定资本过度投资引起时），存货即趋向于取得其最大值，而当贸易状况确定开始改善时，存货量会处在一个低点上。举个例子，英美两国的数字都表明，基本商品的存货量在1921年达到了最高点，然后在1922年和1923年稳步下降到令人感到不变的较低的数字上来。因此，1924年和1925年的复苏并不能通过从流动资本剩余存货量中汲取资源而加速进行。这一点证实了我们的预期，这是因为，当萧条开始时，生产的下降不会立即自我显现在处理过程的终结一端，而是立即自我显现在对于处理过程的反馈量

---

[1] 参见关于"基本商品存货量"的《伦敦—剑桥经济研究所特别备忘录》(Special Memoranda of the London and Cambridge Economic Service)，发表于1923年4月、1924年6月、1925年7月、1926年2月、1927年2月和9月、1929年8月。

[2] 曾有人（Rubber Quarterly，1928年11月）计算过美国棉花一年的世界存量，平均大概是两个月的供应量，若包括工厂存货在内，则等于两个半月的供应量；糖的存货量是一个半月的供应量；茶叶的存货量是三个半月的供应量；锡的存货量不到两个月；铜是三个月。这些是正常的存货量，只有超过这些，才表示是真正的剩余存货量。

上：因此流动存货量也会增加。然而，之后的生产量下降会导致可用产出量的减少，而本期消费量却不会下降得像生产量那么大——其结果是，流动存货量不可能有所增加，甚至还会走到相反的方向上去。正是这种可用产出量和流动资本的短缺，即便在原初导致萧条的各种影响早已停止发生作用之后，还是会阻碍复苏的进程。我们在萧条时期坐吃山空的程度以及流动与营运资本存量的减损，均被主要以固定资本增长为参照来测量**净投资**的惯常做法所遮蔽。

3. 第三个论点——我们下文阐述——认为，在萧条时期结束时的流动商品存货量不足以在物资供应上对经济复苏提供多少帮助，而这种看法乃是由贮存成本高昂所带来的——这些成本中利息开支的变化也许最不重要，而这却是霍特里先生尤其看重的。

第三节　存货"贮存"成本

把多余的存货贮存一段时间所需要的成本花费由以下几个方面构成：

（1）质量毁损或适用上出现毁坏（当需求复苏时所要求的严格标准无法预测导致的毁坏）的扣减额；（2）仓库和保险费；（3）利息支出；（4）在贮存期内为防商品货币价值变化之风险而须借款补偿的费用。

（1）这几个方面中的第一个无论如何都会严重妨害多种品类商品的贮存。易腐品、时尚品（包括大部分衣物类商品），乃至钢铁和机器制造业中的许多半成品，如若不冒重大损失之风险，是不可能作为存货而贮存的；此一风险之大，在其可能的情况下，乃能使进一步的全部生产停止，直至存货完全被吸收为止。不过，对于某些基本的原材料而言，这一因素并不是那么重要。

（2）第二个因素总会有所花费，在诸如石油和煤炭这类行业有时也很重要。贮存条件的缺乏，可能经常会限制需求重振之前对石油的囤积；而对煤炭行业而言，这一困难甚至更加严重，如若累积的存货不能出清，则煤矿中下一步的工作马上就无法继续下去。

(3) 第三个因素无需特别说明。

这三个因素都是一般所加以考虑的因素。就适宜贮存的商品而言，它们的花费每年加起来很少低于6%的，每年10%可能会被认为是一个正常的数字。

如果我们假设因对供求关系的错误估算而使多余的存货量累积到与六个月的消费量相等，那么价格势必会充分地下降到预期的正常水平以下，从而为预期全部出清多余存货量之前所过去的时期提供贮存费用。例如，如果价格比所预期的正常价格低17%，以使新生产量充分下降，从而达到在两年内出清存货量的程度——也就是说，削减两年平均生产量的25%[1]——那么，就上述费用而言，假设其费用率为每年10%，则这些费用将恰好被抵消。

(4) 但我们迄未考虑第四个因素。预期的正常价格，以及在存货量得到出清前要花去多长的时间，这些都是关键所在，但我们并不确切知道，而只是猜测。因此，这里面就存在着有些人必须承担的风险。是故，在上述例子中，价格将不得不下降到低于预期正常价格水平以下超过17%的程度，才足以诱使投机者愿意承担囤积时间长于现在的预期、最终价格低于现在的预期之风险。

要测知欲诱使人们长期大规模持有存货来投机需要多高的预期利润率，诚非易事。但我敢断言，这个预期利润率一定非常之高。一种重要商品六个月的存货量代表着一大笔钱；这类投机活动可用的资本量为数有限；当存货量因对供求关系的错误估计而累积起来，且萧条又在持续时，圈外的投机者就会感到气馁而裹足不前，而该商品的本行商人又会觉得财务陷入窘境。此

---

[1] 由于价格将逐步上涨，也由于新生产量也因此而逐步在这两年内相应恢复，所以，新生产量一开始的减少量应该大于25%。

外，经纪人的佣金以及其他交易上的支出也不菲。因此，我认为，哪怕是在最广阔、最稳定的市场上，囤积居奇者在经济不景气的时节做上一笔规模很大的生意，预期利润率也不可能低于10%，而对于某些商品，所需要的报酬率还要更高。[1]如果我们把这个10%（作为最低值）加到之前抵补其他成本的那个10%上，那么，这一两年内都难以尽数出清的剩余存货的存在，预计会把价格压低到预期正常价格水平以下30%。[2]

且让我给出两个数值的例子：

(1) 在1920—1921年，美国棉花的剩余存货量达700万包左右——约7个月的供应量。若将彼时的正常价格估计为每磅24美分，则这一价格下该项剩余存货的价值为8.4亿美元，这还没有把本年度必须贮存的正常存货量计算在内。[3]事实上，棉花的价格降到了16美分左右，而时间过去了3年，这些剩余存货量才最终出清，到了第三年年底的时候，棉花价格已经涨到了28美分左右。因此，这种基本商品上物价的大幅波动，代表着为弥补贮存剩余存货3年之久所需的包括风险补偿在内的一切费用仅仅要达到每年20%即可。由于在1920年秋天很有信心地预测三年后生产适量棉花供应量的正常货币价格难以做到，所以，波动幅度之大小就有良好的理由加以解释了。我们从另外一个角度来看这些事实会发现，3年中棉花平均收成较之于正常要求要低20%左右。如果棉花价格从未降到低于20美分，那么收成可能还会更大一些，这样要使剩余存货出清则可能需要4年之久；在这种情况下，20美分与24美分之间的差额勉强才够付利息。因此，棉花价格势必要下降得足够多，方能令生

1　F. C. 米尔斯（F. C. Mills）在《价格行为》(The Behavior of Prices) 一书各处中所收集的论据表明了许多个别商品价格在一般情况下发生的波动之剧烈，此种论据说明在短期进行投机之人所索取的风险报酬到底有多大。

2　(1+0.4)×(1−0.3)=1（近似值）。

3　1920年收获季节刚结束时，美国棉花的全部存货量共约1 700万包；若每磅24美分，则其价值为20亿美元。这个数字如此庞大，怕是不易找到愿意承担价格波动风险之人。

产量削减得足够大,以使用来出清剩余存货量的时间不至于过长,如果时间拉得过长,就无法让时间单纯地发挥其金钱般的作用,而令囤积居奇者挣取太多的预期毛利。对于七个月的剩余存货而言,就要迫使其价格低到正常价格的三分之二,产量低到正常产量的五分之四,这个幅度已经不算太小,而且完全符合商业游戏的当前规则。我们可以观察到,供给上越是缺乏弹性,生产中带来较高租金的比例就越大,剩余存货量将引起的价格下跌幅度也必然越大。

(2) 1920 年年底,铜的剩余存货量约为 70 万吨,这是超过八个月的消费量。[1]彼时对正常价格的估计值是每磅 14.5 美分,而 1921 年的实际价格则下降到了每磅 11.7 美分。不过,这还是采取了共同行动的结果,如若不然,铜价一定会下跌到更低的水平。铜的生产条件变化是很大的。彼时其平均价格下降到 12 美分则可能减少产出约 25%,下降到 10 美分则会进一步下降 25%。由这些假说可以知道(我这里没有必要再以那些算术上的细节相烦读者诸君了),若虑及不同价格水平上的产出量——如果生产未受限制——以及嗣后出清存货量所费之时间长度,则 1921 年的价格至少要下降到 10 美分,方才能够实现平衡。事实上,美国的生产者们采取了共同的行动,1921 年 4 月美国大部分铜矿场都关了门,一直到 1922 年才逐渐重新开张。由于这一原因,铜的世界产量下降到了不足正常产量的 50%,大部分存货在 1921 年和 1922 年得到出清;到了 1922 年底,铜价重又涨回正常水平。[2]价格从 1921 年早些时候 11.7 美分的最低点上涨到 1922 年晚些时候 14.7 美分的最高点之过程,对于囤积居奇之辈而言,一旦虑及在那些风云多变的时期所冒的风险,也就算不上什么非同寻常之大的净利润了。

---

1 一年以前,这些存货量甚至还要更大;但由于政府战时存货量彼时尚未发布,所以这些存货量的分量在市场上还没有感知到,也没有发挥什么影响。

2 我在这里忽略了后来价格于 1923 年春天涨至正常价格以上,以及重又导致较轻的生产过剩这一情况。

第四节　把价格波动与"贮存"成本联系起来的方程式

事实上，就目前情况而言，短期的组织机制必然会带来多余存货对价格、因之而对新产量产生并不相称的影响：这类存货为使自身尽快被出清而给市场带来了巨大压力。若令 x 表示每年贮存存货所需花费的总成本（以其对正常价格的比例而计），y 表示多余存货对全年消费量的比例，p 表示价格成比例地降到正常价格以下的最大跌幅，q 表示新产量成比例地降到正常水平（即降到假设生产和消费与正常价格相平衡的水平以下）以下的最大跌幅（也即由于价格成比例地下降 p 所带来的最大跌幅），根据某些经过简化的假设，初始价格由下式给出：

$$pq = xy$$

很容易可以看出，这个方程在最简单的形式下其正确性需要若干假设（更为一般化的假设会使该方程复杂化，但并不会在本质上有所改变）。第一个假设是，价格应从其初始最低值稳步回升至正常水平；第二个假设是，由于一定程度的降到正常水平以下的价格下跌而导致的消费增加量与由同一原因导致的生产减少量相等［由此一假设我们可以方便地得到这样的推论，即生产率（the rate of production）降到正常水平以下的**最大幅度**与**平均**的存货出清率相等］。[1] 有关短期价格的理论一向被我们大大忽略，以至据我所知，就是这个帮助我们解释基本商品**相对**价格剧烈波动的简单方程都感到不是很熟悉。[2]

---

[1] 由于我们假设出清多余存货、价格回调至正常水平所需时间用 a 来测度，所以，在此一时期一开始时买入、在该期结束时卖出的投机分子势必要有一笔足够大的利润来支付其贮存费用，即 $a \cdot x = p$。此外，由于初始之时存货量乃是按照 $2q$ 的速度在减少（这是因为，产量削减而出现了一个 q，消费量增加又出现了一个 q），同时价格又稳步上升，是故，存货量的平均出清率即为 q，也就是说 $a \cdot q = y$，上述结论即由此而来。

[2] F. C. 米尔斯先生在《价格行为》一书中搜罗了诸多了不起的材料，他用这些材料从事实方面对上述理论所说明的现象进行了研究。

这一方程还表明，为什么在某些情况下以共同行动安排存货贮存问题的强制维持价格方案是无可避免的，也是可以予以辩护的，而且还可以使组织实施这类方案的团队免受损失。若生产是缺乏弹性的，或者某一特定商品在一国经济中占据很大的比重，以至于无法找到其他行业来替代它，那么，此类商品之生产若因估计之误而产生大量多余存货，同时，生产又按照自由放任原则进行的话，其结果便可能是毁灭性的。大战之后，为囤积澳大利亚和南非的羊毛存货而成立的 B. A. W. R. A. 组织，对于生产者其好处自不待言；实际上对于全世界而言，因它防止了日后可能因羊毛荒而产生工业上的崩溃，此举对所有人的利益均大有助益。鉴于战后的时艰以及1920—1921年的经济萧条情况，巴西政府设立了咖啡价格管理局，马来亚联邦政府设立了锡价管理局，若是从同样的道理来论，这些机构也是有着充分的根据的。与之类似，虽然在不同的地域，但美国的铜业生产限制组织和海峡殖民地与锡兰的橡胶限制组织均是因为以不同的方式来应对同样的问题而产生（也即，它们都旨在对产量予以严控，使之足以在一个合理的时期内对存货出清产生影响）。只要有大量的存货存在，对新产量的限制就总是会出现——要么是通过令价格大跌来强行限制，要么便是通过有组织的自愿限制从而以较小的价格跌幅来达成相同的结果。无疑，在这类情况下，有组织的限制政策对生产者更有利。只有当预先设定的价格水平相对于正常的生产成本显得过高时，或参与限制计划的生产者在总生产能力中占不到足够大的比例时（橡胶限制事例中确有此类情况发生），此类政策才会变得危险起来。[1]

第五节 "期货市场"理论

且让我们就"期货市场"（forward market）而把论点重新阐述一遍。在

---

[1] 另一方面来看，乍看起来，橡胶业实施限制政策则有其充分的根据，这是因为，橡胶树一旦种植下去并开始生产橡胶之后，橡胶便成了极度缺乏供给弹性的商品。

存在基本原材料的有组织的市场时，任何时候都存在着两种报价———一种是立即交付的，另一种则是在未来某个日期（比如六个月后）交付。[1]如果生产时期为六个月，那么，当生产者考虑是该扩大还是该缩减其营业规模时，对他来说有着重大干系的乃是后一个价格；这是因为，此一价格他乃能立即以生产完成之时交付货物的期货方式来出售其商品的价格。如若这一价格表明在他的生产成本上有利可图，那么，他就可以开足马力地干下去，将其产品的期货售出而不冒什么风险。反之，如果这一价格无法令生产者收回成本（即便在扣除了他因为暂时停工而蒙受的损失之后依然如此），那么，它就根本不可能使他继续生产下去。

如果没有多余的流动存货，则现货价格会超过期货价格［按照这个市场的语言表达就是"倒价"（backwardation）[2]］。如果在六个月内可以补足，而不是马上补足供给的短缺，那么，现货价格就会比期货价格高出许多，所高出的程度只受购买者不愿支付更高的现货价格而宁愿推迟购买的日期之限制。购买者因事前对供给状况估计有误而订立了期货合约时，他可能被迫支付一笔不菲的溢价。要举出在三个月内倒价上涨达到每年30%的例子，易如反掌。

不过，倒不一定供给奇缺才会带来倒价现象。倘若供求平衡，则现货价格一定会超过期货价格，其量必与生产者为求"套期保值"（hedge）———即为避免在生产时期内的价格波动风险———而愿意牺牲的量相等。如此一来，在正常条件下，现货价格就超过了期货价格，也即出现了倒价。换言之，正常的现货供给价格包含了生产时期内价格波动风险的补偿费用，而期货价格则不包含这些。对于秩序井然的市场所做的统计资料显示，就生产时期长达

---

[1] "期货价格"是货物交割**与资金交付**均在未来的某个特定日期完成的价格，而非立即付现的价格。

[2] 倒价又称现货溢价，它是与期货溢价（contango）相反，表示现货价格高于期货价格的一种情况。——译者注

一年且各种气候影响难以预料的季节性农作物而言，对其倒价量的审慎估计是年率10%。在秩序差一些的市场上，这笔费用还要高不少——事实上是高到了大部分生产者望而却步的程度，他们宁愿亲冒价格风险也不愿支付这笔费用。由是观之，在各个商品价格波幅非常之大的现行制度下，价格变化的保险费用——这是在利息与仓库费用之外的又一笔开支——是非常高昂的。

存在多余流动存货这个条件对于本章的论点至关重要，设若处于这一条件之下，情况又待如何呢？ 在这种情况下，倒价是不可能存在的；这是因为，如果存在倒价，总是卖出现货、购买期货，不去负担其在存贮期内的仓库费用与利息支出，是最合算的。事实上，剩余存货的存在必然会使期货价格升至现货价格以上，用它们那个市场的话来说，就是取得了一笔"期货溢价"；这笔期货溢价一定要与存储这批存货的仓库费用、折旧费和利息支出加起来的成本相等。但是，期货溢价的存在并不意味着生产者能在不对价格变化支付普通保费的情况下实现套期保值。相反，由于存货的存在而另外带来的不确定因素，以及它所要求人们额外负担的风险，均意味着他必须支付比一般情况数额更大的一笔保费。换言之，期货价格的牌价纵然高于目前的现货价格，也必定会比未来的预期现货价格低，这中间的差距至少要等于正常的倒价量；而目前的现货价格因其低于期货价格的牌价，故而必定远比预期的未来现货价格为低。如果预计这些存货1年内能够出清，则目前的现货价格必定比预期的未来现货价格低（比如说）20%；但如果出清这些存货要持续2年之久，那么，目前的现货价格就得比预期的未来现货价格低（比如说）40%。

第六节 结 论

这就把我们带回到了前面的论点上来。由于各类高昂的存储费用之存在，所以我们当前的经济安排并没有为处理剩余流动资本制定出常规的办法来。如果由于先前估计错误而出现了这类剩余存货，那么这些商品的价格就会持续下降,一直到消费增加或生产下降到足以消化它们的地步。而无论是哪一种情况,剩余存货都是不可能与正常的生产同时存在的。在存货未被彻底出清之前,经济复苏——一般来说——是不可能出现的,由此造成的结果是,复苏过程不可能因这类存货的存在而得到太大的助力。

本节的结论可以这样总结:我们现行的经济体系对于流动商品的存货是避之唯恐不及。这类存货一旦出现,诸多强大的力量就会被立即调动起来把它消灭。努力摆脱剩余存货,则会加重经济萧条,这种努力如果取得了预期的效果,则反而会阻碍经济的复苏。

顺带提一下,很显然,银行利率变化1%或2%,在总的贮存费用中只占很小一部分,因此,把较高的银行利率造成的开支说成是影响从事存货买卖商人的一个优势并不合理。人们常把较低的银行利率视为价格即将上涨之征候,把较高的银行利率看成价格即将下跌的象征,则是另外一回事。但这一影响常常会朝错误的方向发挥作用——当行情好转时使他们增加存货,当行情转差时使他们减少存货。

因此,流动资本理论在萧条日益严重的变化过程方面给我们提供的说法,恰好与营运资本理论在经济日趋繁荣的变化过程方面给我们提供的说法相对应。正如生产量的提高由于重建营运资本需要花费时间而只能缓慢地进行一样,在有剩余流动资本存在的时候,生产量的下降会因流动资本一定要在短时间内予以吸收而必然突然发生。

如此一来,在我们的经济生活中,就会有一个重大的不稳定因素。对于回馈到生产过程中的可用产出流上的任何过剩或不足,工业部门都会极为敏感,哪怕只是微不足道的过剩或不足,亦是如此。如果是不足,则在现行实际工资水平上充分就业就无可能实现;如果是过剩,那么,虽然原因大不相同,但在现行实际工资水平上充分就业同样不可能得到实现。不足的时候是缺乏实现充分就业的手段;过剩的时候是缺乏实现充分就业的激励。

上述所言对我们的信贷周期理论的意义是非常明显的。当储蓄率超过投资率时,商品上市的速度就会高于它们按照其生产成本相应的价格所能被出售的速度。在这类情况下,价格上有些微的下降即可由诱导流动资本的投资增加而使均衡恢复——如此可消化掉市场上多余的商品,同时使储蓄与投资重新步调一致。但前面的论点证明,价格的跌幅一定要很大,且必须持续下跌到生产量亦随之下降时为止。然而,由于生产时期的长度,投入率的下降一开始会使事态更趋严重。这是因为,它会导致就业率和报酬率在产出率减退前下降。因此,营运资本存货量将减少,储蓄与投资之间的差距将会被进一步拉大——除非经济萧条的影响使储蓄下降得比报酬快,而这是一种不可靠的缓解手段。因此,对于经济萧条一旦开始即异常迅猛之现象,我们有了充分的理论上的解释。

第三十章 历史的例证

这部专论中的思想，如若不把它们运用在假想的事例上，而是根据它们简略地就物价史上的某些著名进行研究，将可以得到更好的说明。

人们通常以为，世界上的财富累积乃是经过痛苦的过程而得来，是由于人们自愿节制而放弃眼前的消费享受而得来，我们称它为节俭。但是，只是节制本身，是不足以建造城市或排干沼泽的，有关于此，其理至明。人们的节制不一定能增加财富累积；它反而可能会增加其他人的本期消费。因此，一个人的节俭到底是会增加资本财富，还是令消费者的货币取得更大的价值，在我们对其他经济因素进行检视之前，情况究竟怎样，尚在未知之数。

这个所谓的其他经济因素，就是企业。正是企业，创造了世界的财富，也正是企业，增进着世界的财富。正如节俭的果实可以用来资本积累或提高消费者货币收入所带来的价值一样，企业的开销也可以出之于人们的节俭或以一般消费者在消费方面的牺牲为代价。更为糟糕的是，节俭不因可以没有企业而存在，而且一旦对节俭的追求超越了经营企业的决心，那它真的会对企业经营的复苏造成妨害，还由于它对利润产生不利影响而导致恶性循环。如果企业在运行当中，则无论节俭情况如何，财富都会得到积累；而如果企业陷入困顿，那么无论我们怎么节俭，财富都会衰微。

因此，节俭之于企业，可能是侍女或者保姆的角色。但同样也可能不是。而且很可能通常都不是。这是因为，企业并不是直接与节俭相联结的，二者前后有一步之遥；把它们连接起来的环节常常是缺失的。推动企业的引擎不是节俭，而是利润。

若要企业活跃起来，有两个条件必须具备：必须要有获取利润的前景；企业家必须能掌控足够的资源来使其计划付诸实施。他们对利润的期望部分地取决于非货币的因素——比如和平与战争、发明、法律、种族、教育、人口等。但本书第一卷的论点已经表明，企业家将其计划付诸实施的力量，在他们认为富有吸引力的条件下，几乎全部取决于银行和货币体系的表现。

因此，世界财富积累速度的变化要远大于节俭习惯的变化。的确，在十六世纪和十七世纪，现代世界的基础正在奠立，那个时候的一般人很难说比中世纪的人更乐于储蓄；在十九世纪铁路带来的繁荣时期当中，普通人也很难说比沉寂的十八世纪九十年代更乐于储蓄。

我认为，如果说一个社会之中储蓄对收入之比为15%，则相对于其本期收入而言是这一个高比率的储蓄，而这个比率为5%时则是一个低比率的储蓄，这可称得上是一个相当公平的判断。现在如果我们假设一个现代社会的平均储蓄率为10%，若商品膨胀从本期收入取走了实际价值的5%，那么，资本财富本期的增量就三倍于商品紧缩使本期收入增加的实际价值。此外，如果利润刺激下的就业量比亏损抑制下的就业量大，那么，前一种情况下的总收入就会与后一种情况下的总收入相等——财富的这一增量全赖企业活动的增加而非消费的减少；由于资本的这种增加，所以嗣后几年内实际收入的提高更自不待言。世界七大奇迹是靠节俭建造起来的吗？ 我深表怀疑。

按照这些思想来重写开辟鸿蒙以来的经济史，想来别有一番风味——遥想一下索马里和埃及的文明是否从阿拉伯的黄金和非洲的铜当中得到了它们的刺激，[1]这都是用于货币铸造的金属，它们在地中海与波斯湾乃至更为遥远

---

1 在古代世界，铜价非常之低而且矿藏富饶，就其冶炼成本与难度来看，其必是从纯度极高的矿石中提炼而来。可能埃及占据了含铜量极高的矿山——这些铜矿的矿层目前在刚果和北罗德西亚正陆续被发现——底比斯（Thebes，古希腊主要城邦之一。——译者注）的强大端赖于此。

的分布地区留下了利润的足迹；雅典的伟大在多大程度上有赖于拉乌利昂（Laurium）[1]的银矿——这不是因为用于铸造货币的金属比其他东西更能代表真正的财富，而是因为它们对物价的影响带来了对利润的刺激；亚历山大大帝[2]把此前数百年间历代波斯帝国搜罗到国库的财宝累积——银行准备金——分发给各地，此举在多大程度上促成了地中海盆地经济发展的突然崛起，而迦太基人曾企图抢夺这一果实，但最终是罗马人夺鼎成功；[3]罗马帝国的衰亡与有记载以来历史上持续时间最长、势头最为凶猛的通货紧缩同时出现，到底是不是偶然的巧合；[4]欧洲用于铸造货币的金属之匮乏是否比修道院

---

1 拉乌利昂在古代世界的文献中以其银矿著称，此地位于雅典东南六十公里处。有记载表明，该地第一座银矿被发现于公元前 3200 年。而对这些银矿资源的系统性开发则始于公元前六世纪古希腊雅典僭主庇西特拉图时期。庇西特拉图在位期间，制定过一系列奖励农工商的政策，开展大规模海外贸易，是雅典政治、经济、宗教和文化生活中的重要人物。——译者注

2 亚历山大大帝（Alexander the Great，公元前 356—前 323 年），即亚历山大三世，马其顿帝国国王，亚历山大帝国皇帝，世界古代史上著名的军事家和政治家。曾师从古希腊著名学者亚里士多德，以其雄才大略，先后统一希腊全境，进而横扫中东地区，不费一兵一卒而占领埃及全境，荡平波斯帝国，大军开到印度河流域，世界四大文明古国占据其三。——译者注

3 罗马从汉尼拔［汉尼拔·巴卡（Hannibal Barca，公元前 247—前 183 年），北非古国迦太基名将，军事家，是欧洲历史上最伟大的四大军事统帅之一（亚历山大大帝为首、汉尼拔、恺撒大帝、拿破仑）。——译者注］手中夺得谢拉莫雷纳山脉之后，控制了西班牙矿山中大量金银的供给，这自然构成了其经济体系一个非常重要的部分。据波利比乌斯（Polybius，又译波利比阿。古罗马历史学家，本是希腊人，晚年成为罗马公民。——译者注）的记载，彼时受到雇佣的矿工达 4 万人之多。

4 在古代欧洲，贵金属的供应量在奥古斯都时代达到顶峰。据估计（请参看：Jacob, *Production and Consumption of the Precious Metals*），截至公元 800 年，贵金属的存量已经下跌到了最初值得十一分之一——可靠与否则我并不知晓。据我所知，那些最负盛名的现代历史学家在其著作中——例如：Rostovtzeff, *Social and Economic History of the Roman Empire*；Tenney Frank, *An Economic History of Rome*（2nd ed., p.504）；Dopsch, *Naturalmrtsehafi und Geldmrtschaft*（p.88）——均无意认定罗马帝国的衰亡是贵金属缺乏这个原因起到了重要作用。不过，这个问题值得重新商榷。

的生活方式或哥特式的狂暴更为切实而又无可避免地造成了中世纪的长期停滞；[1] 光荣革命又有多少得益于菲普斯先生（Mr Phipps）。[2]

我既没有这样的知识储备，也没有时间带读者一览财富兴衰的漫长历史；而且大多数情况遗留下来的统计资料也不足以让我的这一推测性的分析经受住严格的检验。但是，如果我们转到现代，就可以选出某些事例来对这些理论加以阐明，并使用某些详细的统计数字来对它们进行检验。

第一节　西班牙的金银财宝

我挑选出来的第一个事例——欧洲物价在十六世纪与十七世纪由于美洲贵金属的流入而上涨——是我掌握的材料中非常有限的一个。但有关这一时期我虽然知之甚少，却非常富有启发性，我忍不住把它提出来向专家们请益。

---

[1] 摩尔人重新开发了西班牙矿山，在这个基础上他们建立了自己那著名的文明。自彼时起，辅之以萨克森、哈兹和奥地利的矿山，昔日之状基本上或可维持得下来。

[2] 菲普斯先生（后被封为爵士）曾率一支远征队，去打捞据称在约 50 年前沉没于西班牙海岸附近的一艘装满财宝的西班牙船只。在诸多匪夷所思的成功事例中，此次远征创下了辉煌的纪录。菲普斯先生从海底捞出了价值 25 万到 30 万英镑的一笔财宝，嗣后于 1688 年回到伦敦，支付给了他的股东们百分之一万的股息［哪怕是弗朗西斯·德雷克（Francis Drake，约 1545—1596，英国历史上著名探险家与海盗。1580 年 9 月，德雷克远航归来，带回了数以吨计的黄金白银，丰富了英国女王的腰包。——译者注）当年也不过才分到 4700% 的股息而已］。由这一事件造成的兴奋和刺激，使当时的证券交易所取得了极大的繁荣。这次繁荣在 1692 年到 1695 年之间达到了顶峰，并以英格兰银行的建立、现代证券交易所发布公报（包括 137 种证券的牌价）以及洛克（Locke）和牛顿（Newton）的通货改革而宣告结束。此一事件对国内投资的刺激弥补了对外贸易由于威廉国王对法国发动的战争所蒙受的损失，还由此带来了一派乐观主义、欣欣向荣的气象，对于新政体的巩固，这样的气象必然有着难以估量的价值。这一投资繁荣的特征是发行了很多次水利工程债券，这开了后来各时期极具代表性的公用事业繁荣（如十九世纪的铁路繁荣）之先河，故而具有深远的历史意义（有关此一事件及本节中所提及的诸多其他事件的细节，请参看：W. R. Scott, *Joint-Stock Companies to 1720*。）

按照厄尔·J.汉密尔顿（Earl J. Hamilton）[1]的说法，早在1503年就已经有少量的黄金开始从西印度运到了西班牙；在1519年，从墨西哥劫掠阿兹台克（Aztec）[2]而来的第一批财宝运抵西班牙；皮萨罗（Pizarro）[3]从秘鲁掠夺印加人[4]的财宝自1534年开始抵达。但古老财宝的这些散布与波托西（Potosi）[5]和其他地方的矿山在1545年和1560年间以改良的方法新开采出来的产出量相比，在数量上可谓微不足道，也远低于近两千年前亚历山大大帝掠夺的财物数量。在1630年之后，黄金和白银的新供给量相对于需求大大减少。是故，从（大约）1550年开始到1600年，这一时期物价发生了翻天覆地的变化，到了1630年，货币史这一特殊的阶段落幕了。

前秘鲁时代（pre-Peruvian）的供给量虽不足以打乱整个欧洲的物价水平，但亦足以导致那些首先接收到这些贵金属的地方之物价发生确然无疑

---

[1] 本处的讨论得益于汉密尔顿教授有关西班牙财富历史在最近几种学术刊物上发表的研究之序文的地方颇多。他曾对这些研究做出过一个最好的总结，请参看："American Treasure and the Rise of Capitalism（1500-1700）"，*Economica*，November 1929。而且还可以参看他的其他文章："American Treasure and Andalusian Prices, 1503-1660"，*Journal of Economic and Business History*，November 1928；"Imports of American Gold and Silver into Spain, 1503-1660"，*Quarterly Journal of Economics*，May 1929；"Wages and Subsistence on Spanish Treasure Ships, 1503-1660"，*Journal of Political Economy*，August 1929。这些研究均具有极高的历史价值。本书后文再引用其材料时不再一一赘述出处。

[2] 阿兹台克人是十四、十五世纪生活在墨西哥地区人数最多的一支印第安人，西班牙殖民者进攻阿兹台克王国，并于1521年占领首都特诺奇蒂特兰，大肆屠杀并把该城彻底毁坏之后，于废墟之上建造了墨西哥城。——译者注

[3] 又译为弗朗西斯科·皮查罗（Francisco Pizarro，1471年，或1476—1541年），西班牙冒险家、秘鲁印加帝国的征服者。——译者注

[4] 印加人是南美洲古代印第安人，主要生活在安第斯山脉中段，中心在秘鲁的库斯科城。1532年，最后一任印加帝国国王被西班牙殖民者皮萨罗处以死刑，结束了四百余年的帝国历史。——译者注

[5] 波托西位于玻利维亚，曾是世界上最著名的银矿，又被称为"银都"，鼎盛时期的白银产量占全世界白银产量的一半。——译者注

的上涨趋势；而且——该世纪前二十年物价稍有起落，嗣后的趋势是温和的上涨——西班牙的物价之动态变化早在 1519 年就已经露出端倪。是年，安达卢西亚地区[1]的物价开始飞涨，接下来的 18 年间一路高歌猛进，没有大的间断；[2]在该世纪行将结束（大约在 1596 年）之前达到了顶峰，物价水平之高 5 倍于该世纪初的通行水平。[3]之后的 70 年，其特点则是一系列剧烈的周期性运动，物价水平从几个主要的繁荣时期的高峰回归到了 1596 年的那个 5 倍之数，但从未远远超过这个数字，平均值则大大低于此数。

这是西班牙的情况。几年之后法国也出现了类似的变化，并在相同的年份达到了顶点，但其比率只有西班牙的一半，到该世纪末，法国的物价水平已经两倍半于该世纪初。英国的事态进展还要更晚一些——直到 1550 年，甚至是在 1560 年之后，[4]才开始出现骇人听闻的物价上涨，到 1650 年方才达到顶点，此时的物价较之于十五世纪末高出了 3 倍有余。如果证据可靠，可以

---

1 位于西班牙南部，是西班牙第二大区。——译者注
2 汉密尔顿教授所做的定量配给货币津贴统计表给出了一个极为令人满意的总结，是当时塞尔维亚贸易局（House of Trade at Seville，这里的塞尔维亚是西班牙南方的一个大城市。——译者注）的会计师根据当时的实际物价计算出来的数字：

1505—1525	10—12
1530	15
1532—1537	17
1539—1544	20—25
1552—1563	25—30
1565—1580	26—34
1581—1623	51

3 相比于欧洲其他地区，西班牙的物价上涨得非常高，其原因部分或许是因为西班牙政府千方百计地阻止黄金和白银输出，对于他们推行之政策所带来的无可避免的后果，他们无疑全然不了解。
4 按照 W. R. 斯科特（W. R. Scott）的说法（参同前引书，第一卷，第 465 页），1603 年到 1620 年是贸易繁荣的年份，直到 1620 年到 1621 年萧条才发展起来。

说英国避开了十七世纪头二十年中折磨法国和西班牙的物价上的严重萎靡。[1]我们这才有足够的财力,养得起此时登上历史舞台的莎士比亚。

这就是物价变化过程的一个大致的轮廓。但本书的教义是,国家财富不是在收入膨胀时期增进的,而是在利润膨胀中增进的——也即发生在物价超过成本而一路向上飞驰的时候。因此,我们必须转过来对工资的变化过程进行研究(把工资作为成本变化中唯一可用的指标),不过在这方面我们的统计数字不可避免地要比物价方面的可用统计数字来得差。厄尔·J.汉密尔顿教授自己所编制的西班牙的工资指数在我看来颇有说服力;但他从维伯(Wiebe)的《论十六、十七世纪物价剧变之过程》(*Zur Geschichte der Preisrevolution des xvi. und xvii. Jahrhunderts*)一书中所引用的数字则显然高估了实际的情形,该书关于英国的数字主要根据托罗德·罗杰斯(Thorold Rogers)的数字得到,法国的数字则是根据达佛内尔(d'Avenel)的数字得来。

西班牙的利润膨胀似肇端于1519年,是年从阿兹台克人手中掠夺来的财宝运抵;至早到1588年这一膨胀时期终结,是年西班牙无敌舰队败给了英格兰

---

[1] 与牛顿和达尔文一样,莎士比亚死时很有钱。传说他晚年"一年要花掉1 000英镑"——这在他生活的十七世纪初期足称侈糜。蒲伯(即Alexander Pope,十八世纪英国最伟大的诗人,曾以研究莎士比亚著称。——译者注)咏莎士比亚诗云:

抚九天之云翳兮,振翅高翔;
君实为逐利兮,而非荣光。
得宇宙之大名兮,素非子志;
垂之不朽兮,亦命亦时。

蒲伯的评判是否正确暂且不论,但莎士比亚生逢其时,一生事业处在千载难逢之世,亦是实情。遥想当年,在英格兰只要有中材之资,若想挣得几个钱,也不需费什么吹灰之力。从1575年到1620年,这一时期莎翁财运当头。近代美洲以前历史上空前的大"多头"就出现在这个时期。当然,由于农业歉收、鼠疫横行、商业危机、战争连连等,1587年、1596年、1603年等年头的境况不佳,这种年份也是有的。1575年莎士比亚11岁,去世时是1616年。对于那些喜欢贸然下结论的人,我谨把如下论点奉上以求切磋:迄今为止,全世界绝大多数最伟大的作家和艺术家都是在精神欢快、心情愉悦、没有统治阶级所感受的那种经济顾虑的自由氛围中茁壮成长起来的,而这种氛围则是由利润膨胀营造出来的。

舰队。[1,2]在这70年间，物价与工资均在直线上升，但物价总是轻轻松松地跑在工资的前面，尤其是在此一时期中的前40年里。从1520年到1560年，西班牙财富快速积累的局面已然奠立。但在1588年之后，除了两三个景气的年份之外，西班牙就尝不到什么甜头了；在十七世纪前三十年，西班牙的工资（按照汉密尔顿教授的数字来看）不仅高于物价而出现利润紧缩，而且相对于欧洲其他国家的工资而言，它已经达到了非常之高的水平。在西班牙政治黑暗的时代，该国货币工资与法国和英格兰的货币工资之关系，大类于今日英国的货币工资与法国的货币工资之关系。[3,4]

英法两国工资的发展历程与西班牙迥然不同。很显然，在西班牙，新购买力直接落入了贵族阶级和统治阶级之手，并很快被他们拿去抬高了劳务的成本——十六世纪中叶以后，新运抵的美洲财富很快就完全被反映在了工资水平的提高上（也即收入膨胀上），而不再反映在资本积累上（也即不再反映

---

1 西班牙无敌舰队是西班牙十六世纪后期著名的海上舰队，在西班牙全盛时期有千余艘舰船，横行于地中海和大西洋。1588年夏，英格兰舰队大败西班牙无敌舰队攻克葡萄牙西部城市阿尔马达之海战，此次海战被史学家称为世界历史上著名海战之一。西班牙的海上霸权由此开始衰落。——译者注

2 参看汉密尔顿教授编制的安达卢西亚的物价与工资统计表，发表于《经济学杂志》(*Economica*) 1929年11月号，第354页。

3 此处凯恩斯使用的都是"England"一词，此语是指英格兰，也常代指英国。但十七世纪时英格兰尚未与苏格兰联合而成为大不列颠，故我在这句把前一个翻译成英格兰，把后一个翻译成英国。——译者注

4 西班牙的工资在1540年到1600年这一时期的极度上涨使其与欧洲其他国家的情况全然脱了。人口流向军队和美国所带来的人口损失（在较小的程度上由于大批独身人口的出现和对摩尔人的驱逐所造成）以及农村人口为加入海外冒险群体或为赚取人工服务方面的高额工资而流向城市，这两件事无疑加重了上述情况。所有这一切以及由此造成的耕地面积维持之困难，早已为历史学家所熟知。不过，我没有看到汉密尔顿教授的研究工作开展之前有什么可用的统计资料；历史学家们出于习惯，总把这类事情归因于道德和政治，诸如懒惰、迷信、奢侈等现象，绝大部分历史学家忽视了货币因素的影响——一如今日大家谈起英国的困境总是归因于工人的懒惰、工会的愚昧以及雇主的无能等，如果这些因素能够被证明乃是今天这个时代所独有的现象，那么这种解释会更有价值。

在利润膨胀上)。但在欧洲其他国家,新购买力是通过不同渠道而来,也就是通过私人商业而来。[1]那些国家受新财宝的影响最少,它们的商人能够在受影响较多的国家出售商品而取得很大一笔利润;尤其是那些以前就与近东和亚洲建立了贸易关系的国家,更加能够在如此有暴利前景的条件下把这些财宝输出去。在十七世纪,英国和法国的资本家才是能够把本国的财富大幅增加的人,西班牙的资本家做不到这一点。

诚然,德雷克在"金鹿号"(Golden Hind)[2]上带回来的战利品乃是英国对外投资的源泉和根源,此说堪称允当。伊丽莎白女王[3]用她从中得到的收入

---

[1] 这其中包括海盗的掠夺!这是因为,就英格兰的情况而言,进口的黄金和白银中有很大一部分都是拜德雷克劫掠西班牙满载财宝的船只以及其他人的类似功劳所赐。供养这些团队远征的资金都是由辛迪加和股份公司提供的,具有商业投机性质,其成功以及由此带来的果实对各类的企业都有刺激性。确切地讲,英国的繁荣时代起于德雷克1573年第一次重要的远征(即其第三次航程)归来时,于1580年凯旋的第二次远程所带来的巨大收获又对这一繁荣起到了加强作用,而他在1586年完成的第三次远征亦非全然没有什么价值。"金鹿号"带来的金银财宝到底价值几何,在当时属于秘密,众人皆守口如瓶,历史学家给出的估计值彼此差别也非常之大,少的有30万英镑,多的可达150万英镑。W.R.斯科特教授则极力赞成比较高的那个数字,而且提出了证据表明其全部价值至少在60万英镑以上。对于1575年到1587年这"十一年大繁荣"的影响,这一大批货币的流入必然发挥了主导作用。而我们的历史学家对于伊丽莎白时代乃是由这些因素所塑造,从而成就了这个伟大的时代基本上都是只字不提。例如,《剑桥现代史》(*Cambridge Modern History*)就持这样的态度。

[2] Golden Hind,"金鹿号",又译为"金牝鹿号",1578年,德雷克发现了德雷克海峡,8月,他率舰队通过了南美洲南端最危险的麦哲伦海峡,在这一航行过程中,德雷克将舰队旗舰"鹈鹕号"更名为"金鹿号",因为此船的赞助人海顿爵士的徽章盾牌上是一只金鹿。——译者注

[3] 即伊丽莎白一世(Elizabeth I, 1533—1603),名叫伊丽莎白·都铎,是都铎王朝最后一位君主,英格兰与爱尔兰的女王(1558年11月17日—1603年3月24日在位),也是名义上的法国女王。伊丽莎白即位之初成功地保持了英格兰的统一。经过近半个世纪的统治后,使英格兰成为欧洲最强大的国家之一。英格兰文化也在此期间达到了一个顶峰,涌现出了诸如莎士比亚、弗朗西斯·培根这样的著名人物。英国在北美的殖民地也在此期间开始确立。伊丽莎白一世统治时期,在英国历史上被称为"黄金时代"。伊丽莎白一世于1603年3月24日在里士满王宫去世,终身未嫁。——译者注

偿还了全部外债，她还把剩下的那部分（约 42 000 英镑）投资于东方公司（Levant Company）；东印度公司就是靠了这家公司的利润而起家的，而东印度公司的利润，又为日后英国的对外联系打下了主要的基础；诸如此类的事例比比皆是，不一而足。有鉴于此，下面这些计算结果可以满足那些猎奇者的口味了。目前来看，我们的对外投资（以整数计）在扣除损失之后可能可以为我们带来 6.5% 的净收益，我们把其中的大约一半重新用于海外投资——也即 3.25%。如果平均而言这是有关自 1580 年以来发展情况的不错的样本，那么，1580 年伊丽莎白女王将从德雷克的战利品中得到的那 4 200 英镑用于投资，到 1930 年，当可积累到接近我国目前对外投资的实际总额——42 亿英镑；或者换言之，伊丽莎白女王的这笔投资今日所可取得收益是其当初投资额的 10 万倍。我们确实可以在大约 120 年后用它来检验这一假设的积累率是否正确。这是因为，在十七世纪末，英国三大贸易公司——东印度公司（the East India Company）、皇家非洲公司（the Royal African）和哈德逊湾公司（the Hudson's Bay）——构成了英国对外投资的主体，其资本总额约为 215 万英镑；而如果我们假设那个时候我国的对外投资总额是 250 万英镑，那么，这个量值恰好是 4 200 英镑按 3.25% 的速度增长 120 年所达到的数字。[1]

当我们回头去看十六世纪最后 25 年英国的情况时，大家一定要记住，当时在发挥作用的不是输入的黄金与白银的绝对价值——这部分价值从始到终可能不会超过 200 万或 300 万英镑——而使这些黄金白银对利润和企业产生的**间接**影响，国家财富的增量在建筑和改造工作方面可能要数倍于上述数字。我们也一定不要忽略这幅图景的另外一个方面，那就是农业人口所蒙受的艰难困苦，在伊丽莎白女王统治晚期，由于物价跑得比工资快得多，这俨然已经成了一个非常严重的问题；这是因为，资本的积累有一部分就是从

---

[1] 上述计算并不是非常精确的，都是取的大概数。

农业人口生活水平的下降以及经济活动（被周期性的危机与失业所冲淡）的增加中而来。

就法国和英国的工资而言——此问题关乎本质——较之于物价的上涨，工资水平的上涨不如西班牙的情况那样剧烈。的确，如果维伯所引用的统计数据可以取其面值，那么法国和英国的利润膨胀之剧烈、其时间持续之长久，使其在 1600 年的实际工资仅有其在 1500 年时水平的一半。汉密尔顿教授接受了这些数字，但如果这些数字旨在说明普通工人的生活水准在史无前例向前推进的世纪里反而比 100 年前的情况还降低了一半，那么它们是很难置信的。[1]我们对这些数字只能相信到这样的程度——而这对于阐明我们的观点已经足够了——伊丽莎白和雅各宾派时代的经济发展和资本积累之成果，大部分都到了暴发户而非工薪劳动阶层手里。简而言之，我们可以这样说，西班牙从 1520 年持续到 1590 年、英国从 1550 年持续到 1650 年[2]，以及法国从 1530 年持续到 1700 年（其中从 1600 年到 1625 年被严重的衰退所打断过），是这几个国家的利润膨胀时期。在 1680 年到 1700 年间的英国，实际工资飞速上涨，但没有迹象表明法国在同一时期出现了类似的情况。在现代世界历史上，尚且没有哪一个时代像这一时期那样对商人、投机者和暴发户机会多多而且持续得如此之久。在这样的黄金时代，现代资本主义诞生了。还有另外一个总结，我们也顺便提一句，这就是：经济学家口中的"短期"(short periods) 到底有**多长**。人们想当然地以为，这个"短期"不会比人类的

---

[1] 从另一方面来看，十五世纪初期英格兰的实际工资出乎意料的高，就当时维持生计所需要的水平而言，实际工资的这一水平远远走在了前面，因此下降空间很大。记住这一点非常重要。克拉潘教授（Professor Clapham）告诉我，数字表明，若仅仅根据小麦工资的比率来计算实际工资的价值，则在英格兰其大致的动态变化可以用以下比例值来表述：1340，1；1450—1510，2＋；1540—1570，2；1570—1600，低于 1；1600—1650，1＋；1650—1700，1.5。

[2] 我们会记得，亚当·斯密在《国富论》中提到，英国物价最先受到影响的年份是 1570 年，而到了 1636 年其全面的影响已经显现。

寿命长。而"短期"还是可以足以长到包括（而且可能是一番谋划而得来的）国家运势的兴衰。[1]

如果我们取汉密尔顿教授所修正的维伯关于英法两国的物价和工资数据，再对它修正到使我们可以假设所谓的货币工资（可能尚远不足以说明劳动者的全部实际经济报酬）只代表着生产成本的一半，且可假定另外一半与物价平行变化，那么，我们就可以得到下面这些表格中英法两国的价格对成本的比率。

英国。（假设 1500 年到 1550 年间物价与成本平均而言处于均衡状态。）

表 32

年份	物价/成本比率		年份	物价/成本比率	
1500—1550	100		1650—1660	122	1650—1680 124
1550—1560	116		1660—1670	125	
1560—1570	112	1550—1590 116	1670—1680	124	
1570—1580	116		1680—1690	115	1680—1700 114.5
1580—1590	120		1690—1700	114	
1590—1600	137				
1600—1610	139				
1610—1620	135	1590—1650 136.5			
1620—1630	141				
1630—1640	134				
1640—1650	133				

这些数字是非常粗略的，无疑在细节上也不够准确。但它们还是可以告诉我们，那个时代是投机分子牟取暴利的黄金时代，**因此**（假设节俭方面的习惯不变）也是资本积累率高得出奇的时代。

法国的统计数字所能说明的情况大体相类，只不过在法国晚到 1700 年它的工资还没有涨起来。

法国。（假设 1500 年到 1525 年间物价与成本平均而言处于均衡状态。）

---

[1] 对于短期的长度，亚当·斯密并未曾予以低估。他这样写道："90 年的时间足以使任何没有垄断存在的商品降低到它的自然价格"。

表 33

年份	物价/成本比率	年份	物价/成本比率
1500—1525	100	1600—1625	118
1525—1550	103	1625—1650	128
1550—1575	110	1650—1675	123
1575—1600	139	1675—1700	124

在西班牙，利润膨胀的程度从未有如此可观，而且到了十六世纪末其膨胀的态势迹近消亡。表 34 是基于汉密尔顿教授的安达卢西亚物价与工资图表得来的，未做任何调整。[1]

西班牙。（假设 1500 年到 1520 年间物价与成本平均而言处于均衡状态。）

表 34

年份	物价/成本比率	年份	物价/成本比率
1500—1520	100	1570—1580	112
1520—1530	111	1580—1590	115
1530—1540	122	1590—1600	106
1540—1550	125	1600—1610	94
1550—1560	126	1610—1620	84
1560—1670	106	1620—1630	84

在以上所有三个表格中，我们应当注意的是从一个 10 年期到另一个 10 年期之间的**变化**，而无须注意绝对的数字。

我请历史学家们特别注意这个广泛的结论，即利润的膨胀期与紧缩期和国家的兴衰若合符节。西班牙的强盛与 1520 年到 1600 年间的利润膨胀不谋而合，而其衰落则与 1600 年到 1630 年间的利润紧缩相伴而生。英国国势之兴也晚，这中间的间隔时期正是新的货币供应量对她的经济制度发生影响所迟滞的那段时期，此一影响从 1585 年到 1630 年间达到了其峰值。无敌舰队

---

[1] 此表基于汉密尔顿教授发表于 1929 年 11 月份《经济学杂志》（第 354 页）的"图表"以及他惠赠给我的一张数字表综合而得来。

远征之年，腓力二世[1]的利润膨胀时期刚好结束，而伊丽莎白女王的利润膨胀时期才刚刚开始。如果我们把法国与英国放在一起来比较，路易十四[2]财力之强和詹姆士二世[3]财力之弱形成了鲜明对比，从中可以看出其原因在于法国的工资在十七世纪最后20年相对于物价而言的上涨不像英国那么多。[4]事实上，当年的情况与今天的情况呈现出鲜明的对应，今天法国政府相对于英国政策财力强大的主要原因在于，自两国回归金本位以来，法国总是能够把货币工资维持在极低的水平上（除此之外其他有利于法国的唯一因素就数战争债务账面价值的降低了）。自此次大战以来，法国业已得到重建，其对外投资有了很大的提升，这既不是由于效率奇高带来，也不是由于格外的节俭所致，而是出于已经持续足有10年之久的利润急速膨胀之原因。

读者诸君且不可认为我把全部的经济福利都涵纳到了这个考察中了。实际工资处在相对较低水平的现象必然是利润膨胀时期的特征，因为伴随利润膨胀而来的资本财富的反常增长部分是以本期消费的牺牲为代价的。是故，我们不能由此得出推论认为利润膨胀就值得向往——避免利润紧缩方才是更为妥善的结论。

---

1 即Philip II（1527—1598），哈布斯堡王朝的西班牙国王（1556—1598年在位），1580年后还是葡萄牙国王。腓力二世统治时期，西班牙国力昌盛，军事开支巨大。腓力二世雄心勃勃，试图维持一个天主教大帝国，但最终未能成功。他去世之后，西班牙很快衰落。——译者注

2 即Louis XIV（1638—1715），法国波旁王朝国王，自称"太阳王"，是法国在位时间最长的国王，以其雄才大略、文治武功而使法兰西王国成为当时欧洲最强大的国家。——译者注

3 即James II（1633—1701），最后一位信奉天主教的英格兰国王兼苏格兰国王，由于其臣民不信任他的宗教政策，反对他的专权，在光荣革命中剥夺了他的王位。——译者注

4 在该世纪最后十年，荷兰的威廉［即威廉三世（William III, 1650—1702），光荣革命后与妻子玛丽共同加冕为英国国王。——译者注］得到伦敦投资大繁荣的拯救而摆脱了这样的财务局面，这场大繁荣乃是由前文顺带提及的各种特别原因所带来（参看上文第135页）。

因此，利润膨胀几乎肯定会带来财富上更不平等的分布——除非其影响可由对富裕阶层的人课以现代英国所独有的直接税予以抵消，这种直接税在其他地区或其他时代均未曾得见。另外一方面可以加以考虑的抵消因素，还包括由利润膨胀而产生的乐观情绪、企业精神以及良好的就业状况；但主要还是资本财富的快速增长和嗣后多年由此所得到的利益。在我们判定对于任何时代或国家来说何去何从之前，我们必须对其中的有利之处和不利之处做一番权衡。F. P. 拉姆齐[1]（F. P. Ramsey）在其《储蓄的数学理论》（Mathematical Theory of Saving）[《经济学刊》（Economic Journal），1928年12月]一文中表明，理想当中正确的积累率几乎肯定比年收入的10%—15%这个速度还要快得多，在上文我认为这是典型现代社会的积累率。因此，如果我们考察的是一个较长的时间段，那么从长远来看，工人阶级从利润膨胀强加于他们身上的节制中得到的好处，远大于他们起初减少消费所蒙受的损失。此外，相应于一定资本财富增量的本期消费减少量，用这种方式所提供的不会大于以自愿储蓄方式所带来的结果；唯一受到影响的是由此带来的财富的最终分配，而且，**只要财富及其果实不被名义上的所有者所消费，而是积累起来**，那么分配不公的危害就不会像它们看起来那样大。

对于像十五世纪末的欧洲那样一个所积累起来的财富极端贫乏的社会，这一切更加适用。如果说法国和英国在1700年和1500年之间财富量上的差异乃是纯由节俭而得来，这是任谁都无法想象的。若从长远的视角观之，这一缔造了现代世界的利润膨胀，其意义之大实难估量。即便在今天，温和的利润膨胀之趋势所带来的结果也比温和的利润紧缩所带来的结果更能使我们加速迈向拉姆齐先生理论上的B——这个B代表"Bliss"，就是"天赐之福"——若考虑到我们的后代，这就会使"天赐之福"更加接近于它应呈现的情形。

1　即弗兰克·普伦普顿·拉姆齐（Frank Plumpton Ramsey, 1903—1930），英国哲学家、数学家、经济学家。——译者注

虽然如此，在虑及一切情况之后，我还是没有改变态度，我仍然认为今日之政策在不惜一切代价力求避免紧缩的同时，也要以稳定购买力作为其理想的目标。可能最终的解决方案在于把资本发展的速度更多地变成国家的事务，由集体的智慧和长远的眼光加以决定。如果积累的任务逐渐不那么依赖于个人的反复无常，从而使之不再任由个人的打算所摆布——这种打算一部分是以今天在世的寿命有限的个人对自己余生的预期为依据——那么，将来到底是通过节俭，还是通过利润而使社会总财富取得最为我们所想望的增长率这样的问题就不再会出现了。

第二节　十八世纪九十年代的经济萧条

现在，我们必须向前跨越一大步。很显然，前文所述投资超过储蓄如何带来经济繁荣的理论，对于十九世纪中叶铁路投资过快的那些信贷周期可谓是切中肯綮。且不说这个，也不去讲拿破仑战争之后随之而来的极富教育意义的紧缩政策，我们来谈一谈十八世纪九十年代那场著名而又让人啧啧称奇的经济萧条。

大不列颠在 1890 年和 1896 年之间的事态发展过程似乎从来不能由老式的货币数量论予以解释。的确，这一时期的事态让人对当时流行的各种货币理论正确与否产生了怀疑，但好像也就止于此而已，不再有更多的启示，这真是让人感到奇怪。当时确实只有最不受信任的思想怪异之士才会对这些理论产生怀疑，与之争论。人们不是去怀疑这些理论，反而从这个时期的实际事实当中虚构了一套神话般的叙述。

我们一直受到这样一种说法熏陶，它告诉我们说，物价下跌在 1896 年达到最低点，原因乃是黄金的匮乏所致；而黄金之所以匮乏，则是由于（在南非金矿得到开发之前）新的开采量无法满足许多国家采用金本位制度之后而产生的需求量。对于到 1886 年为止的那个 10 年中的情况，这个解释可能还是准确的。从 1886 年到 1890 年，物价水平已有所恢复，之后再度下跌，在 1896 年达到了最低点。我关心的是 1886 年到 1896 年这个 10 年间的情况，尤其是从 1890 年到

1896 年物价下跌的这几年。在 1890 年和 1896 年之间，索尔贝克（Sauerbeck）批发物价指数下降了约 18%，《经济学人》的物价指数下降了大约 14%。

由是观之，物价的下降还是很严重的。然而，如果我们对这些数字详加审查就会发现，把此次物价下跌归因于黄金之匮乏近乎荒谬——至少就大不列颠的情况来看是这样的。在 1890 年和 1896 年之间，英格兰银行的黄金总储备翻了一倍，其准备金数则增加了两倍，存款量增加接近一倍。有两年半的时间（1894 年 2 月到 1896 年 9 月），银行利率维持在 2% 处未尝有变。同一时期，除英格兰银行以外的其他银行的存款也增加了 20%。总之，这一时期的特点是，黄金极端丰富，信贷极易取得。而同样是这段时间，贸易出现停滞，就业状况恶化，物价不断下跌。

因此，很明显，物价相对于货币必然是有过巨大的下跌。相对于批发物价指数（如果有其他更适当的指数，那我倒是愿意使用的），银行余额提高了近 50%。但是，收入紧缩的迹象丝毫也无。相反的是，货币工资率倒是略往上走，其他货币收入也在提升，除了中间在 1892—1893 年间由于这一期间极端严重的失业而出现轻微的下跌之外，正如鲍利博士（Dr Bowley）给出的下面的这张表格所示，情况大体如此：[1]

表 35

年份	货币工资率指数	工资总额 （百万英镑）	免税点以上的收入 （百万英镑）
1889	82	530	640
1890	84	550	640
1891	86	555	635
1892	87	545	625
1893	87	545	630
1894	88	560	645
1895	87	580	660
1896	88	595	680

那么，从前面几章的理论中，我们可以得到这样的推论：在这些年中，

---

[1] *Economic Journal*, 1904, p.459.

147 必然有过非常严重的商品紧缩。也就是说,储蓄率严重超过投资成本。如果我们看一看《经济学人》杂志的新投资表,[1]就可以发现进一步的明显证明:

表 36

年份	新发行证券额 (百万英镑)	本国生产的出口品 (与前一年相比的变化百分比)
1880—1889 (年平均值)	102	—
1889	168	+3.71
1890	141	−0.51
1891	76	−5.30
1892	59	−3.43
1893	42	−2.10
1894	74	+3.35
1895	84	+8.57
1896	84	—

从 1888 年到 1890 年,曾经出现过一段投资繁荣期,在这些年中,新资本发行量异乎寻常的高。但从 1891 年到 1896 年,新投资的下跌使投资活动远低于正常水平。1892 年和 1893 年的新发行额跌到了只有 1880—1889 年这 10 年平均值的一半,1893 年的总额也低于统计数字所涵盖的(可上溯到 1870 年)任何一年。对于 1891 年到 1896 年这六年间,每年通过新发行市场发出来的新投资比 1885 年到 1890 年这六年要少 40%,比 1880 年到 1889 年少 32%。[2] 没有理由认为,通过新发行市场发出的投资之下降可以由其他方面的投资增加所

148 补偿。相反,据估计,美国在 1894 年从伦敦市场上回购了大约六千万美元的美国证券。

有关投资率我们就讲这么多。当我们转过来讨论储蓄率时,我们是没有理由假设它会有任何的下降的。鲍利博士估计,1891—1896 年货币总收入要

---

1 表中给出的这些数字是新资本发行方面的实际取款通知额,是故,证券转换、资本重置等都未包含在内。其中所包含的是英国发行的各种债券,其中有一部分(有时是一大部分)是在国外认购的。在此列旁边,我另列了国产出口品价值的变化一列。在那个时期,我们海外顾客的购买似乎迅速受到了我们出借给他们的信用量的影响。

2 新发行量的年平均额为:1880—1889 年,1.02 英镑;1885—1890 年,1.17 亿英镑;1891—1896 年,7 000 万英镑。

比十九世纪八十年代高出15%—20%，当然，实际收入的提高还要大一些。如果以货币计算，1880年的国民总储蓄约为1.5亿英镑，那么到1896年这个数字可能会达到2亿英镑。其他迹象表明，十九世纪九十年代早期的英国非常崇尚节俭。虽然货币价值有了很大提高，而邮政储蓄银行以货币计算的存款在1888年和1897年间却翻了一倍，普通银行的存款也增长了30%。[1]此外，在偿付国债方面，偿债基金表现得也很活跃。

对于投资率的下降以及利率空前绝后之低却仍不能迅速恢复，其原因复杂而多样。但对于读过那一时期金融史的人来说，它们所表现出来的一般性质则是一目了然的。1888年到1890年的投资繁荣以1890年的巴林危机（Baring crisis）[2]而告终。这场危机不仅对南美洲证券的投资者，而且也对投资信托公司股票的投资者信心造成了严重打击；这些信托投资公司在此前数年还非常活跃，是公司实际上的支持者，其中有一些后来还遭遇了严重的困难。[3]当时，在印度和美国，两国通货的前景受到了深深的怀疑——前者一直到1893年关闭造币厂后信心才逐渐恢复，后者则直到1896年"健全"货币党取得胜利的时候才恢复过来；而1893年澳大利亚的银行大危机则把这个国家给整垮了。因此，英国的对外投资几乎全部停顿，与此同时，国内也没有什么特殊的活动或者新的发明[4]可以吸收多余的储蓄。

1　如果我们可以把储蓄存款从现金存款中区分开来，我预期前者会翻倍。

2　巴林危机或1890年大恐慌是一场名副其实的衰退。由于巴林银行对阿根廷采取了高风险的投资行为，后者在1890年陷入严重衰退，实际GDP在短短一年间下降了11%，使得巴林银行濒临破产。后在英格兰银行总裁牵头的一批国际财团的支持下，避免一场更大的萧条。虽然这场危机并不比同时代其他的危机严重多少，却是十九世纪著名的主权债务危机。——译者注

3　《经济学人》（*The Economist*）在其1892年的"商业史"栏目中写道："信托公司的理财方法被披露出来，这件事要比其他任何事情都更加使当时的不信任氛围加剧，这种气氛不断扩展，经久不去；恐怕这件事在将来一段时期内还继续散发有害的影响。因此，一般民众拒绝听信任何劝诱，不愿意参与新的工业企业或其他事业。"

4　1896年复苏之始于周期贸易中的繁荣是联系在一起的，这一点颇耐人寻味。

因此，我们可以相当有信心地得出这样的结论：自 1891 年到 1896 年间，大不列颠的储蓄率远远超过其投资率，个人储蓄中没有被投资所使用的数额据估计每年大致有 5 000 万英镑之多；也就是说，个人从其货币收入中储蓄起来的资金总额每年的增量比国家财富的增量总共多出了 5 000 万英镑；单位产出上的生产要素消费量增加，以这种方式生产要素享有了这笔款项的等值物。而生产者（例如农户）则因为价格的接连下跌，生产成本又不能以其相应的下跌对此加以补偿，所以遭受了严重的损失。那些被使用的生产要素均享受到了比其原来还要高的实际报酬，但另一方面，生产要素中被闲置部分的比例却反常地大。

在这整一个时期当中，存入银行的实际存款量——可能主要是固定储蓄存款的形式表现——增加得比货币余额更快；物价的下跌只有通过银行货币量大得多的扩充方能得以避免。

因此，我认为这段时期的历史乃是长期商品紧缩的完美例证——虽然银行货币总量有了大幅提高，但这一通缩局面仍在不断向前发展，不断持续下去。人类历史上尚且没有其他的例子，像这样能使我们清楚地追溯出企业家按照当期储蓄量的规模，如此长期地停止生产新固定资本所带来的影响。

从量的角度言之，最终对物价水平所产生的影响似乎已经超过了单只储蓄被闲置这一个因素所能合理解释的程度。但是，上文讨论的这种长期紧缩所产生的累积效应和次级反应，则是意料之内的事。而且我们还可以预料到批发指数受到的影响会比消费指数受到的影响大，这一点我们在本书第二卷，（原书）第 146 页曾引述过相关材料予以证实。消费指数的变化态势我们并不确切地知道，这是因为它还包括了许多批发指数排除在外的对这种紧缩情况不那么敏感的项目种类。如果大不列颠是一个封闭的经济系统，那么储蓄超过投资的金额本身用来说明消费指数在初级阶段中有 4%—5% 的下跌已经足够。但事实上这种现象是国际性的——同样的事情也发生在其他的地方，在初级和次级阶段对国际批发物价均产生了复杂的交互影响。此外，在更后面的阶段，由于英国停止了对外投资，所以使得黄金流向了伦敦，这可能导致了外国的收入紧缩和利润紧缩，从而对国家物价产生了进一步的抑制；正如1929年底的情况那样，当时法国和美国的物价水平受到了该年早些时候黄金流入这些国家所导致的国际紧缩性影响。

英格兰银行能够阻止这一紧缩吗？英格兰银行已经尽力在银行贴现率方面使信贷处于宽松状态了。按照那个时代的观念，我们不能明显地看出英格兰银行还能采取什么进一步的行动，要知道，彼时"公开市场"(open-market)政策尚且闻所未闻。可以说，英格兰银行的"准备金比例"在1893年和1894年已经上升到了70%，不可谓不高。那些年中购买证券或许对这种浪潮尽早转向也起到了一定的作用。但是，统一公债[1]的价格早已处在高位，英格兰银行通过购入统一公债是否能够对刺激投资起到实质性作用，势必大受怀疑。似乎此事除了政府出手采取强力措施之外，没有其他成功的途径。或许，由政府和其他公共团体大量借款用来投资各种公用事业的大规模兴建计划，或者是由政府按照最近颁行的贸易账款与出口信贷法案的精神，出面担任借款担保人，才是吸收本期储蓄并避免1892—1895年严重失业的唯有的出路。但任何这类政策均与那个时代的观念和传统极不相容。

第三节　1914—1918年的战时繁荣

这次大战的金融史甚至连一篇绪论都没有写成。也许，这部历史永远无法圆满地完成了。这是因为，有许多基本的统计资料在当时已被封禁，到现在仍然很难取得或根本无法取得了；同时，我们对数字量值以及事件概况的记忆也正逐渐变得模糊。但是，抚今追昔，我深切地感到彼时我们对当时事务的理论见解未免太过浅薄，对于货币数量论的应用也是生吞活剥。我回忆

---

[1] 统一公债是一种没有到期日，定期发放固定债息的特殊债券。有一种最典型的统一公债——英格兰银行在18世纪发行的英国统一公债（English Consols），英格兰银行保证对该公债的投资者永久期地支付固定的利息。——译者注

不起来,曾有谁清楚地提及现在在我看来似乎已经了然的当时形势下的基本特征;然而,如果当时我们熟悉投资超过储蓄对物价所产生的影响,那么我们一定可以对这种基本特征一目了然。对于这一时期,我不打算做一番统计研究,而只是提纲挈领地把当时所发生的事情之一般性质加以陈述。

这场战争最终把所有国家都无可避免地卷入进来,使为数甚巨的资源从生产形式中转走,因为这种生产形式不能增加收入所得者能够购买和消费的流动消费品的数量,是故,其影响便与往常增加固定资本投资所带来的影响相同。因此,在这种情况下所需要的投资——尤其是在初始阶段之后——之规模便超过了自愿储蓄预期可达的最大限度,即便把停止包括损耗重置在内的大多数其他类投资考虑在内,情况也是如此。所以,以某种形式而强制购买力转移,乃是按照所需规模对战争物资进行投资的一个必要条件。如何使这种转移得以完成的同时又使社会遭遇最少的摩擦与扰乱,是彼时尚待解决的一个问题。

因此,我们的前提是,按照单位产出计算的生产要素消费量必须减下来,[1] 而且对它的削减不能由来自其报酬的自愿储蓄来使之充分完成。由此,我们可以得出这样的结论:按照单位产出计算的实际报酬必须减少。要做到这一点有三种办法——(i) 减少货币工资,同时保持物价稳定,(ii) 为降低实际工资而令物价上涨得比货币工资更高,(iii) 对生产要素报酬征税。

纯粹的财政主义者推荐使用这第三个方法——也就是说,自愿储蓄所不能满足的全部或近乎全部的要求,均以征税这种办法加以满足。但我认为他们没有充分意识到,如果不伴随出现物价的上涨,在实践当中这样的举措将会意味着什么。此举的目的意在削减**总**的消费,而只是把相对富裕阶层的过度消费加以削减完全无济于事,因为这些人的消费,尤其是在战争期间,在

---

[1] 彼时政府各部门都远远没有认识到这个问题,贸易大臣〔阮希曼先生(Mr Runciman)在1915年初发表的一篇演讲(参看贝弗里奇所著《英国的食品控制》(Beveridge, *British Food Control*),第9页〕就是明证,他在这篇演讲中提出,要想避免物价上涨,办法只能向提高工资这个方面去寻找。当时一般的意见是压制物价而不限制消费。

总消费中所占比重并不足够的大。因此，征税之举必将把目标直接对准了相对贫困之人，因为他们的消费在总额中所占比例巨大，因此要以各种方式削减的首先应该是他们的消费。也就是说，这意味着对于所有的工资每英镑可能要课以 5 先令或更多的税。没有哪个交战国的政府会盼着在它其他的重重困难之外再给自己添上征课这种税收所引起的政治问题的。

因此，我们就只能在剩下的其他两种方法中进行选择了——或者降低货币工资，或者令物价上涨。这两种办法的主要初始影响是一样的——腾出来的资金一开始不会到政府手里（除非政府单纯采用通货扩充的手段来转到自己手里），而是以一种超乎寻常的利润之形式到了企业家手中。无论是哪一种办法，这种情况都会发生，因为生产的货币收益与其货币成本之间的边际将会扩大。因此，假设我们采用这两种方法中的一种，可以这么说，企业家都将成为得到收入者所抽出资金的经收代理人。掠夺之物一旦落入企业家的荷包，政府就得在借款或课税两种方式中进行选择才能收回。应予注意的是，这笔掠夺之物只要由收入所得者转到企业家手中，使用征税这种办法就足够有效了，即便所征之税以所得税、附加税和过分利得税的形式主要加诸富有阶层身上也是如此。

在压低货币工资还是任物价上涨两种政策之间，选择后者是很自然的——而且也是明智之举。首先，强使货币工资下降的政策所引起的政治上和心理上的反感，与对货币工资征税所引起的反感一样多。此外，很多形式的报酬，尤其是资本的报酬，均由契约所保护，除非赖账否则是无法推翻的，因此**全面缩减货币报酬很难活**，根本无法实行。但是，还有一个更为实际的理由，它比政治和公平还要重要，这个理由是支持物价上涨的政策的，应该得到交战国政府的极力关注。在这样的战争时期，把各类生产性资源大规模地迅速由一种用途转入另一种用途，乃是非常必要的。要做到这一点，不借助价格机制几乎没有可能，也即，把信用贷款交由各种新的用途来处理，允许它们竞价购买原来用途上的生产资源，因之就允许了一定程度的收入膨胀。任何为了"纯粹财政主义"而拒不采用此一权宜策略的政府，必定会在这场战争中失败。1

因此,我得出了这样的结论:在战争期间,允许利润膨胀而使物价上涨,既是不可避免的,也是非常明智的。但我们必须牢记我们的目的是让物价的上涨**超过**报酬的上涨;也就是说,我们基本上希望取得的是利润的膨胀,而非收入的膨胀。我们必须允许一定程度的收入膨胀,从而有助于上文所提到的生产性资源在不同用途之间的重新分配。但我们主要的目标,也即把实际收入从消费者那里转移到政府手中的打算,一旦我们的利润膨胀被推翻而变成收入膨胀,也就无可实现了。我们这部分的论证,其结论现在已经很明了了。我们的目标就是:物价上涨应超过收入的上涨。因此,较之于控制物价,我们应该更加辛勤地控制住报酬。

因此,把战争时期行不通或不明智的政策排除之后,余下的就是在战时财政的"恶"与"善"之间做出实际选择的问题了。利用企业家来做经收代理人是很便利的。但只能让他们做代理人而不能当委托人。政府秉持着非常充分的理由,采取政策,把掠夺之物收入企业家的囊中,那么,我们可以确信,政府一定不会允许他们把这样得到的东西"贷给"国家,从而获得对社会未来收入的一份债权,而是能够让他们以纳税的方式交出来。令物价相对于报酬而上涨,然后最大限度地对企业家课税,乃是战时财政的"善于理财"的正确途径。这是因为,对利润以及对免征限额之上的收入高额课税,不是利润膨胀的替代方法,而是与之相辅相成的办法。

我不清楚有关这个问题的理论是否曾有人以这种方式表达过,不过,这里之所讲,极为接近英国财政部在战争末期通过试错方法实际发展出来的那套制度。他们的做法颇近于我们所能预想到的理想之法。唯一可以指摘的地方在于,他们没有尽早采取这一办法,而嗣后在 1919 年也没有在其他赋税之

---

1 "军火工人提出来的每一次争议,最终几乎都是以提高工资而得到解决的——('让他们拿到工资,我们拿到军火')"[参见:温斯顿·丘吉尔,《欧战余波》(*The Aftermath*),第 33 页]。

后开征资本税（capital levy）。是故，资本家仍能对社会未来收入拥有债权，其规模之大颇不合乎情理，当然也不是不能忍受——其结果是，到今天它们还是我们身上的负担。的确，我们非但没有在1919年开征资本税来削减这些债权，反而在直到1925年的几年之内提高了这些债权契约所根据的通货价值，把它们更为深重地扣在我们头上。

按照上述"善于理财"的标准衡量，其他欧洲国家的战时财政就远称不上好了——这倒不是说因为利润膨胀的因素比英国大得多，而是因为这些国家的企业家能够（在名义上以及实际上）在一个大得多的比例上保留其掠夺物。但命运就是这样喜欢捉弄人，这些"恶"的做法最后反而比英国的温和中庸来得好。这是因为，其结果使负担过于沉重，殊难忍受，以致仅凭事物本身的力量无法使契约所依据的通货因贬值而全部或部分地被抵消。世上再没有比中庸之恶更坏的东西了！ 如果黄蜂和老鼠是马蜂和老虎，我们早就可以把它们消灭掉了。不列颠因战争而对食利阶层负担的债务，其情形与此相类。

这次战争时期还有一个特点，即那些"稳健的"财务人士对于银行货币的总量给予了过度的关注。前文我们曾说过，当时大家竟然普遍认为若能以爱国之情打动那些大妈们，劝导她们把多年来存在银行里的定期存款交给财政部，换成战时公债，那么这场通货膨胀就可以避免；这是因为，如果可以按照这种办法办，则银行货币总量上的任何增加都将可以避免！ 只要我们用收入存款、收入流量以及通过这些存款来满足消费支出的观念来思考问题，那么这种粗陋而错误百出的思想就是可以避免的。其他一些爱国者绞尽脑汁，试图想出绝妙的办法，以使同一货币周转量能够通过更小的通货票据量来实现！

第四节　1919—1920年的战后繁荣

到战争结束时，平时用于常规生产过程的营运资本在全世界范围均告枯竭，其程度前所未有。就其原来的目的而言，处于生产过程中的一部分商品刹那间变得毫无用处,而消费品的存货在各处都降到了远低于正常水平的程度。因此,只要有购买力,就存在着对商品非常之大的需求潜力;而且,大量军人复原,劳动力的供给也颇为巨大。因此,如果这批劳动力按当时通行的货币工资雇用,同时再把各类战时限制政策取消,则物价的上涨不可避免。此外,工具性商品以及其他诸如房屋之类的固定资本之投资需求,因为过去的推延而未得到满足,所在多有。

是故,推动投资而使其在速度上超过储蓄率的力量非常之强。同时,在令人感到满意的货币工资率上为那些先前在军中服役或从事军火生产的人们找到工作,这一方面的压力也同样非常之大,其原因是明摆着的。因此,除非战时的限制政策持续下去并强化执行,除非把复员军人的就业过程拖延相当长的一段时间,否则,利润膨胀是不可避免的。当日之境,银行当局要充分阻止利润膨胀,根本无法做到。即便能够做到,若从总体观之,谁又能说这一定是我们所想愿的呢? 在较晚的阶段,银行当局——据我在写作时的判断——在以下三个方面是值得大加挞伐的:首先,它们放任利润膨胀发展到剧烈的收入膨胀;其次,它们未尝尽早采取措施来制止周期的第二个阶段到来;第三,它们采取的措施为害许久以后,不但不终止,反而继续采用。

因此,回望过去,我们会认为伴随战争而来的利润膨胀一定不会只有一个,而是会一个又一个接踵而来。战后的这场繁荣虽然在多个不同的方面错综复杂,但主要是由于迫切需要以较快的速度补充营运资本所导致的投资超过储蓄而带来的。虽然在次级阶段激起了非常之强的收入膨胀,但利润膨胀以及随之而来的利润紧缩的程度则可以从 1919 年春到 1920 年中物价上涨超过工资的程度,以及 1920 年中到 1921 年底工资超过物价的程度中得到清晰地显示。

不幸的是,我们可以拿到的统计资料不适合以一种精确的方式把这一变化过程给展现出来。在 1919 年,生活成本指数仍然受到价格管制的影响,同时,能够充分表明 1919 年秋和 1920 年春制成品价格上涨的真实的消费物价指数又付之阙如。此外，彼时这种现象很显然是世界性的，由于制成品可以卖出的价格非常高，所以像不列颠这样的工业国家大受其益，世界其他国家则要付出代价，其结果是物价相对于工资的增加在这些国家可能就比世界一般的情况要低。如果事实确系如此的话，那么，把英国的统计资料应用于世界一般情况就会低估利润膨胀的程度。权衡各方面的考虑之后，我认为，使用贸易部批发指数相对于鲍利教授的不列颠工资指数的动态变化，至少可对这种情况为我们提供一些有趣的侧面看法。这些动态变化如表37所示：

表37

年份	季度	贸易部批发指数（1）	鲍利工资指数（2）	（1）对（2）的比率	经过劳动效率提高所校正过的（1）对（2）的比率
1919	第一季度	249	207	120	120
	第二季度	242	209	116	116
	第三季度	255	217	118	118
	第四季度	288	221	130	130
1920	第一季度	309	231	134	135
	第二季度	324	250	130	131
	第三季度	314	267	118	119
	第四季度	284	273	104	106
1921	第一季度	227	276	82	84
	第二季度	202	268	75	77
	第三季度	190	244	78	80
	第四季度	174	228	76	78
1922	第一季度	162	215	75	78
	第二季度	160	202	79	82
	第三季度	157	189	83	86
	第四季度	156	179	87	90
1923	第一季度	158	177	89	93
	第二季度	160	174	92	96
	第三季度	157	174	90	94
	第四季度	161	173	93	97
1924	第一季度	166	174	95	100
	第二季度	164	177	93	98
	第三季度	165	179	92	97
	第四季度	170	179	95	100

鲍利的工资指数是已经支付的实际工资指数，非效率工资（efficiency wages）指数。我认为，通过假设1919年的效率处在与战前相同的水平，之后

每年以 1% 的速度在增长，那么我们就可以获得一个粗略的校正数字。基于这一假设，战时的利润膨胀使批发物价指数相对于英国的效率工资提高了 18%（对 1919 年前三个季度取平均值）。到 1920 年上半年，战后繁荣的利润膨胀已使这一差距扩大了 33%（取 1920 年前两个季度的平均值）。[1] 1920 年年中以后，利润紧缩就出现了，在很短的几个月之内就把之前的利润膨胀给消灭了，接着带来了实实在在的利润紧缩，这场紧缩最严重的时候（即 1921 年和 1922 年第一季度这段时间）其程度与之前的利润膨胀差相仿佛。与此同时——不过直到利润通缩发展了大约一年的光景才出现——利润紧缩之上又添上了（按照我们前面的观点，除非采取相反的特别措施，否则这是预料之中的事情）收入紧缩（即从 1921 年年中到 1922 年年底）。到了 1922 年年中，收入紧缩接近尾声，利润紧缩渐渐回头，到了 1924 年（正如表 37 第四列所示）均衡得到了恢复。[2] 这些过程大致的情况，我们在下一页的图表中给出来。

我应该再加以补充的是，上述这一切说法有必要——甚至比一般情况更有必要——求正于对战后这一时期的历史事实详加深研的人。我把我的假说抛出来，以供比我勤谨的统计学家和历史学家进行检验。但上述所言——如果它对当时所发生的情况提供了准确的描述的话——与前几章的理论所预言的事态的大略发展若合符节。当然，1919 年的收入膨胀和利润膨胀皆为战争期间这两类膨胀的延续。除此之外，我们还看到根据具体情况而引发利润膨胀或紧缩的银行政策。这种膨胀或紧缩在六到九个月之后便转变为收入膨胀或收入紧缩。[3] 这是因为，银行体制没有很大力量直接影响收入状况；它只能

---

[1] 也就是说，当时发生了大约达战前数额 15% 的收入膨胀，在这之上还有 33% 的利润膨胀。

[2] 在此之后，又出现了一个因恢复金本位制度而导致的紧缩，本章下一节将对此进行阐述。

[3] 在这段时期，工资率变动不居。随着英国回归战前黄金平价而来的利润紧缩，已经无法带来五年后的收入紧缩。

通过改变利润状况才能够做到这一点。

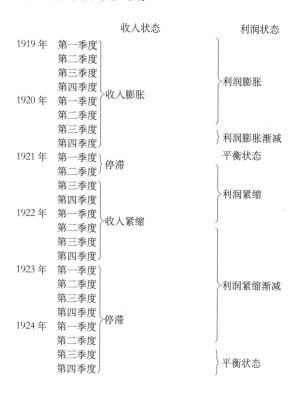

回望过去，我们发现，经济萧条的极端延长乃是由于1921年上半年出现的利润紧缩而造成。之所以会是这样，无疑是由于此次利润紧缩的目的乃是抵消战争时期和战后时期的收入膨胀所致。事实上，这一目的从1921年年中到1922年年底已经得到了实现，之后的1924年再次实现了这个目标。但是，若从国家繁荣的角度观之，这个政策乃是一个错误。如果我们努力在1920年年底那种程度的收入膨胀基础上（即较战前高出175%）来稳定我们的货币局面，则过去十年当中所遇到的那些麻烦可能都可以避免——也许会让我们与美国差不多一样富裕。这还附带地使战争债务的实际负担下降到了不足现有数字的三分之二。而实际采用的政策却使债务问题的严重性增加了50%，使我们蒙受十年的失业之苦。这十年的失业之苦使我们的财富生产减少了10亿英镑以上。

第五节　大不列颠恢复金本位

1925 年 4 月，大不列颠恢复了金本位，在此之前和之后的各六个月里，有必要提高英镑的黄金价值约 10%，彼时黄金本身并没有贬值。[1] 这意味着按单位产出计算的货币收入流，也即一般而言的报酬率，必定减少 10%——除非黄金自身贬值来帮助度过这个过渡时期。换言之，这时候一定会有一场严格意义上的收入紧缩。

在战前至少 50 年内——可能要超过 100 年——我们从未经历过如此大规模的迅速而冷酷的收入紧缩；而出于种种理由，1921 年到 1922 年的紧缩并不是一个令人满意的先例。相反，我们倒是经历过很多次的利润膨胀，某种程度上一般都伴随着收入紧缩，它们出现在繁荣之后，代表着对先前均衡状态的恢复。可以说，1924 年底曾存在过一种温和的利润膨胀的轻微倾向，与之相伴的是一个更为温和的收入膨胀，而恢复金本位所需的紧缩远远超过了抵消这一趋势所需要的程度。但是，财政部和英格兰银行当局对于收入膨胀与利润膨胀之间的区别了无所知，其结果是，在使冷酷无情的收入紧缩从天而降时，他们大大高估了他们手中的信贷限制和银行利率这两大武器的效能——这两大武器之前在对抗利润膨胀方面通常是有效的。

将信贷从企业家那里收回，则后者雇用劳动力的能力就被削弱了；而信贷成本高企，随英镑外汇价值的提高而出现的批发物价下降，国内购买力的减低，这些都会使利润下降，对生产的激励减少。因此，英格兰银行运用其传统武器时首先会带来利润上的紧缩。物价自然也就下跌。英格兰银行的总裁就会自感可以向财政大臣交差，认为任务完成了。

然而，事实远不是这样。均衡要求货币收入流和按照单位产出计算的

---

[1] 截止到 1925 年 5 月的一年当中，按照各种国际指数衡量，黄金稍有贬值——可能多达 5%；但在接下来的两年内，它又恢复了之前跌下去的全部价值。

货币报酬率应该适度地下降。但起初的时候，物价下跌降低的不是成本和报酬率，而是利润。企业家须首先承受这一冲击，英格兰银行政策可以恢复均衡的唯一手段就是在他深刻地感到痛苦之后，把压力转到适当的方面上去。企业家看到物价下跌得比成本快，发现摆在他面前有三个选择——尽最大限度地忍受损失；从利润较低的经济活动中抽身而退，这就会减少产出和就业量；与员工斗智斗勇，把他们按单位产出计算的货币报酬降下来——从国家的立场出发，这三种选择中只有最后一种才能恢复真正的均衡。然而，长期来看，如果其效能可以充分增加，那么，这三种办法是可能与维持按生产要素单位计算的货币报酬相兼容的。

企业家把所有这三种方法都进行了尝试。企业家当时屈服在第一种办法下，即削减或放弃他的利润，其程度之深、时间之长，均到了出人意表的地步。那些主要的产业——老牌的纺织业以及煤炭、钢铁、铁路之类的重工业和农民们——都只是忍受损失，苦苦支撑不止数月，而是达数年之久。这些产业往常所能挣得的利润减少了数千万英镑。股份合作制组织的管理权基本上都交给了领取薪水的人士，这种组织当时可能使延续的时期之长超过了如果全部损失均落到实际经营者身上的情况。

由此可知，失业状况的充分发展被推迟的时间也比本来预期的要长。但企业家从一开始也曾使用过第二种办法，即减少他的那些不是那么赚钱的活动。在恢复金本位制度之后5年，就业仍然在不断减少，未见稍减。

余下的就是第三种办法了——降低按单位产出计算的货币报酬率。在早前的时期，低于正常利润以及生产要素闲置所带来的压力，在达成收入紧缩这一目标方面发挥作用的速度可能比现在的情况还要快。我认为，对严重收入紧缩的阻遏不仅仅是摆脱近来膨胀所带来的反制，这种阻抗力总是很大的。但是，在现代世界，工会组织严密，无产阶级获得选民资格，这种组抗力就显得空前强大。企业家试图把第三种办法付诸实行，终于酿成了1926年的总罢工。但政治与社会方面的考虑对于人们充分利用自己从该次罢工失败中所取得的优势是难以容许的。虽然某些产业的工资率下降得很剧烈，但鲍利博士的每周工资率总指数显示，1930 年的数字与 1924 年几乎一样高。这样一来，人们唯一所能希冀的效能提高，就只能是按单位产出计算的货币报酬降低的情况也许可与按单位生产要素计算的货币报酬不变的情况相一致。最终，这将是唯一的出路。

这个时候，试图利用适于利润紧缩的武器造成收入紧缩，会使国家财富损失巨大。如果我们假设只有一半是非常规性失业，那么，国家产出每年所蒙受的损失估计会达 1 亿英镑以上——这样的损失已持续了好几年。

第六节　恢复金本位之后英国国内和国外的投资

上文所提及的这些困难，大不列颠从 1925 年以来就一直受其困扰，因为另外一个因素的介入，这些困难变得更加复杂，也更为严重了。由于该因素可以很好地说明本书第一卷第二十一章的论点，所以我们不妨在这里讲一讲。

在第二十一章，我们看到，在均衡状态下，利息率是使按此利率提供的对外投资贷出额正好等于由国内和国外生产的比较货币成本决定的对外贸易顺差额，而且，按此利率提供的国内投资量正好等于该国总储蓄额超过对外投资贷出额的部分。英国之回归战前黄金平价，对贸易差额产生了不利影响，因为它提高了相对于其他各地的黄金成本而言本国按黄金计算的生产成本。但与之相伴的还有另外一种趋势在发挥作用，这种趋势就是，对外投资对投资人的吸引力与国内投资相比是在提高的——这意味着，为求均衡我们需要对外贸易余额不仅要与 1925 年之前一样大，而且还要更大才行。如此一来，有两种彼此独立的力量一直起着作用，它们在推动对外投资贷出额 L（在人为利率超过自然利率所引起的阻碍作用没有得到发挥的条件下）超过对外贸易余额 B；这是因为，对外投资贷出额 L（如果任其自然）一直就在力图增加，而同时 B 则一直在减少。

在这种情况下，如果事实证明充分增加 B 没有可行性，那么，除了把市场利率提高到自然利率之上从而减少 L 之外，别无他法。而这样做所带来的一个不可避免的结果是，国内投资量和总投资量均将被迫掉落在均衡水平以下。

这样一来，造成利润紧缩和失业的原因就有两种。而且第二种原因还是以恶性循环的形式在起作用。利润紧缩所带来的企业损失进一步增加了对外投资的相对吸引力，因之也使维持一个不那么自然的利率显得更有必要，如此就把总投资相对于储蓄量的不足所造成的利润紧缩以及利润紧缩所带来的失业更加坚实地套在我们的脖颈之上。

一旦放弃了大力削减货币工资的做法，则要摆脱僵局就还剩下四种可能的途径：

(i) 第一种也是最富有吸引力的办法就是，通过降低货币生产来提高对外贸易余额 B；如此造成的结果不会降低货币工资，而会提高生产效率。彼时，这被称为"合乎经济原则"（rationalisation）。很显然，在这个意义上，越是"合乎经济原则"，情况就越好——这一点是不消说的。但这一类的改良举措，最多也就是起效较慢；为了有助于对外贸易，本国生产效率相对于货币工资的提高必须成熟得比外国快；外国关税是一个严重的障碍；1930 年遍及世界的周期性萧条是一个进一步的障碍。

(ii) 第二种办法颇受产业界人士的青睐，理由也很明显。这种办法通过关税或其他类似措施降低了进口量，以此增加 B。在目前的情况下，应用这种补救办法可能既不会带来出口量的减少与进口量的减少相等，也不会使得国内投资减少，而只会使对外投资有所增加，这种增加主要是社会财富的净增加。（当然，这种与不存在关税将要出现的情况之比较，就在于这样的假定：对于自由贸易状况必不可少的货币工资降低这种补救方法是无法利用的。）

(iii) 第三种办法是提高国内投资，通过实际上与某种补贴相类的手段，从而减少市场利率与自然利率之间的差距；其中市场利率是为限制对外投资贷出额必需推行的利率，自然利率是指总储蓄超过由 B 决定的对外投资额的部分在国内能够找到获利出路的利率。这是因为，把这笔过剩的储蓄额变成某类投资显然比在企业损失形式下把它浪费掉要好得多。但是，对这方面的问题有所关心的人士却很难认识到这一点。这是因为，如果市场利率（比如说）是 5%，那么，把钱花在收益（比如说）只有 4% 的资本发展上自然就是浪费——这就好像是在 5% 收益率的投资和 4% 收益率的投资之间如何选择一般。而事实上，对于整个社会来说，真正的选择则是在收益率为 4% 的资本增益与根本没有任何财富增益之间展开。可以观察到的是，与通过补贴或其他等价的安排相比，这种补救方法事实上是一样的，都是为国内投资设定了一种相对于对外投资而言不同的利率。

(iv) 第四种办法是通过国际低息货币政策，在全世界范围内——包括本国与外国——刺激投资。这种政策通过提高世界价格或至少避免进一步的下降，将有助于我们的商品输出，因之可以增加对外投资；而利率的下降将会同时增加我们的国内投资。如此一来，通过这两个方面即可使总投资量更接近于储蓄量，因之即倾向于终结企业亏损和失业的时期。然而，这种方法需要国际性合作，这在 1929 年年底华尔街暴跌之前一直没有出现。此外，在短期贷款利率下降对可用长期贷款的数量与价格做出反应之前，我们是无法预期取得充分的结果的，而这种反应则由于各种原因并不会很快出现。最终，就大不列颠而言，只有依靠这一补救办法来防止较为根深蒂固的麻烦进一步加剧——这种加剧的趋势乃是 1930 年代遍及全世界的周期性萧条所致——除此之外再要更多，就不够明智了。

所有这些办法都有其价值，到读者们读到这些段落时，其中有几种办法可能已经产生了有用的结果。但无论情况如何，对于自由放任制度下大不列颠的经济前景，我都保持着更为深远的关切。

大不列颠是一个工人阶级的生活水准比这个世界其他大部分地区的现有

水准要高的古老国家。其人口很快就会停止增长。尽管众人皆持相反的说法，但我以为，我们的习惯和制度使我们保持着崇尚节俭的民族之本色，我们的收入中大约有10%是用作储蓄的。在这样的情况下，我们可以有信心地做出这样的预期：如果大不列颠是一个封闭的体系，则它的自然利率会迅速下降。然而，在世界上的其他地区（虽然美国可能很快就会发现它与大不列颠处在相同的处境下，其速度将比其预期的要快得多），利率的下降可能要慢得多。因此，自由放任制度下的均衡将会要求我们一定要在对外投资上为数量巨大且比例不断增加的储蓄找到出路。只要我们从之前对外投资上得来的收入增加得比本期储蓄要快，则这种状况就会在不增加我们出口的情况下得到及时的调整；因为在这样的假定之下，经过一段时间，之前投资所得到的利息之增加，就可以为新投资"提供资金"。但是，看起来好像还有一个中间时期，假如我们把总储蓄在国内投资和国外投资之间进行分配上，仍然实行自由放任制度，那么，如果我们的出口相对于进口没有很大的增加，则维持均衡状况将无可能。就在我写作此书之时，正在经历的国际性萧条，可能使我夸大了这一问题的困难。但是，关税壁垒横亘于前；而在一个大批量生产且普遍接受现代技术的世界，我们过去习以为常的制造业上的特殊有利条件正在逐渐消失；与欧洲的竞争者相比，我们的工人习惯接受的实际工资（其中包括社会服务的价值）也是很高的；虑及于此，对于扩大贸易盈余从而达至均衡之法实际上是否可行，我们无法不感到怀疑。

　　按照我们的传统原则来达至均衡，可能是最好的解决办法——如果我们能够办得到的话。但是，如果社会与政治的力量阻碍我们去达至均衡，那么，相对于国外投资，我们可以对国内投资采取有所差别的条件，甚至在本国生产的商品与国外生产的商品之间采取有所差别的条件，当然这样做可能会有失体面了。哪怕是这样，也比无限期地遭受非均衡状态下出现的营业损失和失业要好。上述所示这两种办法当中，我更偏爱对国内外投资采取有差别的利率之办法，这种办法比起对本国生产的商品和国外生产的商品采取不同价格之办法要好不少；这是因为，我认为前者不需要冒在其他方面出现有害反应的风险即可起到范围颇广的作用；而且有些情况下的确还能带来正的社会利益。但我正在转向另外一种观点，认为对于本国商品和国外商品实施不同价格的某种方法也可采用，也会起到一定的作用。

第七节　1925—1930年的美国

这一时期很有意义，因为（迄于1928年春）它提供了一个货币史上稀有的案例，也即：在这段时期，生产活动和投资得到了快速发展，同时储蓄率也不曾落后。然而，到了1928年年中，有证据表明利润膨胀已经开始出现；到了1929年春，在一派繁荣当中达到了顶峰，而后在1929年秋季迅速被一场经济崩溃所终结。表38给出了截至经济崩溃前的某些主要统计数据：

表38

年份 (1926年=100)	提供报表的会员银行			劳工局的批发物价指数	标准统计协会的工业生产率指数	标准统计协会的普通股票价格
	贷款与投资	活期存款	定期存款			
1926	100	100	100	100	100	100
1927	103.5	102.5	109.5	95	97.5	118
1928	111	104.5	121	98	100.5	150
1929（1—9月）	114	102.5	121.5	97	110	198

由于两个原因，使这些统计数据很难得到解释。任何只看物价指数的人是看不出有什么理由认为存在任何重大程度的膨胀；而任何只看银行信贷总量和普通股票价格的人则又相信膨胀实际存在或正在逼近。就我个人而言，我当时所持的观点是，并不存在我所说的那种意义上的膨胀。今天的统计信息比那时要更完全了，根据这些统计材料追溯回去，我认为，在1927年年底以前，虽然可能没有什么重大的膨胀发生，但在那个时期与1929年夏季之间的某一段时间内，还真发展出一个真正的利润膨胀来。

批发物价指数会令人产生误解，这是因为该指数受国际物价水平的影响较大，而在世界其他地方从1926年起之后发生的正是紧缩而非别的什么。

美国 1928 年指数出现上升趋势，乃在对抗一股潮流，因为在那一年外部世界的物价正略有下跌。此外，制造品的生产成本可能也正在下降，这是生产效率提高得比工资更快所带来的结果。是故，即便是稳定的物价水平，可能也代表着某种程度的商品膨胀。同时，银行统计数据因金融流通的需求空前加大，而活期存款难以跟上产出价值的步伐，故而会引起误解。因此，要想得到确凿的证据，就必须考察关于净投资率的直接证据。出于这样的目的，我在表 39 中给出以下方面有关年净投资率的一些指标：(a) 国内固定资本；(b) 营运资本。我忽略了对外投资，因为对外投资的波动与国内固定资本和营运资本比起来可以确定是很小的；而且我还忽略了流动资本的投资量，一部分是因为统计资料的匮乏，一部分是因为这些波动可能相对也很小。除此之外，我也没有就物价的变化进行调整，不过，在数据所及的这一时期内物价波动不算太大，尚不会使我所给出的粗略计算产生很大的误差。我希望美国资深的统计学家能够编出一套比我下面给出的这张表格更加正确的指数。

表 39 是道奇公司 (Dodge Corporation) 关于已审核的建筑合约之价值所给出的统计数据 (1928 年 = 100)：

表 39

年份	指数	年份	指数
1919	44	1925	94
1920	47	1926	98
1921	43	1927	96
1922	61	1928	100
1923	67	1929	88
1924	74	1930[1]	74

这些统计数据把低于 5 000 美元的项目都排除在外，根据估计，至少包含了公私房屋、公共事业和其他建设的固定资本投资总额的 60%。道奇数字与能够

1　这里是把 37 个州在 1930 年前八个月的数据与 1928 年前八个月的相应数据进行比较。

编制出来的最佳总额数字之关系显示如下：[1]

表 40

年份	道奇指数（百万美元）	美国公共与私人建筑估计总额	
		（百万美元）	1928年=100
1923	4 768	6 368	64
1924	5 237	7 305	74
1925	6 623	8 911	90
1926	6 901	9 350	94
1927	6 787	9 542	96
1928	7 065	9 936	100

按照本书的理论，从 1925 年到 1928 年[2]数量庞大的建筑上，我们可以一窥 1928 年到 1929 年臻于极盛时的繁荣，这是一个充分的说明。尽管 1925—1927 年资本的快速建成似乎并没有在那些年里引起明显的利润膨胀。个中原因一部分一定可以归结到储蓄率与之前的年份相比要高。但我认为，还有一部分原因在于那些年中营运资本的流转基金所需要的净增加额很小。假设在我们的固定资本指数中存在六个月的时滞，那么，为求能在每年度（从七月到次年六月）中进行比较，我们需要知道营运资本在某一年的半年时期（从一月到六月）里比前一年的半年时期（从一月到六月）增加了多少。每一历年（calendar year）前半年的标准统计工业生产指数如下：

表 41

1923	116	1927	120
1924	107	1928	118
1925	116	1929	132
1926	120	1930	113

因此，1925 年到 1928 年年中这段时间，营运资本的需求增加几可忽略不计；

---

1 美国国民经济研究局编写了一本书，名字叫《公共工程的计划与管理》（*Planning and Control of Public Works*），该书搜集的最近的材料对评价道奇数字非常有用。本处的表格所引用的较为全面的估计数字就录自这本书的第 126 页。

2 上述数字可能把实际的建筑日期一股脑儿给提前了六个月。

但从 1928 年年中到 1929 年年中则为数甚巨,而从 1929 年年中到 1930 年年中减少得更加厉害。

我们现在且尝试着对固定资本投资和营运资本投资放在一起之后带来的变化的量值编制一个综合指数,当然这个指数一定显得很粗略。我们之前所得的计算结果(第二卷,原书第 95 页)表明:上述生产指数中的每一点可能都代表着大约 1 亿美元的营运资本;说巧不巧,上面给出来的资本形成指数中的每一点也代表大约 1 亿美元。因此,这就使我们可以把前者的增加额——即该年所需营运资本的净需求增加额——加到后者的绝对值上(有六个月的时滞):

表 42

年份	固定资本投资额	营运资本净投资额	总额
1923—1924	64	−9	55
1924—1925	74	+9	83
1925—1926	90	+4	94
1926—1927	94	—	94
1927—1928	96	−2	94
1928—1929	100	+14	114
1929—1930	88	−19	69

因此,这张表格提供了某种证据,让我们得到了这样的结论:表 42 中的数字所表明的投资额在 1925—1926 年、1927—1928 年的三年间虽然极端稳定,但 1928—1929 年则上涨了 20%(价值达 20 亿美元),在 1929—1930 年又下降了 45%[1](价值达 45 亿美元)。1930—1931 年第一季度的初步数据显示出进一步的下降趋势,固定投资指数大约是 75,工业生产指数再度下降 13 个点,更加靠近 100。是故,美国 1928—1929 年的繁荣和 1929—1930 年的萧条分别与投资的过度和不足相对应,因之看起来与本书的理论所带给我们的预期相当一致。

---

[1] 这一数字可能可以被流动资本投资的增加额(即存货的增加额)所部分地予以抵消。

从 1925 年到 1928 年，投资的规模很大，而公众一般来说在心理上总是倾向于奢华而非节俭，但这一时期投资与储蓄则处于均衡状态。这种均衡状态之所以能够得到维持，部分原因是公司储蓄的大肆扩充，也即股份制公司通过采取分配给股东的利润远低于其总利润的方法而得到的储蓄。据估计，在大不列颠和美国，总储蓄中大约有五分之二是通过这种方式得到的。就美国的情况而言，股份制公司的这些内部资源是在因业务经营方法改变而使所需的营运资本量一直在减少而非增加，同时固定设备却一直以中等速度扩张这一时期积累起来的。因此，产业部门便有大量的流动准备金可用于其他的发展之用，例如直接或通过银行系统推进建筑工程的兴建，进行分期付款式购买等。在这种情况下，还有另外一个比较奇特的特征。我们可能会预期，联邦储备银行定下非常高的短期贷款利率，会更为迅速地阻碍投资，致使企业繁荣的时期提早落幕。然而，事实并非如此，部分原因可以归结到这样的事实：短期贷款利率高对债券利率的反应不如平常那么强烈。但主要的原因还是普通股股票的价格相对于其分红来说太高了，这就使股份制公司可以以一种非常低廉的方式自我筹资。是故，当短期贷款利率很高，而且债券利率也稍微偏高时，与之前任何时期相比，通过发行普通股股票来为新投资项目融资都更加低廉。到 1929 年春时，这一方式已经蔚然成风，俨然是一时风头无二的融资办法。如此来看，虽然短期贷款表面上看代价极高，但一定种类的投资还是保持了较为宽松的条件。

随着 1929 年秋华尔街崩溃，证券交易市场上最大的"多头"态势走向终结。但我们需要指出的是，在此之前，"对前景是涨是跌的两种观点"都曾大规模地得到过发展。而其中一部分人仍然热切地购进证券，甚至在利率极高时还向别人借入资金囤购证券；另外一部分人则选择了"空头"（在我使用这个术语的意义上言之），他们宁可把货币抓在手中，而不愿意购买证券。如果我们用纽约证券交易所经纪人的借款量来衡量"多头—空头"的情况，也即来看"看涨看跌两种观点"的发展程度，那么，我们会发现，在 1929 年 9 月底借款总额达到顶峰时该数字上升到了 85.49 亿美元。三个月后证券价格崩溃，使"两种观点"在两方能彼此更接近同意的价值水平上达成了一致，这时经纪人借款总额下降到了不到前面那个数字的一半，即 39.9 亿美元。[1] 在先前任何时候，我们都未曾有过如此完美的一个统计检验来说明这"两种观点"的作用机理在证券价格上升到某一点之外时是以什么方式发挥作用的。但是，纽约市场的办法使"空头"方面很重比例的资金直接可以借给"多头"，而无需银行体系中间介入，此外再加上联邦储备系统的会员银行对定期存款的法定准备金比例较低，这都使"多头"方面资金的量值变化虽大却不至于对工业流通造成干扰；而在具有大不列颠体系特征的那类情况下，这几乎是无可避免的结果。不过，在崩溃之前联邦储备系统曾努力控制投机分子的狂热情绪，在全美强制推行高市场利率——世界其他地方为求自保，本着同理心，也推行了这种高市场利率——这就在经济的迅速崩溃中发挥了主导的作用。这是因为，这种惩罚性的利率不可避免地会对美国和全世界的新投资率造成影响，因此必定会成为各地价格下跌和企业亏损的前奏。

是故，我把 1930 年的经济萧条主要归因于证券市场崩溃之前长期的高利贷对投资产生的遏制作用，而证券市场的崩溃只是次要的结果。但崩溃一旦发生，它就会极大地恶化事态的发展，引起营运资本投资的负增长，这在美国表现得尤其突出。此外，它还在另外两个方面催化了利润紧缩的发展——一方面是它阻抑了投资，另一方面是它鼓励了储蓄。证券市场崩溃带来的悲观情绪与失望氛围使企业减少了生产活动，自然利率下降；同时，证券票面价值的崩溃所带来的"心理上"的穷蹙可能也增加了储蓄。

---

[1] 通过经纪人和直接从银行取得的证券抵押借款总额如下（单位：百万美元）：1929 年 6 月 29 日，15 055；1929 年 10 月 4 日，16 660；1930 年 6 月 30 日，12 170（H. V. Roelze, *Review of Economic Statistics*, August 1930）。

最后一点非常重要，我们不妨在这里多说几句。它可能提出了一个具有永久价值的结论。当一国公民彼此交换预期利益的权利时，这个国家不会因为它对未来收益按照 20 年的价值估价就比按 10 年的价值估价更加富庶；但公民们毫无疑问会**觉得**更加富裕了。如果一个人投资的货币价值在过去一年涨了一倍，他当然会比这一价值降了一半时更愿意购买一辆新汽车，对此谁也不会表示怀疑。他感觉远没有必要或义务从他的正常收入中进行节省，他整个的开支水平就会提高。这是因为，对于大多数人而言，他们的证券利润和从本期收入中节省出来的储蓄，并不会被完全无分别地加以看待（可能也应该这样做）。

摆在我们面前有一个实际的例子：在纽约证券交易所挂牌的证券之市场价值从 1929 年 4 月的 700 亿美元涨到了 1929 年 9 月的 900 亿美元，到了 1929 年 12 月又跌回到了 640 亿美元。[1] 公众看到他们的名义财富在六个月内增加了 200 亿美元，然后又在三个月内损失 260 亿美元，若期待他们在第二个阶段还维持着与第一个阶段全然一样的生活方式是很难成立的。我的结论是，当每周"损失"数亿美元时他们会比每周"挣得"数亿美元时更可能去"储蓄"（在我所讲的这个术语的意义上言之）——也更可能对新的挥霍有所克制，并就以前用分期付款购买的东西进行偿付。

第八节　"吉布森悖论"

过去几年间，A. H. 吉布森先生（Mr A. H. Gibson）发表了一系列文章——大多发表在《银行家杂志》（*Bankers' Magazine*）[2] 上，这些文章着重指出，在 100 多年间，按统一公债的收益计算的利率和按批发物价指数计算的物价水平之间具有着格外紧密的相关关系。我早先就对吉布森先生给出的数

---

1. 挂牌的股票价格 12 月要大于 9 月，9 月要大于 4 月；但对于这里的立论而言，这并没有什么实质上的差别。

2. 尤其是可以参看：《银行家杂志》，1923 年 1 月和 1926 年 11 月。

字很感兴趣,常想努力确定某种理论上的假说,来对之加以解释。我的企图落空一度令我心里认为吉布森先生那些令人感到意外的结果应归因于那种已为大家所接受而又很容易解释的趋势,这种趋势就是,在信贷周期上升阶段中物价与利息一起上升,在下降阶段,二者趋于一同下降;此外,还要加上很大程度上的巧合因素。但这种看法不大容易维持得住。这是因为,奇特的地方在于"吉布森悖论"(Gibson paradox)——我们称它为"悖论"是相当合适的——是整个数量经济学(quantitative economics)领域最为彻底地确立的经验事实之一,虽然理论经济学家大多对之视而不见。的确,这绝不是什么偶然的现象,因之是应该可以给出某种普遍性的解释的。[1] 不过,前述各章的分析也给我们提供了一个值得一提的假说性质的解释。

表 43

年度	批发指数[①]	基数经校正的批发指数	统一公债的收益[②] (3镑4先令6便士=100)
1791—1794	108	119 ⎫ +10%	121
1795—1799	137	151 ⎭	159
1800—1804	145	145	147
1805—1809	158	158	148
1810—1814	144	144	149
1815—1819	128	128	133
1820—1824	106	117	119
1825—1829	101	111	110
1830—1834	91	100	109
1835—1839	98	108 ⎬ +10%	102
1840—1844	92	101	100
1845—1849	85	93	101
1850—1854	85	93 ⎭	96
1855—1860	98	98	100
1860—1864	101	101	101
1865—1869	100	100	102
1870—1874	103	103	100
1875—1879	91	100 ⎫ +10%	98
1880—1884	83	91 ⎭	93

1　吉布森自己这样解释——"很显然,这是由于生活成本越少,投资可以取得的利润必定越大之故"——我恐怕这种解释会被毫无保留地彻底抛弃。他忘记了货币收益**加上利润**的变化程度与物价是相同的。

(续表)

年度	批发指数①	基数经校正的批发指数	统一公债的收益② (3镑4先令6便士＝100)
1885—1889	70	84	92
1890—1894	68	82	88
1895—1899	63	76	82
1900—1904	71	85	88
1905—1909	75	90	90
1910—1914	82	98	101
1915—1919	163	130	135③
1920	251	201	165
1921	155	155	162
1922	131	131	137
1923	129	129	134
1924	139	139	136
1925	136	136	137
1926	126	139	141
1927	122	134	141
1928	120	132	138

注：① 从1820年起，该指数即是《统计学家》(Statist)杂志继续编制的索尔贝克指数。1791—1819年的指数是杰文斯的指数乘以8/7，这个乘数代表的是索尔贝克指数和杰文斯指数在1820—1829年之间的比率。
② 到1839年，这些数字是每年最高和最低数值的平均值；自1840年起，则是年平均值。
③ 统一公债在1915年大部分时间里都在人为的价格上维持。

表43给出了这些事实情况的信息。

这张表格的第一和第三列都是未经完全调整过的原始材料。在第二列，对批发物价指数曾做过某些调整，正如表中的情况所显示的那样，由此所带来的结果是减缓了它那些较为剧烈的变化。如果说在130年的过程中压根儿没有发生过任何要求改变指数基数的货币方面的事件，从而清楚地说明这两列的变化趋势只是大致趋同，而非总是由刚好变化相同的数量，这是完全不可能的。令人惊讶的地方在于，这些调整其程度如此微小，到了最后又转回到我们开始的地方。它们是由基数上下10%或20%的长期变化构成，这与货币史中众所周知的绝大部分情况一致。

经过调整后的那一列虽可使我们把事情看得更加清楚，但就确立相关关系而言则全然必要。W. H. 寇茨先生（Mr W. H. Coates）[1]使用的是未经调整

---

[1] 参看：《有关国家债务与税收的科伦报告》(Colwyn Report on National Debt and Taxation)，附录 XI，第101页。

的数字，计算出了 1825—1924 年这 100 年以及 1908—1924 年的现代时期的皮尔森系数（Pearsonian coefficient），内容如下：

表 44

相对值		相关系数	大致误差
《统计学家》指数	统一公债总收益		
1825—1924 年	同一年	+0.893	0.014
1824—1923 年	下一年	+0.903	0.012
1908—1924 年	同一年	+0.90	0.03
1907—1923 年	下一年	+0.91	0.03

1820 年以来统计数据的大体特征可以总结如下：1820 年到 1850 年，物价与利息一起下跌，1851 年到 1864 年二者又一起上升，1857—1858 年一起下跌，1858 年到 1864 年一起上升，1866 年到 1869 年一起下降，1873 年到 1896 年一起下降，1896 年到 1900 年一起上升，1901 年到 1903 年一起下降，1905 年到 1907 年一起上升，1907 年到 1908 年一起下降，1908 年到 1914 年以及 1914 年到 1920 年一起上升，1920 年到 1923 年一起下降。在这些总体的趋势以外，还有许多二者的小幅摆动在处于同一方向。[1] 此外，这些明显的联系之实质已经完全被寇茨先生对相关系数的估算所证实。

前文已经提及，以下这一众所周知的事实昭示了最显而易见的解释。这个事实就是，当贸易在信贷周期上升阶段不断扩张时，批发物价和利率即趋于上升。但这一解释尚不足够。这是因为，相关关系是一个长期或中期的现象，而非一个严格的短期现象，即使与信贷周期相联的批发指数的剧烈摆动可以得到平滑，这种相关关系也不会有所减弱。的确，统一公债的收益并不总是与信贷周期的各个阶段相一致。E. G. 匹克先生（Mr E. G. Peake）（《银行家杂志》，1928 年 5 月，第 720 页）的文章使用了与吉布森先生不同的统计数据，证实这种相关程度对于长期利率要比短期利率更高，从而强有力地为吉布森先生的结论提供了佐证。匹克先生使用伦敦和西北铁路公司的借款股份

---

[1] 吉布森先生所发表的这每一年的数字，可参看 1923 年 1 月的《银行家杂志》。

(debenture stock) 的收益代替统一公债的收益（从而避免由于后者的转换而产生的种种复杂情况），而且他还对伦敦市场上流动资金的利率和三月期银行承兑汇票的贴现率进行了统计图的绘制。虽然后者的短期变化与批发物价指数处于相同的方向，但他还是发现，总体来看这种相关关系并不紧密，请看下面这个表格：

表 45　1882 年到 1913 年的相关系数

	前一年	同一年	后一年
《统计学家》指数与流动资金（floating money）的平均年利率	＋0.681	＋0.801	＋0.564
《统计学家》指数与三月期银行承兑汇票贴现率	＋0.630	＋0.724	＋0.512
《统计学家》指数与伦敦及西北借款股份的收益率	＋0.788	＋0.880	＋0.888

我们不能把上述的事实情况看成是欧文·费雪教授一个著名定理的例子，该定理表明的是利率与货币的升值（或贬值）之间存在的关系。事实上，情况正好相反。这是因为，费雪教授假设的那种补偿性变化是一年后才归还的款额对今天贷出的一笔款项的变化，今天贷出的这笔款项包括利息加上（或减去）一年内货币价值变化的补贴。因此，如果实际年率为 5%，货币价值每年下跌 2%，那么，以一年以后的钱来偿还今天贷出去的 100，贷出者就会要求借入者偿还 107。但吉布森先生让我们关注的那些变化态势对贷出者与借入者之间的关系不但不会起什么补偿作用，还会使之恶化。这是因为，他向我们表明，如果物价每年正上涨（例如）2%，则通常与此相关联的是长期证券资本价值会出现每年下跌 2% 的趋势；所以，长期证券的购买者一年后所拥有的总额在价值上就减少了 2%，而计算这一总额的手段——货币本身的价值又已经减少了 2%，所以他蒙受的是 4% 的损失。这两种变化因素并不是相互抵消的，而是在彼此恶化——而他在这一年内所赚得的利息因其利率变化甚微，也难以产生很大的影响。

我尝试对这种现象解释如下：

（1）我认为，用长期证券收益来衡量的市场利率与自然利率的关系是牢牢"黏在一起"的。（本书第二章所定义并在第十三章予以进一步解释的自然利率即储蓄与投资实际上达成平衡的利率。）也就是说，当自然利率下降（或上升）时，银行界是没有办法迅速探知或对之做出反应的，这就会出现这样的趋势：市场利率滞后于自然利率，其上升（或下降）小于它与自然利率保持接触时所应有的程度。换言之，在先前通行的利率水平上，当储蓄相对于投资的需求来说出现过剩或不足时，利率自身不能充分迅速地进行调整以适应新的情况，而维持储蓄与投资之间的均衡。十九世纪早期的高利贷法律在这方面可能起到过一定的作用。今天伦敦银行放贷业务之不完全按照自由市场原则行事，可能也与此有关。此外，当新储蓄量必须在对外投资上寻找其主要出路时，一种因素无法对另外一种因素灵敏地起反应尤其明显，原因我们在第二十一章已经讲过。

(2) 由于任何一年内的资本总量之年增加额相对于这个总额来说都比较小，所以自然利率的动态变化——战争之类的事件会打断它——是长期的，绵亘数十年之久。

(3) 处在自然利率的长期动态变化之中，在这一利率下降时，投资就会出现很长时间都跟不上储蓄的趋势，因为市场利率无法下降得同样之快；而当它上升时，则又会很长时间都赶在储蓄前头，因为市场利率无法上升得同样之快。由于市场利率滞后于自然利率，所以，投资率就无法得到程度适宜的刺激或遏抑。

(4) 做出这样的假定之后，从我们的基本方程中可以推知：当自然利率下降时，物价水平会出现长时期的滞后，而且方向相反。这一现象不像信贷周期那么大的规模，也不明显具有信贷周期的特征。它是某一特定方向上的轻微的、长时间延续的滞后现象。每一次利润紧缩（或膨胀）都会逐渐转化为一次收入紧缩（或膨胀），继之以一次新的利润紧缩（或膨胀）；这是因为，只要投资落后（或超过）储蓄一定量时（二者之间的差距并不一定非要**递增**），物价就会继续无所限制地下降（或上升）（参见本书第一卷，第十三章）。

(5) 对这一解释,很明显会遇到这样的反驳:在较长的时期当中,物价水平乃是受货币供应所支配(当然也会受到银行营业习惯、流动速度等的修正),而货币供应量则受与利率毫无干系的因素所支配。对于这一反驳意见,我的回答是,在过去 100 年当中,意在调整货币供给量以适应现状的"管理"程度通常是被低估了的;而且在基本方程中还有另外一个"黏性"因素,那就是货币效率报酬率。事实上,各国中央银行自身的表现已经表明,它们对黄金供给相对于黄金需求的变化之适应力要远比有时的想象好得多。要知道,这些中央银行可是天然的黄金囤积户,只要能够增加黄金储备而不会妨害到企业界,它们就总是热衷于此;因此,过剩的黄金供给通常能被吸收,而且不至于对物价产生像预期那么大的影响。从另一方面来看,当黄金供应短少时,各国中央银行也不愿意对企业家施以强大的压力,迫使其降低货币报酬率。对这种办法略加尝试,各国中央银行已然发现情况并不如人意,因此,只要能够做到,它们总会尽量设法避免大规模地铺开推行,其结果它们将会找到某种办法,例如通过缓慢改变储备方式或流通中对黄金的使用,从而,利用较少的黄金数量就能完成较多黄金在旧有的习惯和办法下才能完成的工作。除此之外,之前未采用金本位制度的国家部分或全部采用金本位制度的速度,并非与满足其需要而可取得的自由黄金之充裕程度全然无干。最后——尤其是在较长的时期上——东方国家相对于白银对黄金的估价,一直以来都发挥着抑制极端变化态势的调节者的角色。

换言之,各国中央银行一定程度上已经根据黄金的相对充裕程度而调节了它们对黄金的贪求,而且倾向于接受新黄金供给量加上适才描述到的影响物价水平的因素而使它们所达到的黄金准备水平。

(6) 我得出的结论是这样的:即便是物价水平的长期变化态势,它所受到的基本方程第二项的影响也总比一般预期的大得多。如果这一点正确无误,那么,吉布森悖论就得到了解释。如果市场利率与自然利率变化的方向一致,但又总是滞后于它,那么,即便是在较长的时期上,物价水平的运动方向也会趋向于与利率的变化态势相仿。参考本书第二卷，（原书）第 178 页的表格（表 43）来看，与利润膨胀和紧缩的影响截然不同的货币影响则被局限在基数的定期变化上，上下浮动 10%—20%，这一情形在该表第二列中大致得到了说明。

一般而言，我倾向于把物价下跌与贸易不景气之间众所周知的相关关系归因于利润紧缩所带来的影响，而不是归因于严格的货币影响。我的意思是，市场利率无法做到与自然利率下跌得同样之快，一直都比黄金供给量短少更加重要。我们的这张表格表明，在拿破仑战争期间，在布尔战争期间，以及在布尔战争之后对外投资大扩张期间（1901—1914），还有这次大战期间，利率上升的速度均不足以令储蓄水平赶上投资量。另一方面，在 1820 年到 1900 年之间，利率下跌的速度又不足以令投资水平赶上储蓄量，1855 年到 1875 年这个十九世纪中叶的投资繁荣期却是个例外。而自 1920 年以来，情况一直如此。

此外，问题还在不断积累。原因在于，储蓄量超过投资量的过剩部分被浪费了，并不能作为这个世界上财富的任何净增加的形式得到实现。因此，利润紧缩不仅使市场利率维持在自然利率以上，而且由于它阻碍了财富增长，所以便令自然利率自身也维持在了比没有阻碍时更高的水平上。

这几段的内容让我们还要对当前的局势再做一番评论。我再重复一遍：当前最大的弊病，也是对不远的将来经济进步而言最大的危险，就在于全世界的中央银行都不愿意让市场利率下跌得足够快。战争结束已历 10 年，储蓄规模史无前例。但这当中有一部分却因为中央银行不愿让市场利率降到令储蓄量能全部被投资需求吸收的水平上而被浪费掉，白白地洒了一地。欧洲各国恢复金本位制度的同时，还推行了一种令利率维持在人为的高水平上的政策，意在便于产生紧缩。1929 年美联储与华尔街之间的斗争，一部分是前者努力方向错了，美联储希望阻止利率达到其自然利率的水平。

尤其是在大不列颠，一直有这样一派思想，认为（为了战争债务转换的

185 利益而）在长期内降低利率的做法是要通过发动一场节俭运动来刺激储蓄，与此同时再通过一场"经济"运动来阻碍投资——他们显然忘记了这样的事实，即储蓄若不用于投资，无异于把水白白泼洒在地上，于国民财富毫无益处。正是投资，也即以资本品的形式所增加的物质财富的生产，单独增加了国民财富，而且也只有投资在长期中带来了自然利率的下降。

然而，展望前路，从经济的角度观之，在我看来，未来 20 年的前景将会呈现出自然利率下降的强劲趋势，而这其中存在着一种危险，中央银行阻止市场利率尽快地按照其所应该下降的速度下降的政策，会推迟这一趋势圆满达成，而且还会不必要地造成许多浪费，带来萧条的局面。在本书第三十七章
186 第四节，我还会回过头来讨论这个问题。

第七篇 货币管理

第三十一章 货币管理问题

第一节 透过投资率对物价的控制

银行体系无法对单种商品的价格或生产要素货币报酬率进行直接的控制。实际上,它也不能对货币量进行任何直接的控制;这是因为,中央银行随时可在规定的贴现率下购买任何数量的某种被许可的有价证券,乃是近代银行制度的特征。

因此——虽然我们后面的讨论还要就中央银行所谓的"公开市场"(open-market)业务引入一些限制条件,但——大体而言,管控整个银行体系的乃是贴现率。这是因为,只有这种因素才直接受制于中央银行当局的意志和命令,所以,所有从其他因素中引发的变化必然是从这个因素中得来。

本质而言,这就意味着当代世界的物价控制乃是**通过对投资率的控制**得以实现的。中央银行当局无论是通过银行利率调节,还是通过公开市场业务发挥作用,除了影响投资率之外,别无良策。但我们的基本方程已经表明,如果投资率可以被任意地加以影响,那么,它便可以被当作一种平衡因素,在任意所需的程度上,先是对整个产出的全部物价水平产生影响,最后作为物价对利润影响的反应而影响生产要素的货币报酬率。

这样一来,货币管理的艺术,部分地体现在了设计技术方法上,使得中央银行当局能够对投资率实施快速有效的灵活控制,部分地体现在中央银行当局能够掌握充足的知识和完善的预测能力,以使这些技术方法能够在正确的时间、正确的程度上运用起来，根据当局管理的货币体系所规定的任何最终目标，对物价和要素报酬产生影响。

本篇将主要探讨这类技术性的管理方法。首先，本篇处理的是中央银行与其本身的会员银行之间的关系问题，以及针对会员银行鼓励或遏抑本期投资率的总的行为，建立一种不得挑战的集中控制的手段问题——这是第三十二章的主题。接下来要讨论的问题我们已经在本书前面的部分里讲了很多，即如果"中央机构"对会员银行已经建立了有效控制之后，它是否就真的像我们所假设的那样，有力量全面控制投资率呢？这是第三十七章要讨论的主题。同时，我们还将在第三十三章研究中央银行本身的自由裁决权所受或应受的法律约束问题；在第三十五章，我们简要阐述一下国际金本位制度；在第三十四章和第三十六章，我们将研究中央银行与国外类似机构的关系中可能遇到的困难以及复杂的情况。最后，在第三十八章，我们将进一步探讨全世界的货币事务是否存在超越国家层面进行管理的可能性，并在结论中给出若干反思。

不过，在探讨上述这些问题之前，先稍微驻足，就货币管理问题的一类错误认识略谈一谈，当是适宜的；在我看来，几乎所有异端学派的货币改革者都有着这样的错误看法，这是他们所共享的特征。这些人充分真切地认识到了现行货币制度的缺点，但在提出补救方案时却忽略了某些基本原理。我认为，这种错误主要乃是因其没有认识到货币制度与利率之间所存在的深远关系，以及没有认识到货币制度与资本投资率之间所存在的深远关系所致。

第二节　银行家的双重职能

银行家掌握的可以用来放贷或投资的资金，与存款账户中贷方存款总额的一个很高的比例部分（接近90%）相等。如果该储户存的是储蓄存款，那么，他只是一个转移借贷资本的中间人。如果该储户存的是现金存款，那么，他既是存款人的货币供给者，也是借款人的资金供给者。因此，现代银行家所承担的是两套泾渭分明的任务。银行家可以起到票据清算作用，可以通过借贷双方的账面记录在不同客户之间来回转换本期支付，所以，他提供了国家货币的替代品。但在他吸收公众的存款，用它来购买证券时，或者用这笔资金来向工商业界提供贷款，以主要满足它们对营运资本的需求时，他又在某些特定的投资贷款方面发挥着中间人的作用。

这种职能上的双重性是现代货币与信贷理论中许多困难的线索所在，而且也是一些严重的思想淆乱的根源所在。

只要通行的是商品货币，则货币单位的供给与某种投资贷付之间就不存在上述那样的紧密联系。但代用货币一旦出现，问题就来了，无论怎么样让代用货币仿效商品货币的表现，情况都是一样。这是因为，制造代用货币并不需要耗费真实的资源，因此，当公众持有更多单位代用货币时，发行这种货币的机构就多了一笔货币可以贷放出去，在价值上这笔货币等于公众因得到较多的现金所带来的便利而自愿放弃的代价，这个代价就是公众放弃的那些真实资源的价值。

当那些发行代用货币（以银行货币形式表现）的机构把其作为借贷资本中间人的职能与发行货币的职能相结合，而且进一步把其以中间人身份取得的资源和作为代用货币供应者所获得的资源混同在一起，再进一步把这两种不同的业务产生的共有收入作为一个单笔资金贷出去时，货币的发展就进入了第二个阶段。

过去区分储蓄存款和活期存款比现在可能要容易得多。这是因为，起初银行存款占主导地位的是储蓄存款，而银行钞票大部分都当作今天的现金存款来使用。在有些国家，这种区分仍然具有相当大的可行性。但在大不列颠，1844年银行法案压制了银行钞票的发行，模糊了这两者的区别，使之不再能够被我们所辨识得清。最后到了现代，银行终于控制了雄厚的资源，建立了无远弗届的组织机构，成为迄今为止最大的专业短期放款机构。因此，它们自然感到有责任满足社会上对于此种类型的借款之不断波动的需求，这种责任与它们供给货币的责任一样重要。

现代银行业所遭遇的这种两难境地与这两种职能完美契合在一起。作为代用货币的供应者，银行体系有责任保持这种货币事前规定的客观标准。作为根据特定种类的条件和情况而放贷的贷款提供者，银行体系同样有责任按照均衡利率——即自然利率——尽其所能地使对此一贷款的供给满足要求。此外，正如我们所见，以一种特殊的方式——其确切性质普遍被忽视——客观标准的维持与银行体系以放款人身份为方便新资本投资而规定的利率结合在了一起。有鉴于此，银行体系充分达成其中一种任务有时候会与另一种任务的充分达成产生龃龉，所以，那些掌控着这一银行体系的人就不得不要决定哪一种目标应该优先，或者判定两种目标无分轩轾，从而在这两者之间达成一种适当的折中。

有人断章取义，在这些真相中有偏向地挑拣一部分，对另一部分则视而不见，这就使大量非学院派的货币文献的作者之间产生了彼此对立的而又各具特色的观点。一方面是银行家，由于他们谨守从实践中学到的一些粗略的经验法则，所以尚且能够至少保持一定的稳健状态。另一方面是世界上基本上没有利害关系的那些异端学派和怪异的思想家，其人数以及所投入的热情均不可小觑。因我曾写过一本《货币改革略论》，且反对回归金本位制度，曾被他们引为同道，受到他们推崇。我很少有哪一个星期不从世界各地收罗以不同文字写成的书籍、小册子、文章以及信件，这些文件性质相类且所使用的论据也大体相同。[1] 对于任何一个货币理论的研究者而言，该如何面对这股滔天巨流，又当对它表示多大的尊重和礼貌，该在它上面投入多少时间——尤其是当他感到异端学派的强烈不满较之于银行家的心安理得远为可取时就更有此问。无论如何，我们不能对之全然不加理会。这是因为，在这种情况

---

1 有关当代货币理论之主要的异端学派学者的著述，可参阅：Haber, *Untersuchungen uber Irrliimer moderner Celdverbesserer*, 1926.

下,异端学派能够兴盛不衰达 200 年之久——事实上可追溯到代用货币存在之日起——那么我们或许可以有信心地说,传统学派的论点必不能全部令人满意。异端学派是诚实的知识分子,敢于坚持自己的结论。即使他们常有惊人之语,但只要这些结论的思路乃其理论所可达,他们就会坚持己见。处在这种情况下,当他们的惊人之论也具有这样的性质时,只要这些结论正确,那么它们是会解决受苦受难的人类许多的经济弊病的,一股子道德上的热忱鼓舞和强化了他们的那种顽强的精神。像苏格拉底一样,他们沿着自己的论点勇往直前,绝不低头。他们值得尊敬;在这个领域从事研究的任何人都必然有责任努力澄清这一问题,并使异端学派和银行家在共同理解的基础上进行调和。因此,我们且来看看我们的分析是否能够让我们得出一个使双方一致认可的论点。

几乎所有的异端派货币理论均有着一个共同的要素。他们有关货币和信贷的理论都这样假设:银行可以用某种方式来使工商业界就实际资源所提出的一切合理要求得到满足,又不给任何人带来真正的成本;而且,如果这些银行对它们的债权要求提出限制条件的话,那么,这些限制条件也是根据借款人使用他们所借来的资源之目的来作为某种标准而做出来的。

这是因为他们的主张就是这样。货币(意指贷款)是工业的血液。如果可以以宽松的条件获取充足的货币(在贷款这个意义上),那么,我们就可以把生产要素的全部供给量充分地加以使用。对于从事工商业的个人而言,"银行信贷"就意味着"营运资本";从银行得到的贷款为他提供了支付工资、购买原材料以及储备存货的手段。因此,如果银行信贷可以充分而自由地获得,那么,资源闲置现象就一定不会出现。那他就会问,如果银行可以创造信贷,为什么对于人们的合理要求它们却要拒绝呢?它们又为什么还要对这种成本很小或几乎没有什么成本的事情收取费用呢? 在他看来,我们之所以会遇到麻烦,乃是因为银行为了使它们能够通过人为限制其供给,而从收取的价格中牟取利益,垄断了信贷创造之权。如若不然,它们又为什么既已掌握的这种魔法般的权力而表现得如此吝啬呢？为什么工业家手握的营运资本会达不到他们所想望的水平，或者不得不为之付出5%的利息呢？只能有一个答案：垄断了这种魔法的银行家在使用他们的权力时非常节省，为的就是提升价格。如果面包商是能把石头变成面包的闭锁型公司（close corporation）[1]，他们一定不会把一条面包的价格降低到4磅石头的成本上去。魔法起作用的地方，除非把它国有化，否则公众是得不到全部好处的。诚然，异端学派是认可我们必须小心谨慎以避免"通货膨胀"；但是，只有当所创造出来的信贷不能适应任何生产过程时，通货膨胀才会出现。创造信贷以满足对营运资本的真正需要，绝不会带来通货膨胀；这是因为，这样的信贷是"自我清偿"（self-liquidating）的，而且当生产过程结束时，它会被自动偿付。异端论者得到的结论是，货币改革乃在于要对信贷的创造进行调节，从而满足所有对营运资本的真正需求。如果信贷的创造被严格限制在这些范围内，通货膨胀是决不会出现的。而且，除了应对坏账和管理开支所需要的费用之外，对这种信贷，我们是没有任何理由收取任何其他费用的。不用一周，乃至不用一天或一个小时，那些心怀人类福祉的人就会豁然开朗——原来通往乌托邦的钥匙就在这里。

对于所有这些问题，银行家所给出的传统回答，非常难以令人信服。诚然，银行家没有否认，在某种意义上他是可以创造信贷的。但是，他做这种创造时所需的唯一一块泥土，就是适当比例的黄金（或其他形式的储备金）[2]。当一间银行在英格兰银行的余额超出其通常所需，它就能向工商业界提供更多的贷款，而这笔新增的贷款在这间银行或其他银行的资产负债表上的另一方就创造了一笔额外的存款（记在借款人的贷方或该银行所选择的转移账户的贷方）。对于整个银行体系而言，用这种方式"创造"的信贷，只有

---

1 根据公司股东人数之多寡以及股权的流通性为标准，可以将公司分为开放型公司与闭锁型公司。闭锁型公司（又称 closely held corporation）是指股东人数甚寡，且股权流通性很低的公司。——译者注

2 此处凯恩斯用的是《圣经》中上帝用泥土造人的典故。——译者注

当它造成了黄金的流失，这种流失又减少了银行的准备金，从而表明信贷量确有"降低"之必要的时候，才算得上"过量"。然而，如果黄金的供给是充足的，那么，这种信贷创造行为就一定不会遇到什么障碍。"美联储充足的黄金储备表明，"我们常可以在金融报刊上读到这样的段落，"银行在为工商业界所有合理的资金要求提供融资方面将不会存在什么困难"。因此，如果我们相信银行家的这套说辞，工业上可以取得营运资本数量似乎在某种方式下就取决于英格兰银行或美联储的黄金储备量。

关于黄金的这一言论，异端学派自然会进行反驳，认为这实在是颇具欺骗性质的说法。使工业得以繁忙地运转起来的，很显然不可能是英格兰银行的黄金；这是因为，绝大部分黄金一年又一年并没有谁碰过，而且即使这些黄金烟消云散，所有其他事态仍然可以像先前一样照常发展——只要不把这个消息告诉我们就行。要是相信英国工业可用的营运资本数量取决于英格兰银行金库中的黄金数量，与相信连篇的鬼话何异。

即便是这样，银行家仍然努力地把论据往对他们极为重要的准备金问题上带——他们即便不把它们当成事情的原因，也把它们当成了一种象征。银行家固然可以创造信贷，但所创造的信贷数量却不是任意而定，也不是没有限度的。一方面，这些数量要视交易需要而定，另一方面也取决于银行的准备金状况。如果他们无视准备金的状况而创造信贷，那么黄金就会流出该国，而累及该国通货的可兑换性；或者，如果金本位制度未予实施，则外汇汇率就会下跌，从而提高所有进口品的成本。对于凭借常识而做出判断的群众而言，这种观点似乎正确而颇有说服力。对此，就是那些异端学派中人也感到不安。但他是没有被说服的。他的论点尚未曾受到辩驳。这是因为，制造业者所需要的信贷怎么可能取决于封存在针线街（Threadneedle Street）[1]

---

[1] 针线街（Threadneedle Street）是伦敦市的一条街，起自家禽街（Poultry）、康希尔、威廉王街和伦巴第街的交叉路口，止于主教门。这条街以英格兰银行的所在地而著称；该银行自从1734年起就位于此处，常被称为"针线街的老小姐"。伦敦证券交易所也曾位于针线街，直到2004年迁往主祷文广场。——译者注

地下金库里的金属数量呢？他很快就会回到原来的看法上来，即银行家别有用心地编造了一套谎话在诳他。信贷是在为生产铺下前行的道路；如果银行家明晓自己的职责所在，他们就会刚好按照社会充分利用其生产能力所需要的程度来把运输工具提供给生产过程。

本书的一个主要目标就是为这些盘根错节的问题提供一个清晰的答案。什么才是非膨胀型（non-inflationary，也即不受利润膨胀的影响——收入膨胀就是另外一回事了）信贷创造的正确标准呢？我们已经找到了答案，那就是对储蓄率和新投资价值之间的平衡之维系。也就是说，银行家只有在所创造的信贷对新投资价值的净效应不会使该新投资价值提高到公众本期储蓄量以上的时候，才能创造信贷而不会招致带来通货膨胀趋势的指责；同样地，除非他们能够创造出足够多的信贷来防止新投资价值下降到本期储蓄量以下，否则他们就要遭受人们对通货紧缩的责难。为维系均衡状态，需要创造多少信贷，这个问题则颇为复杂——因为它取决于信贷在如何被使用以及对其他货币因素在产生着什么样的影响。但即便答案不那么简单，它也是非常明确的；这种均衡状态是否得到了维系，事实上我们总可以从整体产出的物价水平稳定与否当中窥到端倪。

因此，异端学派犯的错误是他们没有考虑到**利润膨胀**的可能性。他们承认收入膨胀的性质和弊端；他们也认识到为企业家垫付的信贷如果不是用来提高生产要素的报酬，而是为了给他增加雇佣量并因之增加他的产量时，这就与收入膨胀没什么两样了，因为如此创造出来的新财富与新信贷在数量上一致——而收入膨胀则不是这种情况；但他们忽略了基本方程的最后一项——他们没有考虑到投资超过储蓄的可能性，也没有考虑到当新支付能力作为报酬交付给生产要素时新创造的财富不一定具有消费的形式。他们没有意识到，即便按单位产出计算的生产要素报酬没有改变，物价还是可能上涨的。

然而，银行家的准备金标准又是什么情况呢？我们可能已经给异端学派提供了一个具有说服力的答案；但在表面上来看，这似乎并不是他们的敌人——银行家们——所曾提供给他们的那个答案。两个答案是不一样的。事实上，银行家们的准备金状况乃是一种象征——他们把现金准备金的损失正确地看作一种象征，以此表明购买力的供应已经超过了该国物质手段所能满足的程度。这是他们的准备金所具有的唯一意义。然而，这一标准的特点在于它不是利润膨胀的试剂，而只是膨胀与紧缩程度是否与外部世界紧密适应的检验标准。一国外汇与黄金储备在金本位制度下可能处于均衡状态的时候，并不是在它没有受到利润膨胀或紧缩影响的时候，而是在总的膨胀或紧缩以本书第二十一章所解释的那种方式带来国际收支平衡，从而在相抵之后不会出现黄金流入流出趋势的时候。基于此，当金本位正常运行时，一般我们会观察到，信贷周期乃是国际现象，而当金本位停止使用时，情况就不再是这样。这是因为，国际金本位制度通常是从一国到另一国传播利润膨胀或紧缩的一种手段。

因此，物价稳定的理想既不能按照异端学派的原理达到，也不能按照银行家所秉持的原理实现。按照前者的说法做会产生利润膨胀；但按照后者的原理去做则不仅会产生利润膨胀，而且还会雪上加霜，可能在其他的情况下再产生利润紧缩。这两者均没有注意到物价稳定的真正标准，也即储蓄与投资之间的均衡。银行按照它们准备金的数量决定贷出多少款项（不过这种做法当然是现行通货体系迫使它们采取的）；而异端学派则要求按照可资利用的生产要素的数量来决定；但两方均未提出按照储蓄与投资之间的均衡来决定，虽然这是确保物价稳定的唯一标准。虽然如此，异端学派在抱怨银行现行制度下的贷款政策没有而且也不可能受到维持最优就业水平这一目标的影响时，他们却是在呼吁关注现行银行制度的一个真正缺点。

因此，银行家甚至压根就没有试图保持物价与就业的稳定性；是故，如若出现了不稳定的现象，我们也不能指责他们的失败；在金本位制度下，他们的目标只是要确保跟上全世界银行体系的一般表现。他们的观念不是保持清醒，而是遵照无可指摘的行为标准，与所有同行一起，享受着刚好同样程度的"昏昏欲醉"（或"恶心头痛"）。

另一方面来看，异端学派完全以经济整体的最大活跃度和最高效率为出发点，要求保持严格的清醒和正常的体温。但他们对生理学的了解不够，没有认识到使人体处以适宜状态的唯一途径，乃是让自己吃上一味药，这味药可以恰到好处地调节体温、血压和其他的附带问题，这味药就是利率。

还有一种误解——请允许我继续来拿医学做比方——这一误解是在不稳定现象已经在发展而需要加以治疗时因为人们忽略了以下事实才产生的，这个事实就是，治疗方法最后的效果虽然没有什么可以置疑的，但一定得等上一段时间才能产生我们所需要的那种反应。

例如，生产类型从投资品转换到消费品（反之亦然），由于生产过程需要经过一段时间，所以这种转换非要到相当一段时间过去之后才能在市场上产生效果。因此，正如我们前文所见，带来生产类型改换的物价刺激会一直持续到采取了必要的步骤后一段时间为止。结果往往是补救措施补过了头。这就好似家人给一个孩子服用蓖麻油，第一剂还没起效就接连不断地每隔 10 分钟再给他服上一剂。或者——打一个更恰切的比喻——这就好像是家人中每个人在彼此不了解其他人给他服下的剂量时分别相继给这个孩子服用蓖麻油。孩子的病反而会非常沉重。然后，他们又照着这样的情况接连给孩子服用止泻药。科学家们宣称，孩子们患上了"腹泻—便秘"循环病症，他们还补充说，这种循环病症是天气所致，或者说成是这个家庭的成员乐观情绪与悲观情绪交替所致。如果第一剂药产生效果的时间不变，他们会发现这个循环是一种时间长度恒定的真正的循环。他们可能会这样建议：治疗的办法在于当孩子们便秘的时候给他们服用止泻药，腹泻的时候给他们服用蓖麻油。但更加可能的情况是，孩子们的父母分成了止泻药和蓖麻油两派。一派因为看到过腹泻如此可怕，就反对服用蓖麻油；另一派则因深知便秘之苦，发誓不用止泻药。

如此一来，要恪守中道而使身体常处健康之状，诚非易事。

第三十二章　管理国家的办法
——I. 对会员银行的控制

承担管理整个货币体系之责的中央银行，其第一必需之条件就是确保自身对会员银行所创造的银行货币总量拥有无可挑战的控制权。正如我们在本书第二章和第二十五章所见，这一货币总量严格决定于会员银行的准备金量，或者在某一确定范围内决定于会员银行的准备金量。因此，首要的问题是，中央银行如何控制其会员银行的准备金量。

为方便起见，我们假设中央银行也可以发行钞票。（如情况与此相违，为下文讨论之需，也一定要假设中央银行和钞票发行当局二者的资产负债表是合并在一起的。）在这一假设下，公众手中持有的流通中的通货加上会员银行的准备金，就等于中央银行的总资产减去其自有资本和准备金，再减去政府存款以及除会员银行以外中央银行其他存款人的存款所得之结果。如此一来，大致而言，如果中央银行能够控制其自有总资产量，那么，它便能控制流通中的现金量和银行货币量。会员银行只能通过影响中央银行，让它增加自己的总资产量，才可以增加自身的准备金（除非流通中的现金量在下降）；而如果中央银行能够控制其自身的资产总量，那么它就可以间接地控制现金和银行货币的总量。这样一来，中央银行按照符合客观标准的方式来管理代用货币的权力，即主要取决于它通过深思熟虑后出台的政策来决定其自身资产总量的能力。因此，在这种情况下，我们要做的首要之事，就是研究到底是哪些原因决定了这些资产的数量。

那么，这些资产又是什么呢？为图方便，我们把中央银行的可变资产（即除银行房产等之外的其他资产）分为三类：(1) 黄金，(2) 投资，(3) 垫款。我之所谓"黄金"，指的是中央银行本身不能创造但法律规定它必须用以与其法定货币相互兑换的任何东西。我之所谓"投资"，指的是中央银行自动购入的任何除了黄金以外的资产，因此，它也就可能包含在公开市场上购入的票据。我之所谓"垫款"，指的是若按特定条件提供，则中央银行由于法律或习俗而有义务收购的任何除了黄金以外的资产。我之所谓"银行利率"，指的是中央银行提供这类垫款时所必须或习惯采用的条件。[1]

由于中央银行的投资是由它自己做出买入和卖出的，所以其数量就完全在其掌控之内。改变这些投资量的行为，现在通常被称为"公开市场政策"（open-market policy），其垫款的数量一般也被认为至少部分地（其程度大小我们将在后文讨论）受它自己掌控，所用手段是改变银行利率，即提高或降低它提供垫款的条件。黄金数量在"可兑换"国际体系中离中央银行的控制就更远了一步；这是因为，黄金数量直接取决于本国人对外国银行体系的债权是超过还是不足于外国人对本国银行的债权。虽然是这样，但一般还是认为，间接来说还是部分可控的——也是通过银行利率这一手段达成；因为出于大家熟知的原因银行利率会影响国际债权债务的平衡。

正如我们将要看到的那样，理论上来说，中央银行还有其他举措可以采用。但实际上以英格兰银行或美联储为代表的现代中央银行——除了施加心理压力这个办法之外（在英格兰银行这种办法是隐秘地实现的，在美联储则是公开通过劝说、告诫或威胁实现的）——只限于"公开市场政策"和银行利率两种办法而已。

---

[1] 银行可能给各种不同的"合格"资产确定几种不同的利率，它们之间相差甚微。

第一节 英国体系

　　传统英国体系与其他地方通行的体系，尤其是与美联储体系相比，有一个重要的区别，但普遍未被人们所认识到；在美联储的创建人心目中，他们的体系与战争前英国体系的相似程度被夸大了，是不符合实际情况的。之所以会产生这样的差别，乃是因为英国体系在努力完成其他国家体系下没有的事情，也即令英格兰银行的"垫款"量（如上述所定义）在正常条件下为零（例外情况包括哪些，下文将会述及），而且这种垫款只能暂时地存在，只能用于短期当中应对季节性或其他紧急情况，例如每半年结束时结账日或货币市场遇到意外情况等。又或者，这种垫款只能在满足极为短暂的状况或预期银行利率在不久的将来提高时存在。对此，主要的例外情况基本如下：一是英格兰银行是政府的银行，它按照"财政收入"（Ways and Means）对政府进行贷款；二是除股份制银行之外，它还在提出申请时对一定数目的金融界和商业界顾客提供借款的从业机构，情况适与其他银行相同，但规模相对为小。

　　如此局面是由伦敦体系的两个独有之处造成的，这两点在其他地方并不流行。银行利率一般是按照三月期票据贴现率而确定的，这使这类票据持有人在英格兰银行进行再贴现时无利可图；其次，还有一种多少有点奇怪的风俗或惯例已经在默认的情况下给建立起来了，按照这种风俗或惯例，股份制银行根本不能直接把它们的票据卖给英格兰银行。如果英国股份制银行想要补充其准备金，它们只有三种途径可走：（1）把资产售卖给其他银行的主顾，从而掌握其他某家银行一部分的余额，这种做法显然无助于解决整个银行的问题；（2）出售国库券，由此迫使财政部根据其"财政收入"向英格兰银行借款；（3）收回之前贷给票据经纪人的通知贷款，或者停止买入票据，从而迫使他们通过贴现或其他方式向英格兰银行借款，以此减少票据经纪人的资金。然而，票据经纪人在英格兰官定银行利率高于市场利率时，除了短期借入以渡过某些特殊时期或为他们赢取时间以便重新进行安排之外，是不会向英格兰银行借款的；但另一方面，他们却会通过降低票据买入的价格来补充资金。同样，通常来说财政部也愿意对国库券接受较低的标价，从而避免对英格兰银行担负短期债务以外的债务。因此，只要英格兰银行有市场利率接近或超过银行利率的威胁时，它就可以提高银行利率，从而不断地与市场状况相贯通，那么，股份制银行增加其在英格兰银行的总准备金的能力事实上就是个零。任何一间银行如果试图这样做，到最后都要以牺牲其他银行为代价；如果所有银行都试图这样做，不会有哪一间能够改善它们的境况。

但在这次大战之前，英国体系的运行还有一个简化之处。不仅会员银行在实践当中不能采用向英格兰银行贴现的方法来增加其准备能力，而且现代意义上的"公开市场政策"实际上到底是什么也尚未可知。英格兰银行偶尔通过出售统一公债以取得"现金"，并以记账的方式回购这种公债（一个月后的任何时期偿付），从而补充银行利率政策。这是一种间接的办法，通过这种办法可以使金融市场减少一笔相当于证券交易所未到期账款的资金。当市场利率滞后于银行利率太多，以致可能会对外汇和黄金流入产生不良影响时，这种权宜之策就会被采用。但这种办法被采用的频率并不高，而且对于英格兰银行控制市场的武器库而言，它也没有增添什么特别重要的武器。因此，除了大家较易理解的季节性变化以外，比如除每半年结束时对金融市场临时贷款以及在财政年度中的某些时期根据"财政收入"而对财政部垫款等之外，英格兰银行的投资总额实际上是恒定的。在长期当中，随着银行业务的普遍增长，这一投资总额也会缓慢地增加。例如，对于布尔战争和这次大战之间大部分的时期，除了非常短暂的一些变化之外，英格兰银行的投资额基本上处在 4 000 万英镑到 4 500 万英镑之间。

因此，我们可以得出这样的结论：垫款在常规状态下既然为零且投资实际上又是恒定不变的，那么，英国会员银行准备金的波动主要取决于英格兰银行所持有的黄金量的波动，并受流通过程中黄金的流入和流出乃至整个国家黄金的流入和流出所决定。这就是旧有的"自为"（automatic）体系令人感到欣喜的简洁之处，那些沉湎于昔日风物的人们在追怀这种体系时总是扼腕叹息，但习于新时代风格的人们对它所具有的特征几乎早就忘却了。"健全的"银行业问题——在战前——从来不会涉及如何稳定物价或怎样避免"利润膨胀"和"利润紧缩"这些方面，它完全是一种明确的技术问题，也即就可能的范围而言如何预见一个近乎机械的制度怎么样运行以及怎么样适应季节性或其他类似变化的问题。

回溯过去，我们发现，通过"公开市场政策"来缓解那种照常规发生的、众所公认的黄金的季节性流入和流出，在过去是从未有过的现象，这一点非常明显。英格兰银行年复一年在春季增加大约1 000万英镑黄金，到了秋天又会减少差不多相应数量的黄金；在没有公开市场政策的情况下，其存款也会上升以及下降一个可观的百分比——有时候接近20%。每年秋天的黄金流出，通常都会减少英格兰银行25%到30%的准备金而不致引起任何人的严重关注。不过，这些波动的影响部分地是被下述事实的后果所抵消，这一事实就是：财政部的短期债务正常来说由于就所得税收入，从而在春季总是处在最低点。各种临时而混杂的影响可能在个别年份里稍微对这些过程有所扰乱；但一般而言，上述情况乃是实际过程的特征所在。

如此一来，英国的信贷创造率就是由一个忠实反映黄金流入和流出变化的简单机制所造成。此外，由于票据供应量的面值对于批发物价水平的变化非常敏感，所以批发物价的下降，对于使货币贬值有一种直接而即刻见效的影响趋势，反之亦然。因此，鉴于伦敦在国际贸易和金融上的主导地位，这个体系非常适于用较少的黄金储备维持英镑与黄金的平价，而且在一定的范围内也适于促进批发物价的稳定。

战后新的"管理"要素在于，英格兰银行经常使用"公开市场"政策买入和卖出投资，从而使其会员银行的准备金维持在它所期望的水平上。这种方法——如果被视为方法的话——在我看来是很理想的。它与英国体系的独有特点相结合，可以使英格兰银行拥有对会员银行信贷创造的绝对控制权——其程度是现有的其他货币体系所无法达到的。英格兰银行已经演化出一种极好的方法，可以把全国银行体系中会员银行的完全控制权转到中央当局手中。若称个别会员银行实际上并无能力影响银行货币总量，亦非过甚其辞——除非它们背离了准备金比率的惯例，哪怕是这样，如果英格兰银行把相应的投资量售出，则原有的状况仍可得到恢复。这个体系唯一的弱点是本书前文所提议给它们的那些补救办法（第二卷，原书第 61—69 页），也即，会员银行的准备金比率若无法律规定就不免会发生变化，而对于银行体系中处于清算银行范围以外的会员银行而言，准备金的做法总体来看过于含混，容易让人产生困惑。

　　战前的银行体系对于稳定物价或者抵挡信贷周期所为有限——它把这些情况归为天意，与自己毫无干系。但它却有一个很大的优点——每个人都非常清楚地知道支配英格兰银行的各种行动的原则是哪些，在既定的情况下他们必须预计的是什么。战后的体系则代之以一种最有效的"管理"办法，取代了原来的"自为"体系——这一切都很好，但目前却没有人确切知道"管理"所要导向的目标到底是什么，在它进行的过程中又遵循着什么样的原理。迄今为止，我们尚且很难说，它已经公开得到专家讨论和批评的帮助，运用科学原理达到了最优的经济状态。它只是采用伦敦这座大城里所谓的"隐藏之手"（the hidden hand）的办法，向未知的目的地行进罢了。英格兰银行的方法与美国联邦储备系统形成了鲜明对比，后者所用的方法全面公开、光明正大。我们只是大略地知道，英格兰银行原来和其他股份银行一样也是一家股份银行，而现在它不仅要与会员银行有业务上的往来，而且还要像其他任何一间银行一样与私人主顾有业务上的往来；它不但要与外国银行有重要的业务往来，还要不时与外国政府打交道（一般是秘密进行的）；而且，虽然自此次大战以来，纯粹的私人业务可能在衰退，但与外国银行的往来业务却得到了巩固和扩展。不过,我们对于这些事实并没有充足的数据材料;在1928年之前,我们甚至不知道英格兰银行公布的存款中哪一部分代表会员银行的余额,哪一部分属于其他类客户。

不过,英格兰银行对于会员银行发行银行货币的控制,的确已经掌握了迄今为止所发展出来的最好方法之中的一种,这倒是不争的事实;我们可以合理地期望,随着知识的进步,这些方法被充分有利地加以运用的那一天将会到来。

第二节 欧陆体系

这次大战之前,在大部分的欧洲货币体系中,例如在法国或德国的货币体系中,中央银行所起的作用与英格兰银行差异很大。在那些国家,银行钞票相对于支票来说重要性要大得多;中央银行的资金相对于会员银行而言也要大得多(尤其是在我们把用来应对营运资本需求变化的资金情况铭记于心时就更是这样了);这些国家的中央银行在增加"垫款"的道路上不存在什么障碍;而且其会员银行也不受法律或习俗的约束,不用保持严格的准备金比率。

既然会员银行不受准备金比率的约束,而且只要它们想扩充资金就可以自由地向中央银行进行再贴现,那么,中央银行便不能对它们施予完全的控制,会员银行在信贷扩张方面所受到的主要限制就是它们供应再贴现的合格票据量。然而,这个缺点可以由下面的事实得以抵消:如果会员银行作为整体趋向于增加它们的投资贷款,那么,它们能以存款形式收回的贷款在比例上就会小得多,因为新贷款中有很大的比例会以银行钞票的形式被提走。如此一来,由于这些会员银行创造信贷的能力要远小于大不列颠,所以它们所需要的控制也就小得多。其结果是,企业界的借款扩张很快就会体现为中央银行有价证券组合的扩张以及几乎相应的钞票发行额的扩张。如此一来,管理当局主要关注的就是这些征兆。

显而易见的是，我们需要用一种与上述内容有所不同的分析来对这类制度的表现进行分析——做这样一种改变并不困难，但是由于我们对所涉及的具体事实了解得并不充分（而且也受篇幅所限），所以我只好不作处理了。不过，我预见到随着支票存款制度的发展以及欧洲银行体系向英美体系演变趋势，要充分加强中央银行的地位，就要求实现诸多重大变革。尤其是德意志银行——据我所知，这是一个在迅速演变但又非正式地在发展着的体系——对会员银行的控制根本不够，而且整个企业界有通胀的强大压力时，它很容易受到影响。德意志银行不得不过度地依赖银行利率，不仅要用它来吸引外国资金，还要用它来限制国内的借款；其结果是，当利率足够高以至于可以限制国内借款时，对于国外可贷资金的吸引力就会过大。

第三节　美国联邦储备体系

在这次大战之前不久，美国就开始计划联邦储备体系，当时并没有认识到确保中央银行对于会员银行的"垫款"在正常状态下等于零的伦敦方法对于中央银行的控制权具有多大的重要性。是故，美国联邦储备体系也就相应变成了一种英国方法和欧洲大陆方法的混合物。银行货币所具有的基本重要性以及会员银行必须维持一种严格的准备金比率，这两点与英国体系的相应特点相似。但该体系允许会员银行可以充分进行再贴现，在其许多的条例当中，内在里也包含着这样一种假定，即会员银行在正常情况下可以利用这一便利条件，同时把三月期的银行承兑票据的购入利率维持在等于或低于市场利率水平上，这都是按照欧陆模式来形塑的特征，与英国体系大大不同。这是因为，联邦储备银行承办会员银行票据贴现或购入银行承兑票据的官方利率一般而言都与市场利率有关系，这就使无论利率如何，卖给联邦储备银行某些票据习惯上总是有利可图的。唯一的问题在于，这种情况在任何给定的时期上规模到底有多大。用伦敦的说法，在美国的体系下，市场照惯例某种程度上存在于银行"内",但在伦敦的体系下,市场则只是暂时地存在于银行"内",或是在遇到意外风险时的最后补救手段。这就是两者的全部差别。

联邦储备系统初创时,这一点当然是讨论过的,但是对其根本的重要性却没有完全认识到。问题被以这样的形式提了出来:"联邦储备银行是应该通过承办会员银行票据贴现或通过公开市场活动来持续经营,还是应该把它们的活动仅仅局限于应对紧急时期的业务呢? ……我们可以得到这样的结论:联邦储备银行不是用来仅仅对付紧急时期的业务的,联储法案设立了一间耗资不菲的常设机构,应该持续地为公共利益服务,使其本身适应于'工业、商业和农业的需要——一切季节性变化和其他紧急时期的变化都包含在内。'"[1]若就公开市场业务而言,这是没有问题的。不过,这个实际问题的意义——即就会员银行主动进行再贴现的便利条件而言,联邦储备银行到底应该像英格兰银行那样成为一种应对紧急情况的机构,还是应成为一种正常和经常的资金供给来源——并没有得到联邦储备体系创建者的充分理解,其结果是联邦储备体系在实际发展过程中,最终不得不沿着与伦敦体系迥然不同的道路演进。

不管怎样,这个决策是支持把再贴现作为可由会员银行经常利用的一种便利条件的。事实上,法律曾就此情况予以明确规定,联邦储备银行体系钞票发行的信用发行部门的准备金——即非黄金的那部分准备金——除票据外不应由其他东西构成;因此,如果联邦储备银行打算遵循英格兰银行的做法,它们会发现本身并不总是能保有正确种类的资产来作为合法钞票的发行保证的。此外,为了发展纽约票据市场并鼓励票据经纪业务的开展——这两者都被认为是纽约体系以伦敦方式营业的必要前提;为达此目的,尤其是在

---

[1] 参阅:*First Annual Report of the Federal Reserve Board*, p.17. 也可以参阅:Beckhart, *Discount Policy of the Federal Reserve System*, p.199.

起初时，从事银行承兑票据交易的经纪人把他们的票据递送到联邦储备银行进行贴现的条件就显得特别宽松，而且极为有利。[1]

至迟在 1924 年，联邦储备局自身（在该委员会于 1923 年发表的内容极其精炼的《第十次年度报告》中）在讨论"联邦储备银行的贴现率必定要比本期商业贷款的通行利率高，从而使它能够成为'有效'利率"这个论点时，仍然表明它没有认识到真正的问题是什么。该委员会提请人们注意这样的事实，即伦敦银行对客户的贷款利率高于银行利率，而且是"以透支和垫付的形式做出的，这不会成为可转移票据，因此也不能转化为在英格兰银行的余额"。但这并不是重点所在。有着充裕的流动票据存量（更不用提国库券了）可以在英格兰银行转换为余额，而且如果这些票据在正常情况下从市场上贴现的利率不能低于银行利率，那么它们毫无疑问也会转换为余额。这份报告还指出，在 1923 年，联邦储备银行的贴现率也如伦敦一样，比最佳银行的承兑票据和财政部的短期债券的市场利率高。但它却没有指出联邦储备银行购入承兑票据的利率通常要低于它们的贴现利率，而且也没有指出，在 1923 年市场事实上卖给了联邦储备银行一大批承兑票据。联邦储备银行常常持有大批银行承兑票据，这一事实本身即充分证明购入这种票据的利率势必经常比市场利率为高。此外，会员银行合格票据再贴现时所能够获得的利率，

---

[1] 联邦储备银行的调查报告把这类票据列为"购自公开市场的票据"，这一事实使该种票据的购入（如联邦储备银行的再贴现一样，并非由联邦储备银行指示要购买的）和投资的购入（这构成了正式的"公开市场"业务）相混淆起来。斯特朗总裁（Governor Strong）在物价稳定委员会（美国国会，1927）所做的证词就此予以了澄清，我们将其摘录如下："在公开市场上购入票据的利率变动得要比再贴现率更加频繁。但我们却对交予我们的票据规定了一种与贴现率几乎完全相同的利率。我们并不会主动去市场上收购票据。事实上，这种购买票据的行为并非联邦储备银行自动买入政府债券的自发行为。那种'公开市场购买'和商业票据一样，是由会员银行向我们来贴现的；不过我们对这类票据的贴现率要比商业票据为低。我认为，如果把那些被外国银行购去的票据去除的话，我们目前所持有的全部银行承兑票据可能有 85%—90% 是来自会员银行的。"（上述内容是我从该报告第 315、317、328、457、458 页中分别摘录的。）

总是比这些银行自己为客户对这种票据贴现的利率为低。引述高登威赛尔(Goldenweiser)(《运转中的联邦储备体系》,第 46 页)的话就是:"事实是,虽然'银行贴现率应该高于市场利率'这句英国格言在美国关于银行业的讨论中被引用时一般大家都表示赞同,但实际上联邦储备银行贴现政策与美国的具体情况相适应,而英国的格言却不适用于这种具体的情况。"

因此,对联邦储备体系与伦敦体系不同表现的基本解释如下:第一,会员银行可以直接向联邦储备银行再贴现;第二,作为规则在短期贷款、一等票据(first-class bills)和银行利率之间通行的相对水平不同。在伦敦,它是在攀升的,所以通常用短期贷款来购买头等票据,把这些票据转送英格兰银行很少再有花费。而在纽约,它可能是**递降**的。就在我写下这些话的时候(1926 年 7 月底),伦敦与纽约的利率如下:

表 46

	伦敦	纽约
短期贷款	3.75	4
银行票据	4.25	3.375
中央银行购入 90 天票据的利率	5	3.25
中央银行的再贴现率	5	3.5

毫无疑问,纽约证券交易所竞相谋求短期贷款,可以对此做出部分说明;这一事实意味着除非联邦储备银行放宽对票据经纪人提供的条件,否则票据经纪这个行当将无利可图。但不管是什么原因,结果都是非常直白的——联邦储备银行对其会员银行的准备金总额是没有与英格兰银行一样的控制力的。此次大战后,联邦储备体系的经历首先是会员银行极大地滥用这样得来的增加联邦储备银行"垫款"的自由,接着是联邦储备体系管理当局做出一系列努力,试图创造一些设计巧妙的小手段和惯例,使他们能够拥有一种更为接近英格兰银行的权力,同时又无需对法律做出修改。

在联邦储备体系的上述缺点尚未被发现之前,这第一个阶段显然已经可以在 1920 年的大通胀中看出来,联邦储备体系的掌舵者们直到 1920 年仍未认识到，由于它没有仿照英格兰银行体系中至关重要的具体做法，从而带来了潜在的巨大通胀的可能性，似乎也没有人曾经注意到，英格兰银行用来防止通胀的主要工具在联邦储备体系中并不存在。联邦储备体系持有的贴现票据在1920年1月底已经达到2 174 357 000美元的天文数字，到了1920年10月又增加了30%，达到2 801 297 000美元（合5.6亿英镑）。假如货币市场正从英格兰银行借入这笔金额的十分之一，情况又会如何！后来随着巨大的通缩，到了1922年8月，这个数字跌了85%，下降到397 448 000美元。

那个时期的许多批评者都把这些结果归因为联邦储备银行未能效仿众所称赏的伦敦模式去提高贴现率。可以肯定，未能做到此点，曾使时局更加恶化。但我怀疑在美国制度下是否有任何合乎情理或切实可行的贴现率变动能够真正地阻止那次崩溃——市场利率会刚好超前一段适当的距离，只要物价在上涨，就没有人会去在意偿付的问题。我看不出人们怎么能够希望单靠贴现率在美国体系下会产生与英国体系一样的效果。

自从1920年以来，联邦储备局一直在发展控制之法，这些方法基本上都是基于自身的经验而非向伦敦的控制之法进行借鉴。首先，它对会员银行提出了批评，向它们追询一些麻烦问题，营造舆论让会员银行觉得比其他银行多使用联邦储备银行的资金并不光荣，而且对它自身的信贷也无益处；通过这些方法，联邦储备局来约束会员银行利用联邦储备银行再贴现的便利条件。同时，银行承兑票据的供应量也给把这些票据出售给联邦储备银行所带来的信贷膨胀施加一个限度最高的限制。[1]

下面这段话摘自《联邦储备局1925年年度报告》（*Annual Report of the Federal Reserve Board for 1925*）（第15页），对于联邦储备体系当前的做法做出了很好的说明，同时，这段话也表明，彼时该委员会对于联邦储备体系的

---

[1] 1929年有一段时间，当联邦储备银行试图收紧信用时，购买银行承兑票据的利率低于官方所定的再贴现利率的办法曾被暂时停止实施。

运作方式尚且比较懵懂：

> 1925年整个下半年，短期贷款利率水平大大高于纽约联邦储备银行的贴现率。新近的经验表明，一般而言，为防止会员银行向联邦储备银行借款以增加其抵押借款，并不需要把贴现率维持在高于本期通知贷款（call-loan）的通行利率水平。会员银行一般也都会认识到，向联邦储备银行申请贷款的正当理由只能是为了满足客户超过本行可用资金的短期和季节性需求，从联邦储备银行借款以扩大本行业务，这种做法无论是会员银行还是联邦储备银行的工作人员都不会认为是联邦储备银行信贷的正当用法。一般而言，我们不可能决定会员银行到底要把它从联邦储备银行所取得的信贷用在什么地方。会员银行通常用借款来弥补全部业务净结果所造成的准备金余额的亏空，我们几乎不可能追踪得到会员银行借款与使这种借款成为必要的具体交易之间的关系。在一些不那么常见的情况下，曾有证据表明，会员银行在向联邦储备银行借款的同时，一直在增加抵押贷款，联邦储备银行人员向它们指出，它们或可通过短期贷款账户的变化而非向联邦储备银行求助来对准备金状况进行调节。

这份报告接着承认，贴现率在影响借款量方面并不是非常有效，尤其是在乡村地区，"这些地方会员银行的大部分资金是用于贷给那些常来常往的老客户的，对于一般信贷情况利率变化缓慢"。它还承认"有关票据是否合格的各种规定"，由于始终存在着大量这种票据，所以，"虽然在某些情况下它们可能会对个别会员银行的借款量有所影响，但在限制全体会员银行的借款能力方面它们称不上是一个多么重大的因素。"因此，该报告复又提到采取对个人施加压力以及和平地说服这类办法的必要性："因此，设在金融中心以外地区的联邦储备银行在通过会员银行的放贷申请时，就不仅从信贷的角度虑及它们提交再贴现或作为垫款附属担保品之用的商业票据的法律规定的资格和正当性，同时还要考虑申请放贷的银行的总体状况，该行未偿付的贷款和投资的数量与性质,并在一定程度上对其经营方式的性质也做考虑。"

总之,联邦储备银行利用会员银行无绝对借款**权利**这一事实(有关联邦储备银行对会员银行办理贴现与垫款的所有规定,对于联邦储备银行而言均为可行规章而非强制性规定),尽力避免任何银行滥用联邦储备制度。

这一点高登威赛尔给出了良好的说明(《运转中的联邦储备体系》,第8、9页),在这本书里,高登威赛尔对提交联邦储备银行以求贴现票据的"合规性"和它的"可接受性"进行了区分:"合规性"关乎法律与规章。为求合规,票据必须符合对出票人和到期日的各种明确标准,而其"可接受性"则与这类标准全然无关,而只取决于下述条件:签署者的信用状况、可动用的资金、具体会员银行是否已经用完其法定信贷额度、过去的经历是否表明该行曾利用联邦储备银行的贷款从事不正当或不合宜之事,此外还包括其他一些值得考虑的条件——这些条件虽然未被明确规定,但全在各贷款委员会和董事会在下列法定限度内权宜而定的范围之内:"联邦储备银行应在'适当考虑其他会员银行权利'后,并在'提供商业和实业贷款的立场上,给每间会员银行发放贷款。'"正如高登威赛尔在该书后面(第163页)所解释的那样,联邦储备银行保有一份信贷量记录,记载着它们认为各会员银行有权动用的信贷量;这个理论上的数额经常被超出,是故,当会员银行的需求意欲超过此数时,也就不免要遭受严厉的批评。[1]

自1925年以来,会员银行除极短时期[2]之外不应申请再贴现,这一惯例

---

[1] 这种手法最近(1929年)因有了另外一种办法而没有起到那么大的作用。这种办法规定,凡借款未达到限定额度的会员银行均可单纯从下面的目的出发而增加其贴现:把贴现得到的准备金转借给那些尽自己的胆量向联邦储备银行借了足够款项的其他会员银行,这个利率要比其原来向联邦储备银行贴现的利率高,所以可以获得一笔利润。用这种方式从一家会员银行而转至另一家会员银行的资金被称为"联邦基金"(Federal funds)。

[2] 再贴现的票据平均为期大概不到八天,这个事实说明不了任何问题。有关这方面的情况,可以在理富勒的《美国的货币利率》(Riefler, *Money Rates in the United States*, pp.30-32.)中找到最新的一个良好的解释。

越来越为人们所接受,纽约各大银行尤其如此。[1] 但联邦储备银行正在试图强制推行一种政策,会员银行却又对此大感不满,在这种明争暗斗之下,这一惯例是否经受得住考验,尚待日后分晓。会员银行申请再贴现不会是为了购入投资或在短期贷款市场上放贷,抑或把资金贷给客户用于证券交易所的投机活动,这一点很清楚。但温言抚慰和从宽管理这些办法可能尚不足够应付一种可归因为所谓"合法"的商业需求的广泛扩张运动;这种所谓"合法"的商业需求于造成膨胀方面,在性质上不输于所谓"非法"的金融需求,而且可能还要更加厉害一些。

总体的结果是这样的:联邦储备制度的推行与初创之时相比,已经与英格兰银行的制度更加接近,而且"公开市场政策"在决定银行货币量上,也开始具有根本上的重要性。

217

第四节 会员银行会不会以高于市场行情的利率向中央银行借款?

前文我们曾假定,如果中央银行能够使它的官方银行利率在其对市场利率具有适当关系的意义上言之而产生效力,则会员银行就不会在或多或少的程度上无视它们在借款时必须支付的利率与它们在贷款给客户时能索要的利率之间的关系,而持续通过贴现或其他方式来向中央银行借款。不过,有一些对银行利率是否可以作为控制会员银行创造银行货币之手段的人,对这种说法倾向于持否定态度。J. S. 劳伦斯教授(J. S. Lawrence)在其《物价的稳定》(*Stabilization of Prices*)[2] 一书中就对这些人的看法做出了一番精辟的表达,他的立论基础是,由于会员银行能够把它从中央银行借到的资金放大数倍而贷出去,所以,中央银行一定会把它的利息提高到难以想象的数字,才能比

---

1 乡村银行对于利用再贴现来满足季节性需要的做法没有感到有什么不妥。
2 尤其可参阅《物价的稳定》(*Stabilization of Prices*)一书的第二十三章。

得上会员银行可能获得的利润。若然从我自己假想的例子入手，而不从劳伦斯教授所列举的美国的情况切入，他之立论的实质是可以清楚阐明的。[1]

且让我们假设有这样一间中央银行，它不直接向公众营业，而只与会员银行有业务往来，同时，我们还假设所有的会员银行由于兼并而只剩下了一间。我们还进一步假设，这间会员银行总可自由地按照中央银行不断定下的官方银行利率对其票据进行贴现，但必须在中央银行的账户上保有一笔数量为其存款（比如）的10%的余额。最后我们还要假设，这间会员银行唯一的目标就是在服从上述规定的同时又不让人嫌其向客户索要太高的费用条件下，尽可能地赚取利润。在这个例子里，如果中央银行没有实行"公开市场政策"，只是依靠银行利率的变化，它到底该如何决定会员银行所申请的贴现额，从而同时来确定该中央银行的垫款额呢？

假设我们的这间银行与其他银行一样，在适当的不同利率下把其资产运用于各种不同的典型用途上——情况大致如下（设银行利率为5%）：

总资产中用于垫款的比例为50%，利率为6%。

总资产中用于投资和票据的比例为35%，利率为4.5%。

总资产中用于短期贷款的比例为5%，利率为4%。

总资产中用于现金和存于中央银行的余额之比例为10%，利率为零。

平均收益率为4.775%。

按照这种收益，银行的边际管理支出（扣减了利率以外的客户收入）可取为全部资产收益的0.75%，[2]我们还假设银行吸纳的存款中有一半需要支付平均

---

[1] 在劳伦斯教授的这本书出版之前，我们就已经提出过这个例证，虽然是这样，拿过来用于阐明他的论点的大概，仍然可行。

[2] 根据公开的数据，银行的管理费用（overhead cost）要远比这个数字高，例如，巴克莱斯银行在1925年这笔费用曾占1.6%。但这是平均支出。由于银行大部分支出均为固定支出，不随短期周转而变，故而新增的营业支出写上个0.75%已然足矣。

为 3.5% 利率的利息；即该银行的支出占其总资产的 2.5%。因此，该银行的**边际净利润**占其总资产的 2.275%。[1]

我们要讨论的问题是——在哪一点上这间银行才会觉得去中央银行申请增加贴现并不值得，同时按照这样创造出来的准备金基础增加放贷，来扩大其营业规模呢？ 假设该银行**所有**的贷款均可作为存款而回流，那么，这间银行的放贷总额充其量也只能达到新增准备金的九倍之多；也就是说，这个假设意味着没有其他会员银行分享整个银行体系增加的贷款所带来的存款增加量，而且存款人也没有把任何一部分的新增贷款用现金提走。我们目前假设没有其他会员银行存在；但是，既然我们没有必要假设所有交易均以支票来支付，那么就且让我们假设其中有 10% 的部分是用现金支付的吧；这样一来，新垫款中有 10% 就要用现金支付，而不是作为存款回笼。这意味着这间银行可以安全贷出的款额约为其在中央银行所增贴现额的 5.25 倍，最终相当于该贴现额的 4.75 倍的新增存款量。很显然，只要这间银行能够按照上述假定的利率放贷和投资，它马上就可以获利。而且是多多益善。

且让我们把这种情况写成更加一般性的形式，这样就可以更加明确地说明利润是以什么方式而成为银行利率的函数的：银行利率，x；垫款利率，$1.2x$；投资与票据利率，$0.9x$；短期贷款利率，$0.8x$；存款利率，$0.7x$；未扣除支出之前新增营业的利润为 $0.6x$，扣除开支后则为（譬如）$0.6x - 0.75\%$。

---

[1] 一般而言，银行是无法从其整个营业的平均状况中挣得如此的利润的，这部分是因为它们的平均固定支出可能比上面假设的"边际"支出要高上个 1%，还有一部分是因为上述数字并没有把许多可能消耗金钱的项目估算在内，比如在过多的房产上做出了过度的开支，造成坏账的业务以及所买的投资发生了贬值等。五大银行在 1928 年公布的存款利润额减去缴纳的所得税、为坏账和问题债权计提的款项以及其他未公开的公积金后，余额就是 0.75%。这与上述说法相当吻合。庇优蒙特·皮斯先生（Mr Beaumont Pease）曾这样估计劳埃德银行从 1926 年到 1928 年这三年间的平均数字为：三分之一的毛收益用于支付存款人的利息，三分之一的毛收益用于支付工作人员的薪水和养老金等，余下的三分之一用来支付其他项目，包括租金、捐税、特别摊款、坏账和净利润。这些数字与上述情况若合符节。

很明显，这间银行不仅贴现越多越好，而且如果该银行资产的收益对银行利率之比不变，则银行利率就会升得**越高**，会员银行向中央银行增加贴现并根据如此而增加的准备金扩大贷款这些方面的激励就会**越大**。换言之，只要银行利率在银行据以投资和贷出资产的利率能够随银行贴现率的提高而提高，且能保有它们之间的经常关系这一意义上是"有效的"，那么，银行贴现率的提高就不仅无法阻止会员银行向中央银行申请贴现，而且反而能够成为促使其这般作为的额外动力。

会员银行无法按照与银行贴现率相称的利率找到垫款的出路，这种情况会不会使会员银行为了自身的利益而无限地扩张其营业规模呢？答案是否定的。市场利率的提高即便与官方利率的提高大大地不成比例，但这已经可以补偿会员银行按照远高于其在市场上购入票据的利率之贴现率而在中央银行进行贴现时所遭受的损失。[1] 即便市场利率在下降，会员银行继续增加其资产直到预定的水平，也仍然是值得的。

总之——按照这个观点——会员银行10%的现金准备金所具有的获利能力如此之大，以至于它具有一种内在的趋势，可以把它的营业规模在不受遏制的情况下扩张到能够带来通货膨胀的地步；而银行利率就其自身而言一般来说并不是一种对这一趋势的足够有力的遏制工具，除非通货膨胀已经到了极晚的阶段，否则均不足以遏制这一趋势；尤其是在该趋势保持在足够温和的范围之内，不会对银行利率的效力造成妨害时，就更是如此。

当然，我们所描述的这一图景纯属虚构——而且故意让它与现实保持着很大差距。但它已经足可让我们的思路引入到这样一个重要问题上来——在真正的事实当中，遏制这种内在趋势的障碍到底是什么？

答案可以在会员银行为数众多这一事实当中找到。在上述我们假想的例子中，我们假设中央银行只有一间会员银行，所以，这间银行新增贷款的

---

[1] 劳伦斯教授按照他的数字假设，计算出当联邦准备银行的贴现率从4.5%增加到9%时，会员银行的利率从5.66%增加到5.9%就可以与之相抵；如果前者提高到90%，后者只要提高到比10%稍高即可。（参同前引书，第312页）

收益,除增加钞票流动量之外,均可在新增存款的形式下如数回笼。而如果会员银行众多,则这一论点就需大大改变;尤其是在美国,会员银行数以千计,情况就更是如此。

按照一间银行相对于总准备金的一定增加量而计算得到的该行的扩张系数,可以通过其在整个银行体系存款业务中所占的份额测量出来;但一个地方的准备金增加额如果先进入了该行,而那些与该银行客户有业务往来的人又比一般人更有机会同样成为该行的客户,那么扩张系数就可以用稍微大一些的数字来测度——至少在短期当中是这样的。这是因为,任何一间银行的业务都不是在全国范围内平均分布的。如此一来,如果有许多银行同时并存,则银行的扩张系数就会变小,虽然不会像银行数目较少的时候那样小。相应地,按照超过市场利率的成本从中央银行借款的那间银行,就要负担起信贷扩张的全部支出,可它所收获的只不过是利润的一部分,而且可能只是其中的一小部分。这种情况的效果是使那种使个别银行向中央银行借款来扩张其业务规模的刺激减低,而且往往只不过是没有达到一定能够使这种刺激消失的程度罢了。尽管如此,在那些主要银行的数目已经减低到五家的地方——英国目前就是这种情况——个别银行付出超过市场利率的成本而采取单独的扩张举动,仍然可以取得少量的利益。哪怕是在美国也存在着这样一种可能——J. S. 劳伦斯教授在批判 C. A. 菲利普斯教授 (C. A. Phillips) 时就是这样认为的,是否准确我无法确知——会员银行自身的出贷所造成的该行存款的增加之程度,使其以稍微高出市场通行利率向联邦储备银行借款还是合算的。[1]此外,如果所有会员银行对于同一刺激采取了步调一致的反应行动,那

---

[1] 菲利普斯教授(《美国政治学会年报》(Annals of Am. Ac. Pol. Se.),1922年1月,第195—199页)主张,在美国,单独一间银行行动的扩张系数(即银行自身的贷款对借来的准备金之系数)大概是 1.25,由此可知,大体相当于市场利率的银行再贴现率(若银行营业支出也在考虑范围之内),一般而言,这个数字已经很高,足以阻止会员银行向中央银行借款。另一方面,劳伦斯教授则主张这一系数大致为 1.8(参同前引书,第363页)。有关菲利普斯教授观点的充分展开,可参阅他的《银行信用》(Bank Credit)一书(第115页,及其他各处)。

么，其净结果就与只有一间银行时的情况相同了。

因此，对于劳伦斯教授的悖论，这并没有给我提供一个全面的解答；这是因为，菲利普斯教授的答案在英国状况下观之，其说服力不高。不过，还有一个理由——可能这个理由实际上产生的影响比严格计算所得到的影响还要大些——也即，只要市场利率低于官方利率，则这间试图增加储备金的银行就会总是认为，与其自己到中央银行借款，还不如偷偷地把其他会员银行的储备金余额套取过来的好。我认为几乎每个从事实际经营的银行家都会发出这样的疑问：如果通过回收短期贷款市场上的资金或通过出售承兑票据或出售投资来增加准备资金更便宜的话，会员银行为什么一定要去再贴现呢？因此，一间银行通常宁愿售出某种资产——这些资产出售后不会对本行的存款造成反应——也不愿意以超出市场利率的贴现率来向中央银行申请再贴现；也即其"紧缩系数"[coefficient of contraction，发明了一个与劳伦斯教授的"扩张系数"(coefficient of expansion)相反的术语]尽可能的低（即尽可能接近于1），这样一来，以它为基础增加准备金余额时，这间银行就可以增加它的那些扩张系数较大的资产（例如，贷款给该行自己的客户或周围的人）。[1]当然，如果每间会员银行都如此这般行事，那么平均下来的结果会让任何一间银行都占不到额外的便宜。

因此，我们可以得出这样的结论：在那些会员银行较多的地区，人们从中央银行借款的利率大大高于非常类似的贷款的市场利率这样的情况，是不可能出现的；也就是说，除非所有会员银行之间刻意达成一项协议来一致与中央银行作对。——而会员银行协调一致对抗中央银行经过深思熟虑后出台的政策，这样的情况纯粹是学者们向壁虚构的产物，在现实当中是不会

---

[1] 在上述论证中，"紧缩系数"对于某些银行资产而言小于其他一些资产，如果这间银行本身的客户与其他银行的客户之间情况完全对称的话，那么，这个假设就无法成立。这是因为，在这种情况下，用一种资产替代另一种资产并不能使银行增加资产总额。不过，该文本中的这个假设通常代表了现实的情况。

出现的。

但是，即便这类一致行动真的达成了，或者即便出于任何其他的原因而使上述各项遏制措施归于失败时，中央银行手里仍然掌握着许多武器，其形式就是公开市场政策——只要它拥有适合的弹药就可以。这是因为，如果会员银行开始以高于市场通行利率而向中央银行借款，那它就可以按照市场利率出售其能够进行公开市场交易的资产，从而令会员银行遭受损失，而自己却能获取一笔让会员银行感到不快的利润，这样就可以迫使会员银行按照高于市场通行的利率而借回与中央银行出售额度相等的款额。

因此，只要官方利率与市场利率挂钩，那么官方利率"有效"的假定并无不妥。

第五节　对公开市场政策的进一步分析

有些作者认为，银行利率法和"公开市场政策"法在理论上实际可以合二为一，即都是银行利率这个方法而已，这是因为，"公开市场政策"若无银行利率之变化相辅助，则其实际运用就会受到限制。据此观点——我们将看到，这是一个无法完全成立的观点——中央银行不能在变动其"投资"量的同时，而不使其"垫款"量方面产生一种相反且相互抵消的变动，除非中央银行随之对银行利率做出适当的改变。人们承认，中央银行由客户主动要求而放出的垫款和它主动购入的投资是不同类型的两笔债务，所以，后者数量的改变可以相对或大幅影响垫款量；人们也承认，"公开市场政策"的效果——即改变其投资额的效果——能够在银行利率的比较突然和非连续的变化范围内带来逐渐而连续的运动。虽然是这样，按照这种观点，中央银行只能利用公开市场政策来强化银行利率政策的作用，使其发生效力，而不能用它来替代银行利率；换言之，除了在非常态和不寻常的情况下，中央银行的资产总额是其银行利率的一个函数，是故，经由后者的适当变动，整个局势即可得到控制。直到晚近，这一直都是英国的传统学说，虽然它在国外迄未得到过普遍的接纳。

至少有一点可以肯定，银行利率政策和公开市场政策除一定范围之外，是不可能沿着不同路线推进的。不过，这两种方法之间区别的重要性并不受这一点影响。这是因为，这两种方法所产生的影响，在**类别**上有着极大不同。银行利率上的变化可能是影响中央银行"垫款"量的因素之一；但这些变化还有许多其他的作用，而且它们对于中央银行垫款的影响是银行利率变化所带来的更为广泛且复杂的后果中一种不确定、偶然出现的结果。另一方面，公开市场操作对会员银行的准备金会产生直接的影响，因之对存款量和信贷量造成普遍而直接的影响，这种影响是公开市场操作的直接后果而非间接反应所致。此外，银行利率的变化基本上只影响短期利率，而公开市场操作——就它们与中央银行所持有的长期证券所具有关系而言——能够对长期利率产生影响。二者之间的这一区别在某些情况下所具有的重大意义是本书第三十七章的主要论题。我们将在该章看到，如果中央银行意在维持国际收支平衡，则银行利率可能是最有效率的，如果它意在对投资率产生影响，则在公开市场上买卖有价证券可能会更为有效。

公开市场业务的运作方式，英美并不一样。因此，我们来分别对其进行讨论。

就英国的情况而言，我们一定要把公开市场业务中买入或卖出两者之间的效能做出区分。英格兰银行买入政府债券以增加股份银行准备金总量时，其效能近乎绝对。由于货币市场通常欠中央银行很少的钱或根本就不欠什么钱，所以，由于资金更加充裕，市场要支付给中央银行的款项在效果上就不可能很大。因此，英格兰银行投资增加的首要和直接的效果是导致了股份银行准备金的增加，以及基于此而产生的它们在贷款和垫款上的相应增加。这可能会对市场贴现率产生作用，使后者略低于其他情况下的水平值。但股份银行虽然不总是、却往往可能增加其出贷的款额和垫款额，又不使其索要的利率大大弱化。只要市场利率低于银行利率，则英格兰银行出售政府债券以减少会员银行准备金所产生的效果可能就是同样不受限制的。但如果会员银行抵制信贷限制从而使市场利率接近于银行利率，则货币市场增加贴现额，从而形成抵消公开市场操作之作用的趋势。除非提高银行利率，否则这种趋势是不可能得到遏制的。事实上，发动通货膨胀过程总是比发动通货紧缩过程要来得容易，这是因为通货膨胀总是更合会员银行的脾胃，能够激发会员银行体制内在的膨胀偏向，而通货紧缩则容易招致会员银行的抵制，这既是其自身利益使然，也是为了避免把它们的客户搞得苦恼不堪。不过，无论是哪种情况，要想让中央银行的操作带来的累积效果能够按照其所期待的方向，在企业界和金融界建立一种总的趋势，总是存在着一段时滞。

上面最后一个考虑，即任何变动都具有启动起来自行向前发展的趋势这一点，让我们看到了公开市场政策的另外一个重要面向，这一重要面向在美国甚至比在英国还要适用。这是因为，撇开中央银行有意改变"投资"量会不会激起它的"垫款"量的相反变化，因之表明它在变更银行货币量这一点上不能发生效率的问题不谈，有意地改变投资量还有另外一个效果，那就是促使会员银行步调一致地朝中央银行所指明和期待的方向前进。读者可以根据前面的讨论回忆一下，一间会员银行的行为是如何部分地受到其他会员银行的行为影响的，而且令许多会员银行同时向同一方向行动的一个偶然事件，可能强化成为整个系统向该方向发展的持续变动，但这却并不是全体会员银行刻意促成这个变动发生，或认定这个变动对它们有利。我认为，中央银行熟练把握着公开市场业务的价值，这价值中很大一部分在于它能够隐然影响会员银行步调一致地朝中央银行所期待的方向发展。例如，在任何时刻，具体某间银行都可能发现它有少部分的剩余准备金，按照一般的做法，它必然要以这笔剩余准备金为基础再多购入一些资产，这种行为将会改善其他银行的准备金状况，依此类推。如果在这个时候中央银行在公开市场上出售一些资产，减掉这为数不多的剩余，那么，这间会员银行就不会固执地坚持按照原来的计划去购买额外的资产而从货币市场上收回现金了；它干脆就不购进。同样，其他某间银行发现其准备金因中央银行的活动而过度减少，此时它也不会从货币市场回购资金来补充这中间的差额，从而驱动货币市场向英格兰银行借款，它会通过不再补充日常营业中某些逐日消耗的资产来重建其均衡状态。按照这种方式，中央银行通过循序渐进、微量紧缩地在公开市场售卖，可以诱导会员银行逐步缩减其业务规模。可以肯定的是，中央银行如果循序渐进、微量膨胀地在公开市场购买（无论它是采取对政府增加贷款的方式还是其他的手段），即可有力地，而且几乎总是能够诱导会员银行行效仿之事。按照这种方式，无需改变银行利率，许多事情即可水到渠成。一名普通的公众由于信贷限制而不能从其银行中借款，一般来说——至少在英国——即便他很愿意支付比市场价格要高的利率，他还是没有办法通过在公开市场上抬高贷款价格而得到其所需要的资金。总之，公开市场操作给中央银行提供了一种工具，可由之利用银行体系中的内在不稳定性来达成自己的目的。像美国这样会员银行多如牛毛的地方，情况尤其如此。

美国联邦储备银行从事大规模的公开市场操作，事实上是从 1922 年春天开始的，从 1923 年 4 月起才把它作为一项系统化的政策来推行。[1]一开始，这项业务并不是为了控制或影响会员银行的行为，而是要防止联邦储备银行自身有收益的资产进一步减少。1921 年，美国净流入的黄金量到了顶峰，约达 6.6 亿美元。这笔收益全付给了联邦银行，基本上都用来偿还了会员银行的债务，其结果是，到了 1922 年春季，联邦储备银行发现自己的生息资产下降到了无法应付开支和支付股息的水平。因此，1922 年，各间联邦储备银行自行其是，并无统一协调之政策或深远的目的，而在公开市场上总共购入了

---

1 有关公开市场政策的产生，最好的记述当属《1923 年联邦储备局第十次年报》（*Tenth Annual Report of the Federal Reserve Board for the Year 1923*），出版于 1924 年，本书后文对此还会加以引用。也可参阅斯特朗总裁的《在物价稳定委员会前所做的证词》（*Evidence before the Stabilisation Committe*），美国国会出版，1927 年，第 207—332 页。有关公开市场操作的内容，参看该书第 426 页。

为数甚巨的美国政府债券。当时美国黄金的流入量很大，再加上这种做法，使得通货膨胀的苗头很快显露了出来。1923年4月，联邦储备局接手了这件事——可能刚好及时阻止了1920年那种物价暴涨卷土重来。该委员会公开定下了这样一条原则："联邦储备银行购入公开市场投资的时间、方式、性质以及数量，应首先考虑到商业和实业的资金以及这种买入或卖出对总体信贷情况的影响。"这种讲法显得语义含糊，这是故意为之的结果，但它至少确实规定了有价证券的购入不应仅仅是为了增加联邦储备银行的收益。然而，比这种抽象的意图表述更重要的是，任命一个由"联邦储备银行官员组成的委员会，在联邦储备局的总体监督之下，负责处理公开市场问题及操作"。据此，我们可以认为，联邦储备局从这一天开始已经根据其经验发现了，单靠银行贴现政策管理国家货币制度的伦敦方法，是不足以控制用美国方式建立起来的制度的，但公开市场政策直接触及了问题的根源，而且直接影响到了会员银行的准备金，这就为它们的任务提供了一种更加充分的工具。

只要公开市场操作的目标既不是要改变现有的均衡，也不是要阻止会员银行背离这种均衡的趋势，而是在于保护现有的均衡不受扰乱，那么，这种权宜之策就完全适用于这个目的。虽然是这样，但当问题变成了诱导会员银行改变其业务规模的时候，那么，由于美国制度的上述性质，这一体制不可避免地要比伦敦方法更容易受到"垫款"带来的相反方向变化的反作用力。既然美国会员银行作为整体一般来说都对联邦储备银行负有债务，那么一旦发现自身存储在联邦储备银行的余额已经超过了需要时，它们就会很容易而且很自然地偿还一部分这种债务。反之，联邦储备银行的再贴现率以及银行承兑票据的收购价对于市场利率而言并没有那么大的阻止作用或者惩罚作用，从而使会员银行发现它们在联邦储备银行的余额不敷要求时不去补足。

鉴于这些原因，在公开市场政策开始推行的时候，有些权威人士表现出了怀疑的倾向，认为虽然表面上看起来有诸多用处，但实际上是否如此尚未可知。1925年3月，钱德勒博士（Dr Chandler）在《纽约国家商业银行杂志》(Journal of the New York National Bank of Commerce)这样写道：

> 由于联邦储备银行出售了它们的资产，所以会员银行在联邦储备系统内的再贴现数量一直倾向于相应地增加。是故，只要会员银行可以不受限制地向联邦储备银行借款，那么，联邦储备银行的公开市场操作似乎就不大会对会员银行所能支配的信贷量起到作用。的确，通过出售联邦储备银行公开市场投资而收回市场上的资金能够迫使会员银行借款，那么这就可能会使会员银行产生某种不情愿扩张信贷的倾向……不过，这完全不是说，公开市场操作在一个长时期上所产生的对可用信贷量会有什么永久性的净效应。

伯吉斯博士（《联邦储备银行和货币市场》(The Reserve Banks and the Money Market)，第十二章，也称："直接（自愿）购买政府债券的持有量有所增加时，一直伴随着贴现票据和银行持有的承兑票据等方面几乎相应的（非自愿）变化。"但他的统计数字实际上所表明的只是这样的情况：当前者的变动量大的时候，由于后者的变动量，前者的变动量可以得到部分地补偿。此外，前者的变动有时候其目的就是为了补偿后者的变动。

斯特朗总裁在美国公开市场政策发展方面起到的作用比任何人都大，对于这个问题，他曾这样表达其原则所在：

> 我认为，公开市场操作是被设计来为利率的变化开出路径来的。但很不幸，我一直认为，这个国家对贴现率的变化在情感上过于夸大了其重要性。其危险在于，利率的提高将构成国家对信贷的信任感和安全感的某种致命的打击，公开市场操作多少可以修正这一反响……若然综合考虑的结果而使联邦储备银行把信贷的使用稍加紧束，那么，就我们的实际经验而言，先从出售我们的政府债券入手不失为是一项更加有效的方案……这种方案的效果对于这个国家来说不会如此醒目，也不会让人

感到惊愕。1

以我观之,这些权威人士低估了公开市场政策的效能。不过,斯特朗总裁在上述引证中表明,他曾部分地意识到公开市场政策和银行利率之间质的区别。最近的经验已经显示,公开市场操作在管理通货方面可以起到非常之大的效力。联邦储备局从 1923 年到 1928 年所取得的美元管理的成功——不过由于 1929—1930 年的情况而使之有所减色——从下述的观点看乃是一场胜利,即通货管理在实质上与黄金变化无关的条件下行得通。

尽管如此,若非联邦储备局在该时期内未尝受到黄金变化的严重困扰,那些年的政策可能原本是无法推行的。这是因为,公开市场政策的成功取决于中央银行是否总是手握足够的弹药,即可变卖的公开市场有价证券。联邦储备银行只能在它们遭遇物价暴跌时,用随手拾起来的这样的弹药来对处于萌芽中的暴涨接连开火。但是,如果有大量的黄金源源不断地流入,这就会不断地把它们的弹药给偷运掉,而且由于在它们的准备金中以不能买卖的黄金取代了可以买卖的有价证券,所以它们迟早会发现自己的弹药储备已经降低到了无法应付下一次暴涨所要求达到的水平。在金本位制度下,黄金持续流入量若比银行体系所需要的余额增加量大许多的话,就不会有任何货币管理制度能够无限地坚持下去。这样的流入必定迟早会带来通货膨胀。在 1921 年以及之后的几年中,美国的黄金流入量如此之大,以致令人产生了这样的预料:联邦储备银行为避免本来要发生的通胀之后果,一定得耗费大量弹药,从而会使余下的弹药不足以对付 1923 年以及之后孕育的信贷交易骤然上涨的现象。的确,那个时候的大多数观察家都预期会有这种情况发生。之所以预期落了空,原因被归于美国公众在同一时期内所需要的银行货币量的显著增加。在现行的物价水平上需要更多银行货币时,新的黄金就会被吸收到准备

---

1 《稳定委员会报告》(*Report of Stabilisation Committee*),美国国会,1927 年,第 307、332 页。

金里去，同时又不会对物价造成任何通胀的压力，也无需联邦储备银行的弹药来弹压。如果黄金的流入与银行货币的需求量减少的现象同时发生，而不是与它扩大的现象同时出现，那么，联邦储备银行以可出售的有价证券的形式保有的弹药是否足够应对美元管理的问题，就会受到考验。

如果我们把美国从1922年到1928年的货币状况发展过程视为成功管理的典范，那么，1920年的通货膨胀就是极度无效的货币管理之殷鉴。彼时公开市场操作尚未尝试推行，因为这个政策的基本原理当时还没有被发现。同时，那个时期的统计资料还提出了这样的一个疑问，即联邦储备银行在1919年和1920年掌握的弹药到底曾充足到了什么样的程度。

第六节　改变会员银行准备金率的方法

弹药不足的可能性在特殊情况下会妨碍公开市场的业务，这就使我们有必要进一步提出一个从未得以实施的办法，即授权给中央银行在事前适时通知之后，根据情况而小规模地对要求各个会员银行所应保持的法定准备金比例予以改变。

联邦储备局曾在1917年提过这方面的建议。所要求的会员银行准备金的增加不得超过该会员银行在联邦银行的准备金的20%，而且有效期不得超过30天。联邦储备银行顾问委员反对这个建议，理由是它不适用于非会员银行，结果这个建议也就从未得到实施。不管怎样，这种建议对所要求的准备金额造成非常微小的差别。[1]钱德勒博士[2]曾评论称："毫无疑问，这种权力让联邦储备体系能够有效地消灭过剩的黄金，但这个建议如此具有革命性，根本无法得到采纳。"

1　参阅：Beckhart, *Discount Policy of the Federal Reserve System*, p.190. *Federal Reserve Bulletin*, 1917.

2　参阅其文章："International Aspects of Federal Reserve Policy", *American Economic Review*（supplement）, March 1926.

虽然现在看起来这个方法是具有革命性的，但我认为，这类规定若能得到适当的保证而使其不被滥用，则应该补充到一个理想的中央银行的职权中去。它直击问题的根源，而不依赖我们的实验货币管理制度自我演化出来的各种间接或迂回的因素。如果会员银行在照顾其客户现有均衡状态下的需要时不够适当，从而造成贷款出去过多或现金余额增加得过分，或者从另一方面而言，如果它们贷款出去过少的话，则改变它们的准备金比例即可以最直接对它们施加压力，令其朝所期待的方向发展。因此，我曾提议（参看第二卷，原书第 68 页）把这一特征引入到英国体系里来。

第三十三章　管理国家的办法
——Ⅱ. 中央准备金的管控

前一章我们讨论了中央银行能够控制会员银行准备金的各种不同方法。我们在该章集中探讨了中央银行的"垫款"和"投资"量的管控问题，认为这两者若能得到有效的控制，则会员银行的准备金总额——由中央银行持有的"黄金"、"垫款"和"投资"的总额减去公众持有的银行钞票的总额而得来——也能够得到控制。本章我们一定得对一个可能已经不存在，而且或许也不应该存在的问题进行探讨，这个问题就是，中央银行本身必须服从，且应该在该行的限制范围内履行其职责的那些规章。

我们可能认为，在任何计划周详的货币体系中，那些独自采取行动而不顾及公共利益的会员银行将会受到中央银行的制裁；也可能认为，该体系中自由裁量的要素主要会由中央银行来管理。此外，我们还看到，中央银行所处理的问题如此错综复杂，而且在不同环境中又具有不同的性质，这样一来，我们就不会有人预期有关中央银行明智行为的法规可以由一项议会法令给合宜地制定出来。但是，出于历史的原因——这些原因从来都不怎么样而且在应用上现在来看也过时了——我们发现，在大多数现代货币体系里，情况恰恰相反。关于会员银行的规章通常并不怎么确定，而关于中央银行的规章则非常之明确——尤其是关于它负债一方的某一项（即银行钞票的发行）与它资产一方的某一项（即黄金）之间的关系之规定是非常、非常明确的。

我们很快就要详细讨论的那些规章，乃源于两种影响。第一个是历史因素。在代用货币的早期，这类货币主要采取的形式不是银行存款而是银行钞票。任何打算控制代用货币量的人都顺理成章地集中关注银行钞票的管理问题，在100年前的英国、25年前的德国，甚至可能在当今的一些国家中，情况均是如此。此外，在大部分国家里，一直到晚近的1914年，银行钞票还普遍与金币一同流通，所以银行货币以外的流通货币总量不取决于银行钞票量的总额，而取决于这一总额加上流通中的黄金总额；作为稳定流通中通货总量的一种条件，这种情况要求流通中的黄金量变化应该与流通中的银行钞票量的相应变化抵消。因此，管制方法就要为保证取得这种结果而设计。

第二个是政治因素。我们一向认为，对中央银行自由裁量权的限制是值得期许的，原因是中央银行屈从于政府轻率的要求会带来风险，这种屈从会造成对财政部的垫款在性质上必然涉及纸币发行上的膨胀。毫无疑问，在有些国家以及有些情况下，这种看法并没有什么说服力。但不幸的是，在削减政府权力上，议会的一纸法令并不怎么有效；而且在几乎所有我们所知道的紧急事件里，当货币管制规章与当时政府的意愿相龃龉时，让步的总是前者。

就历史因素适用的范围来看，能够对之进行解释的那些条件当然几乎都已消逝——在英国尤其是这样。管制银行钞票数量，乃是管制银行货币量的一种非常笨拙、见效缓慢、间接而无效的做法。这是因为，虽然银行货币量无论在什么时候均或多或少地与银行纸币量保持着一种确定的关系，但从量的角度言之，由于货币习惯和风俗的变化，这种关系在较长的时期当中一直是变动不居的；而在较短的时期当中，则存在着严重的时滞，通常银行货币量**率先**变化，这就使得对银行钞票量的控制总是显得过于迟缓——往往使银行货币量的变化已经造成灾难之后这种控制才开始起效，而这种银行货币量的变化可能数月之前已经发生。

但抛开试图管控中央银行钞票量而非其存款量（或中央银行钞票加上存款）[1]的原则已经过时不论，通常在用的管控方法也因这次大战后普遍弃用实际的黄金作为流通工具而失去了既往所有的意义。这是因为，这些管制规章通常都规定中央银行应总是持有最低数量的黄金，这个数量由流通中的钞票量决定。既然中央黄金储备不需要像过去那样部分地用于应对流入国内流通过程的量——这一黄金损失通常合理地要求由钞票流通量的减少来平衡——所以，上述规定所产生的效果只不过是把大量的，有时甚至超过了半数以上的黄金准备金封存起来，置于**永远**不被使用之地，从而把中央银行实际可以用来应对偶然事故的有效准备金降低到极低的数字上去，以致严重阻碍了中央银行合宜地实施自由裁量之权。为了阐明这一切，我们现在对不同国家的法律中有关的现行规定做一番简要的总结。

第一节　管理钞票发行的现行办法

大体而言，在实践中曾应用过以下四种方法。

（a）截至1928年，法国尚未规定银行钞票流通与黄金（以及白银）准备金量之间的关系。法国采取的管理方法是规定一个最高额，无论准备金量是多少，银行钞票的流通量均不得超过这个最高额。这个最高额一般来说总是超过在一般情况下所预期的银行钞票流通量的，而且它还不断地向更高的值修改。不过，作为1928年通货改革的一部分，法国废除了这一管制措施，转而实行下文（c）中介绍的比较流行的百分比法。

固定最高额方法有一个很大的优势，它一方面以法律的形式确保不会发生任何严重的通货膨胀，同时又可以给中央银行最大的自由裁量权，特别是在必要的时候全部可用的准备金都能供予调遣（不过，法兰西银行几乎从未

---

[1] 我们在后文将会看到，在若干国家里，中央银行必须根据银行钞票加上存款量而不是仅仅根据银行钞票量来保有其准备金。但也是在这些国家，对于所接受的这种管理方法的反对声音，仍然不绝如缕。

行使过这种权力）。如果钞票发行量由法律来规定，这或许是最好的制度。

(b) 1844 年的英国银行法案规定了一种管理办法，当时在议会提出这个法案，其背后还是有某种逻辑在的——这个办法就是所谓的"定额信贷发行法"（fixed fiduciary issue）。该法规定，钞票发行量超过黄金准备金量的数额不得超过法律规定的定额（当然可以随时修改）。这项规定意在用黄金来应对钞票发行量的波动空隙（fluctuating margin），这样就可以总是有黄金可用于兑现任何正常情况下所有可能要求兑现的银行钞票；这个规定还可以确保银行一旦钞票发行量超过正常的最小值，除非还有黄金准备上的余裕能够应付，否则是不可能再行扩大发行量的。采取这种方法，可以上溯到黄金与银行钞票同时共用的时代，这也是最近那个滥用职权习以为常的时代。这种对职权的滥用，乃是英格兰银行允许新增的黄金和银行钞票同时投入流通，从而使国内的通货出现了不应该有的增加所致。

在现代，这种"定额信贷发行"方法可能运行得相当好，只要信贷发行额定得高到足以使中央银行在控制其大部分黄金准备上不受束缚就可以。在这种情况下，其条例便不过是阻止中央银行扩张的极端措施而已。如若不然，这种办法就会把黄金过多地以一种方式给封存起来，而这种方式在那些金币不再流通的国家是没有存在的理由的。

目前，英国（1928 年曾对信贷发行额进行重新设定，尽管这个定额非常之低，不合理地束缚了英格兰银行的自由裁量权）、挪威和日本实行这套制度。除了黄金储备可能会下降到某个最低数值，而超过法定信贷发行额的银行钞票只需 50%而非 100%的准备金之外，瑞典的制度亦与此相类。在所有这些国家当中，在非常情况下，增加信贷发行额的应急处理之权都是存在的。

(c) 现在比较时兴的制度是"百分比准备金"制度，该制度规定黄金准备金不得低于钞票发行量的某个固定的百分比，这个百分比一般在 30%和 40%之间。这个百分比准备金制度有时不仅适用于中央银行存款，也适用于银行钞票（虽然两者的百分比并不总是相同）。如果这种方法有什么逻辑在，那么，在现代的条件下，这种既适用于中央银行存款，又适用于银行钞票的百分比准备金制度就更有其道理在了。下面的表格把当前这种情况进行了总结。

这个表格中有一两个国家的法定准备金可能包含一部分白银。

表47

国别	占钞票发行额的百分比（%）	占存款额的百分比（%）
澳大利亚	25	—
比利时	30	30
丹 麦	30	—
法 国	35	35
德 国	40[1]	—
荷兰与爪哇	40	40
波 兰	30	30
南 非	40	40
西班牙	37[2]	—
瑞 士	40	—
美 国	40[3]	35
乌拉圭	40	—

"百分比准备金"方法——就我来看——无论在逻辑上还是常识上都没有健全的基础。虽然在最现代化的美国联邦储备制度以及欧洲大多数恢复金本位制的近期货币改革中都采用了这种制度，但我从未看到谁为其中的条例刊发过什么合理的辩护。它似乎把钞票管理的各种制度所可能出现的所有缺点统统集中在了一起。这是因为，在封存黄金这方面它做的格外过分，甚至最低限额不兑现钞票发行额这一点都不予免除——而"定额信贷发行"制是予以免除的。除非中央银行能够不以法律要求的过度审慎而行事，否则，它

---

1 这其中的四分之一可能是以外汇的形式持有。
2 西班牙的制度比较复杂，当钞票发行额超过一定数额，所规定的百分比可以提高到47％。
3 联邦储备银行钞票。由于历史的残余，美国制度还有的一些复杂之处已经为大家所熟知，这里就不再提及了。

会让新流入的黄金产生放松信贷状况而带来的不成比例的放大作用；[1]然而，如果中央银行的这种审慎可以信赖，那么法律本身是不必要的，而且可能还是个障碍。最后，在黄金准备金下降的紧急和困难时期，准备金百分比制如此猛烈地要求按照黄金损失的程度，成比例地缩减发行量，非常危险。事实上，采取准备金百分比制的国家并不能安全地避免严重的货币混乱，除非它能够像这次大战后的美国那样经常保有远远超过法定最低额的准备金——从而使中央银行在实践当中不必担心其法定准备金的问题。当然，这也就更加浪费地把黄金封存了起来。事实上，这是一项非常危险的法律，除非一国在准备金上非常富足（像法国和美国那样），以致法律在影响银行政策方面全然无效。因此，在恢复金本位的时代，当大部分通货法令在熔炉当中锻造时，这种制度竟然成为一种时尚并受到推崇，那是莫大的不幸。

(d) 第四种方法——根据本书第一卷第一章的定义（见第一卷，原书第 16 页）——可以称为汇兑管理方法（exchange management），但一般来说不能把它叫做汇兑本位方法（exchange standard），这一方法是第三种方法的变种。根据这一方法，钞票发行所据的百分比准备金中的全部或部分可以不以实际黄金的形式保有，而是以存于某个外国银行的汇票或现金的形式保有。在那些国际联盟金融委员会协助下恢复金本位的国家采取这种方法，与 1922 年日内瓦会议的建议相符，而且很多情况下这些国家就是在这些建议的影响下采用该方法的。

这些国家——就法律规定而言——能够以国外存款余额及汇票作为**全部准备金**，这些国家包括：阿尔巴尼亚、奥地利、智利、捷克斯洛伐克、但泽[2]、厄瓜多尔、埃及、爱沙尼亚、希腊、匈牙利、意大利、拉脱维亚、秘鲁

---

[1] 如果中央银行的准备金百分比为 33%，会员银行的准备金率为 10%，则新黄金的流入将允许银行货币增加到相当于新黄金总量的 30 倍。

[2] 当时但泽是自由市，有主权，后来并入波兰。——译者注

和俄国；其他某些国家——比利时、哥伦比亚、丹麦、德国、波兰、西班牙和乌拉圭——则如前述可以用**一定比例的**外汇替代黄金作为准备金。

这一方法可以节约黄金，这是其一大优点——但也要受到本书第一卷第二十一章所曾讨论的那些条件的制约（第一卷，原书第315—320页）；不过，作为管理钞票量或银行货币量的一种手段，在其他方面，这种方法与"百分比准备金"方法一样有着相同的可非议之处。此外，对黄金的节约也要看具体的国家；对风气和声誉的考虑——因为现在采用这一方法的大国只有意大利——可能会使某些国家不去使用这个选择权，而是持有实际的黄金，这也是一个危险所在。例如，在1929年底，奥地利国家银行法定准备金中大约有五分之二是以黄金的形式持有的，意大利银行的这一比例超过一半，捷克斯洛伐克国家银行也是大约五分之二，波兰银行是四分之三，匈牙利国家银行几乎全部都是以黄金形式持有。

第一等重要的两个国家——法国和日本——当下**超出的**准备金大部分都是以外汇和国外存款余额持有的。在日本，这种办法实施已久，可以上溯到这次大战之前。在法国，这可能是一种偶然的结果——是向金本位过渡的残留下来的办法——将来是否延续下去尚是未知之数。的确，黄金供给的充裕性在较近的将来主要是看法国在什么程度上把其国外余额形式的准备金转换为实际的黄金形式的准备金。

这些不同方法的结果，是要在减少国内钞票流通量（在"百分比准备金"方法下要大大减少）的情况下，释放出一部分央行的准备金。但由于在现代条件下银行钞票主要用于工资支付和零星的现金，所以其发行量要受到工资水平和就业量的支配。由于很显然无法马上降低工资水平，而且工资水平的下降只可能作为失业的结果出现，所以，如若不能减少就业人数，银行钞票的发行量就不能够快速降低。此外，正常的钞票发行量减少10%，乃是一剂猛药；然而，若采取"百分比准备金"方法，即便如此，所能释放出来的黄金准备金量也只相当于银行钞票发行量的3%。

因此，中央银行的黄金准备金实际上可以分为两部分——一部分是法定的最低准备金，这部分是出于实际的目的而被封存起来的，不能使用，而且一个审慎的中央银行也不会把它计算在内；另一部分则是超额的准备金，只有这部分准备金才能用来应对不时之需。

黄金的长期短缺导致信贷条件收紧以及价格水平下降，这些风险并不取决于中央银行持有的为数甚大的黄金总量，而取决于少得令人不安的超额准备金。全世界的货币黄金被用作中央银行法定最低准备金而不能生息的部分到底占多大的比例，我们可以由下表得到：

表 48

国 别	收益日	法定准备金（百万英镑）	超额准备金（百万英镑）	超额准备金占总准备金的百分比（%）
英 国	10月24日	108	59	35
美 国[1]	10月25日	311	233	43
法 国	10月19日	222	26	10
德 国	10月15日	63	60	49
西班牙[2]	10月20日	55	32	37
荷 兰[3]	10月22日	14	22	61
爪 哇	10月20日	6	9	60
瑞 典	10月20日	10	3	23
南 非	9月28日	6	2	25
总 计		795	446	36

当然，这张表格并不全面，但它涵盖了的国家持有着全世界黄金准备金的大约四分之三那么多。该表显示，全世界的货币黄金近乎有三分之二被封存而不能使用，既不能用来满足中央银行实际的需要，也不能减轻这些国家的恐惧之情。法国新的通货法律所产生的效果尤其醒目。

---

1 把金券排除在外。
2 比塞塔（西班牙基本货币单位）对英镑的汇价为 30∶1。
3 自该日起，荷兰的法定准备金增加一倍——因而恢复到了战前的比例上来。

第二节　管理的正确原则

我相信，在今天任何一个有着负责任的政府和强有力的中央银行的文明国家里，将中央银行准备金的管理交给该行自己不加束缚地进行相机处理，要远远好过以法律的手段规定其应该做什么或应该在什么范围内怎么行动。这种法律——或者如果没有法律的话即是指有约束力的惯例——应该达致的目的就是对会员银行的准备金进行管理，从而确保有关未清偿的银行货币总量的决定权皆能握于一个机构之手，而这个结构在履行职责时总能以社会和经济的总体利益为念，而不是从金钱上的利益着想。此外，会员银行的法定准备金可能在以下这种意义上是有效的，即它们的实际准备金与法定准备金将彼此接近。这是因为，在任何一个设计周密的体系里，会员银行总是能够从中央银行那里获取种种便利来应对紧急的情况发生，但中央银行自己却没有这样的便利可以依赖，因之必须保有一种超过法定准备金的超额准备金以备不时之需。会员银行的法定准备金也是一种使它们对中央银行准备金的维持有所贡献的手段。但是，中央银行的法定准备金却仅仅是把资金封存起来而不予使用，中央银行的有效力量实际上全然取决于其**超额**准备金。因此，我们有了这样一种悖论：中央银行的黄金准备金执行得越是严格和保守，中央银行也就越是柔弱无力，一遇到风波就会陷入灾难性的混乱之中而不可自拔。一个被迫保有100%的黄金作为其资产的中央银行，处境并不比一个完全没有准备金的中央银行好多少。

但是，即便百分比准备金或最高信贷发行额原则得到了承认，我们最好还是把它运用于会员银行所持有的中央银行货币上，而不是运用在公众口袋里的流通的银行钞票总额上。这是因为，若然通胀开始，在现代的条件下，自时间的角度视之，钞票的发行量乃是表现经济体系出现问题的症状中**最后**出现的症状。试图通过调节钞票发行量维持货币的健康运行，一如在病情全面发作、坏疽已然形成之后，试图施以重大手术或截肢以求维持身体的健康。这是因为，一般来说，只要通胀影响尚未达到足以提高生产要素的货币报酬率的程度之前——除了就业量增加之外的其他因素——钞票发行量是不会扩大的。而该报酬率一旦提高，若要再行压低，很难不带来有害的反作用。

因此，我认为，只有两个方面，法律限制中央银行的自由裁量权才是有用的。在局势并不稳定的世界里，刻意把一定量的黄金搁置起来，在任何普通情况下都不打算动用，只是把它作为应对最后的紧急状况的准备金，如此作为或许可以算得上顾虑周详。故而，一国的黄金准备金应该分为两个部分，一部分可以说是战争基金（war-chest），另外一部分则是应对普通的紧急情况或波动的准备金。但并没有理由认为，前一个部分必须与钞票发行量或银行货币量具有硬性的关系。就此而论，法律规定黄金准备金不得低于明文规定的最低数字或许亦属合理——这个数字在大多数国家里肯定应该是大大低于现有的法定准备金数值的。

其次，如果法律能够遵循先前法国的法律路线，规定钞票发行量不得超出一个最高的限度，那么，此举或可有助于增强心理方面的信心力量，而且还可以证明它在紧急时期至少是一种具有延缓作用的安全保障。既然没有理由认为钞票发行量应该遭受突然的或剧烈的变化，那么，如果法定的最高发行量与商业繁盛时期的季节性最高预期流通额之间留出了一个宽裕而又不过分的余地，那也就足够了。

如果法律要确定一个最低的绝对黄金准备金数，并规定一个钞票流通量的最大绝对数，那么，这两个数字要不时地予以合理修正，而且在确定数字时，其宗旨要是使中央银行在决定其逐日和逐年的政策上具有较宽的自由裁量权，我认为，任何进一步的保障措施——无论其意在保持审慎还是其他什么目的——都只会让这个国家的通货制度变得更加不稳定而不是相反，有时候甚至会迫使中央银行采取它自己认为的不明智且可能具有危险的措施。

还有一件事，完全属于法律方面，在此不妨提一提，即银行货币以外的流通现金的形式问题。到底哪一种形式最好，这个问题目前有了相当一致的意见。第一，由于货币黄金存在短缺的风险，金币或其等价的金券一定不应任其流通，只应当专门用作国际债务的结算。第二，钞票只应有一种形式，这种形式的钞票应由中央银行管理——国库券和私人银行钞票应一概作废。

全世界正在迅速接近这种状态。只有两个国家的货币改革值得期待。在美国，包括金券在内的各种钞票，乃至金币，仍然都在流通。如果用联邦储备银行的钞票来取代其他一切形式的通货，这将会给世界其他国家树立一个良好的榜样。在法国，法律已经规定，金币可进入实际流通过程，而且人们确有理由害怕这种规定会被人有意在将来给利用。如果果然是这种情况，那么，无论是法国本身还是作为一种榜样，这都将是一种真真正正的不幸。

撇开法律不谈，中央银行到底该根据什么普遍的原则来确定其自由准备金的适当额度呢？黄金准备金的目标又是什么呢？其中一部分的目的是要提供流通资金以用作最终的紧急时期使用——对此，我们可以由规定的最低限度的准备金来应对；另一部分则只是源自心理上的原因，那就是提高信任度——虽然这个目标容易被夸大，但由于公共舆论总是满足于其惯有的状况，例如，在大战之前，英格兰银行非常少的一点准备金所带来的信任度与法兰西银行大笔准备金所带来的信任度相比并不逊色，因此，让公众养成一种预期，会经常且不断地保持大笔自由准备金的习惯，实际上乃是一种毛病的根源；但黄金准备金的主要目的是要应付国际债务余额方面的短期波动，或者用一句老话说，就是应付外部的漏泄（external drain）。

因此，应对外部漏泄而需保持适当准备金额应该根据什么标准而定，就成了我们必须加以讨论的问题。当然，长远而言，国际债务的逆差最后只能按照中央银行按照本书第二十一章所讨论的方式，采取措施以影响对外投资贷付量和对外贸易余额来加以补救。但这些措施除非猛烈到超出所欲，否则就需要时间才能产生效果。此外，由于季节性或其他临时性的原因，往往会有一种临时的逆差，这种逆差经过一段适当的时期以后即可自行弥补，因此，我们应该在无须打破基本经济因素的情况下来做出安排。最后——如果货币形势的国际管理计划能够得以实现——那么，释放黄金，并把准备金额度降低到以前的数值以下，许多时候是会对大家都有利的。

故而，中央银行在确定自由准备金的正常水平时，必须首先考虑国际债务余额方面**突发的**变动之可能的最高限度，以及在有时间采取其他保障措施之前发生这种变化的可能性；其次必须考虑临时变化的最大限度，应对这种变化时应该不必做任何基本的再调整。这二者不可能与部分取决于国民收入、部分取决于国民习惯的国内货币量有什么稳定的关系，而是要受到该国所经营的国际性商业、投资和金融业务范围的大小和可变性这类的因素所支配。

二十年前，印度事务部金融秘书列昂内尔·亚伯拉罕爵士曾给出过一份备忘录，所讨论的主题即由古典学派出发，对如何按照上述路线来决定一国应对外部漏泄所应具备的自由准备金额度进行研究。当时，亚伯拉罕爵士面对的是如何维持卢比兑换率稳定的技术性难题，根据痛苦的经验取得了正确的理论解答。他倡议建立金本位准备金制度，把这种准备金与通货票据准备金分开保有，从而让金融当局可以毫无束缚地自由动用之，以应付外汇紧急状态。在决定这种准备金的正确数量时，他曾努力地对印度由于以下原因所造成的漏泄之大小进行合理的估算：一是外国资金突然抽回所造成的漏泄，二是印度的出口品价值因收成不佳或价格不高而陡然下降所造成的漏泄（其中尤其是黄麻，然后是小麦）。[1]

这类计算是每间中央银行都应该做的。一国——例如巴西——的出口若基本上取决于品种有限而价格和数量又可能发生极大变化的农作物时，其中央银行所需要的自由准备金就应该大于贸易种类繁多且进出口总量又相当稳定的国家。一国若从事大规模国际金融和银行事务——例如英国——则其中央银行所需的自由准备金就应该大于与这种事务没有多大关系的国家（例如

---

[1] 请参阅我的《印度的通货与金融》，第 157 页及其他各页。

西班牙）。

初看之下，英格兰银行所需要的自由准备金按照国内货币数量的比例应该比法兰西银行或美国联邦储备银行体系要大。事实上，英格兰银行的自由准备金之少，到了令人咋舌的地步。先前，对于这种情况之解释所给出的理由是这样的：伦敦商业中心作为贷出者，在国际票据市场上的贷出量要比作为借入者借入的国外存款量大，因此改订贷款条件以补救当时的局势总是在其力量范围之内。自这次大战以来，伦敦的外国存款大大增加，是故，伦敦的短期国际债务是否有时会大于其贷出量便大大值得怀疑。但是，前述保有较为狭窄的准备金空间的理由，或许可以重新改写为：伦敦商业中心有能力改订借款条件以立即挽回局势。

然而，在本章，我不打算讨论具体国家的实际问题。我们的结论是，一个国家目前以黄金和外国通货做准备金时，其目的如果只是用作战时基金并作为一种安全之屏障，使之不致过度敏感于其直接国际债务或临时性波动，那么，为后一种用途所保有的准备金就应该由中央银行自由动用；其常规的数额应该从宽估计必须应对的取款要求大概可能会是多少，然后再来决定。这个数值按照可以立即从流通过程中抽回的钞票量的35%这个比例来算，可能还不够。

第三十四章 国际管理问题
——Ⅰ.各国中央银行之间的关系

在本书第二章和第二十五章,我们讨论过一个货币体系中的会员银行"创造"银行货币的自由裁量权的诸多局限。我们发现,任何一间银行都不得不——除非打算改变自己的准备金比例(变大或变小)——与该体系中的其他银行"保持步调一致",包括中央银行。它们都能共进退。一间银行在某一个方面单独采取的临时活动可以加强、巩固或刺激其他银行产生朝一个方向变动的趋势。但除非其他银行也采取行动,否则没有哪一间银行可以单独走得很远;这是因为,如若不然,它们的准备金资源就会或增或减,而打乱其准备金比例。因此,所创造出来的银行货币总量乃是由那些决定整个会员银行准备金总额的因素紧紧支配的。

由会员银行各自众星拱月般围绕其中央银行而组成的若干国家银行体系,再加上统一的通货本位,原则上来讲,其行为表现与封闭性的国家体系基本相同。各个中央银行在贷款政策方面的自由裁量权都会受到以下这些政策对它们的准备金影响的限制——即这些政策到底是促使它们从邻近的中央银行获取准备金,还是让自己的准备金为它所吸收;它们也要受到同样的压力来"保持步调一致"——除非它们打算看到自己的准备金比例发生变化。这是因为——按照我们对国际体系的假设——我们的中央银行的客户与其他中央银行的客户也同样会发生买卖和借贷关系,前一间银行"创造"的信贷将为它自己带来一定大小的债权,如此而造成的债权又会落到其他中央银行的客户之手。

如我们将在后文所见,各国中央银行管理其准备金的法律和惯例,在实际操作当中有若干重要方面与我们讨论会员银行时假定的并不一样。但一开始先让我们假设所有方面均与假定的完全一样(除了中央银行没有银行家的银行这一点,所以中央银行必须把它们的准备金以现金的形式储存于它们自己的金库当中),然后看看会发生什么情况。在这种情况下,每间中央银行都会有硬性的准备金比例,因此,假定采取金本位制度,则全世界的中央银行货币总量即由各国中央银行的黄金储备量给硬性地决定下来。如果黄金不被用于流通过程,那么,任何变动都将唯一地由每年新出产的黄金和工艺所耗用的黄金量之间的差值决定。另一方面,如果黄金用于流通过程,则在黄金流动量与黄金准备金量之间将存在某种比例,长期而言这种比例多少会是稳定的。它是所有有关国家所订各种不同的国内准备金比例——诸如斯特朗总裁为美国所订的准备金比例——的加权平均值。(参看第二卷,原书第45页)。

不过,且让我们假定,就准备金总额中新增的黄金供给量而言,形势是稳定的,也即每年新增的黄金大约相当于世界黄金产量和劳务的年增量。我们的基本方程表明,即便是这样,也一定无法确保稳定的价格水平。整个世界货币体系仍将受到全世界新投资价值与全世界储蓄总额之间可能产生的每一种不平等现象的影响。因此,对黄金的新供给量加以适当管理,仍会使我们遭受每次信贷周期的全部风暴,除非中央银行在明确的目标下采取一致行动进一步加以缓和。如果是一两间中央银行采取单独行动,那么,除非其规模占据着极大优势,否则是不可能改变气候或控制风暴的——这就仿佛单独一间会员银行无法控制一国体系的行为一样。如果一间中央银行在繁荣时期被单独抛在了后面,它就会被过多的准备金资源所压垮,而如果它在不景气时期跑到了前头去,那么它的准备金资源很快就会被耗尽。即便假设它有放弃自己常规准备金比例的意愿，其力量的限度仍将取决于它剩余准备金量与所有中央银行的总剩余准备金量之比。

这次大战之前，国际金本位制度的作用确实与那种黄金量相对稀缺或充裕的影响下，通行的、比例可以逐步改变的（如第二卷第三十章，原书第183—184页所示）、会员银行硬性规定准备金比例制度的作用，没有多少差别。长期价格水平取决于——考虑了其他货币因素的长期变化之后——可用作准备金的新黄金是比金本位国家的贸易增加得快还是慢，而这又取决于金矿发现的速度、流通中黄金的适当使用、金本位国家的数目，以及人口的增加和按人口平均计算的贸易之增长等因素；而短期物价水平则取决于基本方程中第二项的变动到底是朝着通货膨胀方向走，还是朝着通货紧缩方向走。

虽然如此，战前制度的表现在许多重要的情节上照此标准而言却颇不相类；而战后制度的表现则离得更远。因此，我们必须分析中央银行在国际体系中作为会员银行采取行动时所具有的那些差异，这些差异在我们分析国家体系的会员银行行为时并不存在或者还不重要。应予注意的要点有以下三点：

(i) 各中央银行的准备金比例不像我们在会员银行方面所发现的那种硬性规定；这是因为，促使或诱导会员银行将其实际准备金保持在接近法定或约定俗成最低值的那些条件，中央银行方面则没有被满足。首先，一般来说，中央银行并没有一个迅速补充其准备金的良方，缺乏相当于会员银行（直接或间接地）向中央银行贴现的那种便利条件。中央银行保有国外余额或黄金以外生息资产——这些资产具有可以快速出售给其他中央银行的性质——的程度，中央银行与会员银行的情况相较，二者更为相类。这一点我们将在后文讨论，但在大多数情况下这种程度并不会严重影响我们结论的正确性。

其次，中央银行不像我们假设会员银行的情况那样，旨在利润最大化。因此，公共政策和国家利益方面的各类考虑都会影响它以维持其准备金高于法定最低值,甚至高出合理审慎态度所要求的最低值。

由此可知,各中央银行的准备金比例是能够出现很大的变动的。这种变化幅度到底有多大,我们将在后文(原书第 265 页)给出一些统计资料来说明。

(ii) 在讨论会员银行的情况时,我们曾假设当个别银行"创造"了银行货币时,它不能指望这项新货币能够作为新增存款回笼。即便当主要银行的数目降到只有五家这么多时,如此这般回笼的比例仍然微不足道。但在中央银行的情况下,它的客户基本上都是该国金融体系中的会员银行,间接而言也是其国内的个别公民,如此这般回笼的比例起初可能会很多。这笔新货币的一部分肯定可以直接或间接地花在国外或贷给外国,因此就会形成一种使该中央银行的准备金资源流失到其他中央银行的趋势。但这些资金到底有多少会转到其他中央银行的客户手里,则视以下情况而定:进入外贸的商品对本地消费者的相对重要性,关税对国内外物价水平均等程度的干预程度,以及我们的国家是不是一个敏感的国际金融中心。有些中央银行在短期里刻意拥有很大的独立行动的余地,而诸如英格兰银行的其他一些银行则少得多。

(iii) 中央银行之间存在着一种形式的竞争,当我们讨论会员银行时,我们是可以忽略这种形式的竞争的。当然,会员银行之间也存在着各种各样吸引储户和挽留储户的激烈竞争。但这种竞争一般——至少英国是这样——不会采取个别银行在借款或贷款上提供竞争性利率的形式。一般来说,银行之间为某类存款提供的利率或为某类贷款收取的利率总会有一种协议或谅解在。无疑,在吸引或挽留特殊客户方面,还有一个竞争性的出价或削价的余地,这些办法一般都是私下里行使的,对于本行其他客户是不公开的。但在其公布的利率之间则没有什么公开的竞争。之所以如此,也是良有以也。由于把资金从一间银行转移到另外一间银行不需要任何成本,所以,这种竞争形式可能就会给全体银行的利润带来较大的损失。若非大家遵守约定,不去使用这种竞争形式,则个别银行一旦发现准备金资源发生损失时,可能会寻求以高息吸引其他银行的储蓄存款或抬高贷款利率把借款客户赶到其他银行（这后一种办法的确有时会被采用）这类办法来保护其地位。

但是，无论一国金融体系的会员银行之间的情况可能是什么样的，各个中央银行为吸引储户或是把存款人从国内银行体系赶到其他体系的银行中去，会经常使用公布竞争性或禁止性利率的办法，这是银行利率政策的目标之一。当然，不同国家体系中相对银行利率的变化并不能使每种体系中广大的普通储户或借款人轻轻松松地转移它的业务；这是因为，它们没有将其银行业务很快从一个国家转移到另一个国家的便利条件。但是，国际金融事务中有一个重要的边缘地带，可按照可以取得的利率而顺利地从一处转移到另外一处。因此，国际准备金资源就有一批流动的债权，任何一个国家的中央银行损失准备金太多的时候，都可以通过竞价而取得这笔准备金。另一方面来看，即便是这笔债权，它从一个国际中心转移到另外一个中心，仍然存在着某些障碍和费用支出，但这在国内的会员银行之间转移时，则不存在——这就使国际间资金的流动不至于对利益的差异过于敏感，而且还可以防止资金流动得过快或过多——正如我们下文所将要看到的那样（第三十六章第三节），这一点对于国际体系的合意运行极为重要。

现在，我们可以大体看到各国中央银行彼此之间的相对状况及表现与国内金融体系中会员银行有什么不一样。在短时期内，中央银行在"创造"银行货币量方面的自由裁量权要比会员银行大：首先，因为它更愿意改变其准备金比例；其次，因为在某些情况下它的"创造物"回流的更多，而且继续回流的时间也更长；最后，因为它可以提供竞争性的利率来转移其自身和其他中央银行之间的金融业务，以此作为正常和公开的手段来保障自己的准备金资源。然而，由于中央银行在这方面的活动受到局限，它若想确保永远能够应对外国金融体系对它的到期债权，就得注意以下三点，即：（1）它的准备金比例，（2）其出贷政策对于收入账户上的贸易余额所发挥的作用，（3）其出贷政策对于长期和短期国际借款动向上所发挥的作用。

在一个封闭的体系里，中央银行可以放心地采取那种能够达到其所确定的任何一种最优经济结果之出贷政策。但是，在一个国际体系中，它就只能在一个较窄的范围内短期采用这种政策。当变化更大或期限更长时，其政策必然要受所有其他中央银行的政策所支配。如果一间中央银行的政策变化在同一方向上影响其他中央银行，因之它们也随着这间中央银行一起走，或者如我上文所说，采取了一致的步调，那就万事皆安。但是，除了短期和小变化之外，每间中央银行都必然要接受银行整体一般政策的支配。如果我们所说的银行是一间大银行，那么，它就会对于这种一般政策贡献更大，因此可以比小银行更多地按照自己的意图行事。如果我们所说的中央银行意欲令其准备金资源量出现较大的变动，那么，这就会大大提高其权力，而影响其他中央银行采取与之一致的步调；这是因为，如此则会延长它持续实施其独立政策的时间，并且其自身增减准备金比例的做法，也能更多地影响其他中央银行增减其准备金比例。乃至于即便是一间小银行，它在短期内独立行动的程度，也会因其对国际短期资金流入或流出这个体系是否加以阻碍而大受影响，对此种阻碍之性质，我们将在第三十六章第三节加以讨论。

很显然，国际金本位（或者任何其他的国际本位）的主要作用是使各个国家采取一致的行动——每个国家都必须与其他国家的一般表现取得一致。这种做法的长处是，它可以防止个别国家实施愚蠢和怪诞的行为。其短处在于，它阻碍了各国中央银行自行处理其本国的问题，妨害了人们从其他角度提出超越一般智识的政策改进之法，当一般行为受到诸如黄金总量这类盲目力量的支配时，或者作为一个整体的各国中央银行方面没有协同一致执行精心拟定的政策而胡乱作为时，则无论长期还是短期，这种做法都无法达至最优的状态。

我们已经看到，当金本位充分运营时，信贷周期一般来说是具有国际性质的。现在，我们能够看出，这是必然之事。个别中央银行既不能朝膨胀的方向上走得太远，也不能向收缩的方向上前进得过多，除非其他中央银行也在或快或慢地朝同一方向采取行动。国际金本位制度对于膨胀或收缩本身是没有什么立场的。它的任务是确保中央银行膨胀或收缩的步调不会与邻行过分地不一样。按照一般的行为法则，这种办法可以避免重大的扰动，但由于它所引起的复杂局面以及缺乏集中指导，所以就大大增加了中等规模的扰动。

如果有些中央银行力量足够强大，可以在短期内支配一般的步调，且能令其他银行跟随它们所规定的脚步前进，那么，它们若是利用这种力量制定出一些与整个国际形势不合拍的国家政策，则这种国际制度的运行状况就会特别地糟糕。这是因为，如此会让其他中央银行产生一种极为强烈的非均衡局面。有人认为，美国联邦储备系统1929年以及法兰西银行1930年的行为表现从这种角度来看应该受到抨击。因此，我深信，英格兰银行在十九世纪某些关键时期的行为也是如此。虽然是这样，我仍然认为，在批评中央银行为了本国人民利益而行使每间中央银行都乐于享有且乐于不受约束地自行斟酌运用那些权力时，我们应该稍加审慎才对。如果英格兰银行相信自己在1928—1929年间有能力采取宽松的信贷政策来满足国内的批评，那么，它是否会为了不给美国潜在的膨胀苗头火上浇油而不这般作为呢？也就是说，它是否打算不让英国的就业人数达到最优水平，从而维护美国的稳定局面呢？抑或，当英格兰银行在英国还未恢复金本位制度之前数年采取通缩政策时，我们能否预期它——它确信尽可能早地按照战前平价恢复金本位制度是攸关英国利益的大事——会因为此一政策可能使欧洲其他各国的问题转而趋于恶化而受到很大的影响呢？

我认为，我们必须承认，利益关系可能会有真正的分歧；我们一定不要期望各国中央银行在国际关系方面能够做到大公无私，能够跳出民族情感和本国其他政府动机而行事。

因此，在接下来的几章，我将寻求一种能与各国利益合理相容的解决方案。

第三十五章　国际管理问题——II. 金本位制度

第一节　对黄金的贪婪（1930年9月）

将黄金选作价值的标准，主要是依据传统的观念而来。在表征性货币尚且未被演化出来之前，将一种或者一种以上的金属，作为最为适宜的用作价值贮藏或支配购买力的商品，乃是自然而然之事，这其中的道理已经被反复说明了多次。

大约在4 000年或5 000年以前，文明世界就已经开始使用黄金、白银和铜来作为货币，铸造镑、先令和便士，那个时候，白银是居于最高地位的，其次是铜。迈锡尼人则把黄金放在首位。[1]后来，在凯尔特人[2]和

---

[1]　迈锡尼文明是希腊青铜时代晚期的文明，由伯罗奔尼撒半岛的迈锡尼城而得名。迈锡尼文明是爱琴文明的一个重要组成部分，继承和发展了克里特文明。约公元前2000年左右，迈锡尼人开始在巴尔干半岛南端定居，到公元前1600年才称立王国。迈锡尼文明从公元前1200年开始呈现衰败之势，后多利亚人南侵，宣告了迈锡尼文明的灭亡。这是古希腊青铜时代的最后一个阶段，包括《荷马史诗》在内，大多数的古希腊文学和神话历史设定皆为此时期。——译者注

[2]　凯尔特人（Celt，拉丁文称Celtae或Galli，希腊文Keltoi，在汉语出版物中，由于音译的关系，凯尔特人经常被译为盖尔特人、克尔特人、塞尔特人、居尔特人等），为公元前2000年活动在中欧的一些有着共同的文化和语言特质的有亲缘关系的民族的统称。这个古老的族群集中居住在被他们的祖先称为"不列颠尼亚"的群岛，就是爱尔兰、苏格兰、威尔士，以及法国的布列塔尼半岛。他们与日耳曼人并称为蛮族，也是现今白种人的代表种族之一。现代意义上的凯尔特人，或称其后裔，仍坚持使用他们自己的语言（譬如，爱尔兰的盖尔语），并以自己的凯尔特人血统而自豪。——译者注

多利亚人[1]的势力影响范围内,在欧洲和地中海北岸一带,取代铜而把铁作为货币的现象,也曾出现过一个较短的时期。之后,在波斯帝国的阿契美尼德王朝统治时期,[2]曾一直使用把金银保持在一定比率的复本位制度(直到亚历山大[3]推翻了这个王朝才终止了这项制度),而后重新安定下来,复又回到以黄金、白银和铜为货币的,而白银居首这样的局面之下;从此,白银便长期居于支配地位(中间除了在罗马君士坦丁堡黄金曾一度抬头之外),这一时期,尤其是在十八世纪和十九世纪上半叶,曾屡次出现实施金银复本位制的努力,但是始终没有取得多大的进展,白银的优越地位从未被撼动过,只是到了大战爆发之前的50年时间里,黄金才击败白银,取得了最终的胜利。

弗洛伊德博士[4]说,在我们的潜意识的深处,存在着一些特殊的原因,

---

1 多利亚人是古希腊人的一支。在古典时代,多利亚人的国家斯巴达、克里特诸邦曾显赫一时。多利亚人不喜欢舞文弄墨或建城设防,却以全民为战,战斗中义无反顾著称。这似乎成了他们是入侵者的佐证。无论是古典作家还是现代作家,几乎都没有怀疑多利亚人的移民,或曰入侵,或曰赫拉克勒斯子孙的返回。荷马史诗中也提到"赫拉克勒斯子孙和许多人是从伊庇鲁斯出发南下的"。修昔底德甚至明确说,多利亚人同赫拉克勒斯的子孙占据伯罗奔尼撒是在特洛伊战争以后80年发生的事。——译者注

2 阿契美尼德王朝(前550—前330年),也称波斯第一帝国,是古波斯地区第一个把领土扩张到大部分中亚和西亚领域的君主制王国,也是第一个横跨欧亚非三洲的君主制国。极盛时期的领土疆域东起印度河平原,西至小亚细亚、欧洲的巴尔干半岛的色雷斯,西南至埃及、利比亚、努比亚和阿比西尼亚。公元前330年,在马其顿亚历山大大帝的进攻下,帝国都城波斯波利斯陷落,大流士三世在逃亡中遇害,帝国灭亡。——译者注

3 即亚历山大大帝(Alexander, Alexander III of Macedon, Alexander the Great, 公元前356年7月20日—前323年6月10日),生于古马其顿王国首都佩拉城,世界古代史上著名的军事家和政治家。曾师从古希腊著名学者亚里士多德,十八岁随父出征,二十岁继承王位。是世界历史上最伟大的军事天才,建立了亚历山大帝国。他的远征客观上使得古希腊文明得到传播。——译者注

4 西格蒙德·弗洛伊德(Sigmund Freud, 1856—1939),奥地利犹太裔心理学家、精神病医师。精神分析学派创始人。曾在维也纳大学医学院学习,1881年获医学博士学位。次年起作为临床精神病学家私人开业。早期从事催眠治疗工作,后创用精神分析法。1936年当选为英国皇家学会通讯会员。1938年奥地利被德国侵占,赴英国避难,不久因颌癌逝世。他把人的心理分为意识、前意识和无意识(又称下意识,包括被压抑的无意识和潜伏的无意识),有时前意识又被包括在无意识概念中。弗洛伊德认为:存在于无意识中的性本能(libido)是人的心理的基本动力,是支配个人命运、决定社会发展的力量;并把人格区分为自我、本我和超我三个部分。其学说被西方哲学和人文学科各领域吸收和运用。——译者注

这些原因可以解释为什么黄金作为一种象征,特别能够满足我们那些强烈的本能。[1] 古代埃及的祭司,曾给这种黄色金属覆上一层神秘而充满魔性的特质,这种特质到现在也没有完全丧失。然而,黄金作为价值贮藏的一种手段,虽说一直都不乏忠实的追求者,但是,作为购买力的唯一标准而言,它却差不多还只是一个新贵。到 1914 年时,黄金在英国取得这样的法律地位,也不到一百年的时间(尽管从事实上来讲已经存在了两百多年),而在其他大多数国家这种法律地位的确立尚不足 60 年的光景。这是因为除了这中间若干较短的时期之外,黄金这种物品数量实在是十分地稀少的,这就使它还不能满足作为世界主要通货这一角色的需要。黄金是一种非常稀少的商品,而且一向如此,现在也仍然未曾改变。在过去 7 000 年中人类所开掘或采捞到的全部黄金,一艘现代邮船只需要一次航程,就可以把它们统统运到大西洋的彼岸去。就历史上的情况来看,新的黄金供给源,大约每隔 500 年或 1 000 年会被发现一次,而十九世纪后半叶的黄金采掘热就是其中的一次,每当这样的时期到来之际,黄金的供应就暂时比较充裕一些。但是一般而言,给人的感觉总是供应不足。

近些年来,对黄金的贪婪之情被遮掩得煞是深密,这种贪婪的情感之外,复又被笼罩上一层外表庄严的衣装,越发地令人敬畏,这样的氛围甚至都扩散到了两性关系或宗教的领域之内。以黄金为本位的制度和复本位制度之间曾展开过一场殊死的搏斗,原本是为了取得最终的胜利才披上的这件

---

[1] 有关弗洛伊德关于金钱、尤其是黄金喜好的理论,可参阅: Freud, *Collected Papers*, volume II, clinical paper No.iv; Ferenczi, *Bausteine zur Psychoanalyse* volume 1, "Zur Ontogenie des Geldinteresses", p.109 *et seq*.; 以及, Ernest Jones, *Papers on Psychoanalysis*, chapter VII, "The Theory of Symbolism", also chapter XL.1917 年琼斯博士所写的以下预言或许也可以认为是心理分析法的一种成功表现:"因此,占有和财富的观念顽固地与'货币'及黄金的观念联系起来,是有一定的心理原因在的。在这次世界大战之后,人们或许会不惜任何代价而恢复黄金货币;到那个时候,这种迷信的态度尤其会令英国付出很大的代价。"(参同前引书,第 172 页)

衣装，至今也未见它脱下来，对此，黄金的崇拜者们会这样说道，黄金才是现今防止非兑换纸币（fiat moneys）泛滥成灾的唯一预防剂。到底是弗洛伊德那神秘莫测的精神分析指向的原因，还是上面所说的这些道理，促成了今日对黄金的追求的状况，我们倒不必如此好奇，去刨根问底。但是，我们可以提醒一下读者这样一个他原本未尝不明了的事实，即黄金现在已经成为保守主义者们的一个工具，在处理这件事物时，难免不会抱有成见。

尽管如此，我们这一代人却遭遇到了一个重大的变化，最终，这可能会是一个致命的变化。大战期间，个人纷纷将他们那一点黄金存储，投入到国家的大熔炉里。战争有时候会使黄金风流云散，就像历史当中亚历山大大帝之对待波斯庙宇中的黄金，[1]或者像皮萨罗之对待印加帝国[2]的黄金一样，[3]一个帝国的黄金存储一时间消散于无形。但这次大战的结果则是把民间的黄金存储集中到了几个中央银行的金库当中，而这些银行并没有把它们放出来。其所造成的结果是，黄金差不多在整个世界范围内退出了流通。它不再是从人们的这只手腾挪到那只手这般进行传递，而是已经从人们贪婪的手掌中溜了出来。原来的情况是许多小家神分散在各家各户，藏身于钱袋、袜筒和

---

1 据估计，波斯帝国的金银储备高达 4 300 万英镑［这个数字是 E. 梅耶（E. Meyer）给出来的，曾由安德里亚德（Andreades）和其他权威所证实］。亚历山大晚期的战争就是利用这些资金来完成的（参阅：Andreades, "Les Finances de Guerre d'Alexander", *Annales d'histoire economique*, July 1929.）这笔巨额资金被释放到实际流通中去，对物价水平带来了翻天覆地的影响不足为奇。［当亚历山大在数年之前出发穿过达达尼尔海峡（Hellespont, 位于土耳其欧亚两部分之间，连接马尔马拉海和爱琴海。——译者注）时，他的金库库存还不到两万英镑。］

2 不过，最近的研究（E.J.Hamilton, "Imports of American Gold and Silver into Spain, 1503—1660", *Quarterly Journal of Economics*, May 1929, p.436.）似乎表明，传统上大大夸大了西班牙从南美洲输入的黄金数量。

3 印加帝国是十一世纪至十六世纪时位于美洲的古老帝国，其版图大约是今日南美洲的秘鲁、厄瓜多尔、哥伦比亚、玻利维亚、智利、阿根廷一带。首都设于库斯科。印加帝国在 1533 年灭亡，最后一任印加帝国国王阿塔瓦尔帕被西班牙探险家弗朗西斯科·皮萨罗处以死刑，结束了 400 多年繁荣的帝国历史，帝国黄金被洗劫一空。——译者注

铁箱子里,现如今各个国家俨然有一位独一无二的大财神,原来的那些小家神被他一起并吞下肚,隐入地下,不可复见。黄金逃出了我们的视野,杳不可寻——重又回到泥土中去了。而我们于此世界也就再也看不到黄盔黄甲、盛装出行的小家神们的身影,开始对它们的存在性进行合理化解释;而不久之后,即把它们抛诸脑后,不复置问。

于是,漫长的商品货币时期最终成为了过去,而迎来了表征性货币的时代。黄金不再具有铸币、积贮或财富的实际债权,而在过去,只要个人紧紧握住这种金属实体,价值就不会从手边溜走。现在,它已经变成了一件极为抽象的事物——只是价值的一个衡量标准;之所以这种名义上存在的状态可以得到维持,乃是因为这样的事实:当各国中央银行其中的一家在管理表征性货币的膨胀与收缩上与其邻邦的中央银行的行为相因应时,有着不同程度的参差变化,才需要数量极少的一部分黄金在各国中央银行之间进行周转、转移。即便是这种转移行为,由于存在着一些不必要的运输费用,如今也显得有些过时了,现在最时新的方式,是所谓的"认权储存法"(earmarking),这种方法无需挪动地点即可转移黄金的所有权。[1]这种情况不需要迈出多大的步伐,就可以达到下一种安排的起始阶段,各国中央银行通过这种安排,无需正式宣布黄金的作用,而这种金属实际上深藏在中央银行的金库中,但是,用一种现代化的炼金术,就可以让它的数量要代表多少就代表多少,让它的价值代表什么就代表什么。这样,当初和它的佳偶白银像日月一般高悬于太清的黄金,俨然首先放下了它的神圣属性,而下凡到人间做了一位专制的君王,接下去可能会俯就严肃的立宪君主之位,各国中央银行赫然便是

---

[1] 有关认权储存法最早的例子,乃是罗塞尔岛(Rossel Island)的石钱,这种石钱很笨重,搬运不易,不能方便地以其他办法处理。其中最大且价值最高的一块石钱,因运送的船只沉没而沉到了海底。但这块石钱无疑还是在那里的,那些开化了的岛民对于把它列入他们所存有的通货之内——其法定所有者在任何时期内实际上都因此而被认定为岛内最富有之人——或对于采用认权储存法转移其所有权并无异议。

内阁辅臣，它可能永远也不需要成立共和国。但是，这在目前还只不过是一个想象，这种局面尚且没有来到，最终演变的结果也许和这里所述的一切都不相同。黄金的拥护者如果想要避免一场革命，在处理这一问题时，就必须要有高度的智慧和审慎的态度才行。

第二节　拥护金本位制度的理由

在现代条件下，根据近来的经验，拥护金本位制度的理由何在呢？

(1) 有人这样为黄金辩解，认为很长时期内它在维持购买力的合理稳定方面曾取得了相当的成功。我在《货币改革略论》一书（该书第 164 页及以后各页。）曾就此做过简短的讨论，并且部分地承认了这种看法。但这肯定不是由于这种贵金属的供应有一种内在的趋势而与其需求步调一致。正如我们上文所指出的那样，在代用货币得到发展以前的时代，黄金供应量足以作为世界主要通货媒介之用，但这样的时期毕竟凤毛麟角，而且断断续续。如果有哪一种金属在如此悠久的经历上要求这样的地位，它必然是白银而非黄金。黄金的现代管理规则与代用货币的发展同时。物价水平的这种稳定性——这实在毫无值得自豪之处——是金本位可以声称其在这次大战之前五十年所得到保证的；这种稳定性肯定在很大程度上可以归之于黄金使用者管理得当。在这一时期的前半场，世界不同国家均逐渐地采纳了金本位制度，其速度受到黄金新供应量的相对充裕程度所影响；在后半场，代用货币的使用迅速占据了上风，"节约"实际黄金的使用以及代用货币的黄金准备金的方法，其发展速度也一样受到黄金供应量的影响。

这样一来，我认为，如果认定黄金供给有着某种可以使之自动成为一种稳定的价值标准，则只能说这是一种幻觉，除非那是它与所有耐用品共享的特性——也即，任何一年总供给的增量可能都很小。舍此而外，黄金之所以能够维持价值稳定，乃是多取决于对需求的刻意调节，而少取决于供给方面的条件。

虽然如此，我们还是不妨在这里插入一些可以获取的最新数据，用以说明黄金供给量相对于现行办法下的世界需求量来说，其现在和将来的情况会怎么样。

基钦先生（Mr Kitchin）对这次大战以来黄金产出量以及它在不同用途上的分配的估计值参见表49。[1]

表 49

（单位：百万英镑，每盎司纯金价值85先令）

	1919年	1920年	1921年	1922年	1923年	1924年	1925年	1926年	1927年	1928年
I. 产出量										
德兰士瓦	35.4	34.7	34.5	29.8	38.9	40.7	40.8	42.3	43.0	44.0
美国	12.4	10.5	10.3	9.7	10.4	10.4	9.9	9.5	9.0	9.3
加拿大	3.3	3.3	3.9	5.4	5.2	6.5	7.4	7.5	7.8	7.9
澳大利亚	5.5	4.7	3.8	3.9	3.8	3.4	2.9	2.8	2.7	2.7
其他各国	18.4	15.8	15.5	16.7	17.2	20.0	20.0	19.9	20.0	20.1
世界总产出量	75.0	69.0	68.0	65.5	75.5	81.0	81.0	82.0	82.5	84.0
II. 消费量										
工艺[2]	23.0	22.0	15.0	17.0	17.0	16.0	15.0	16.0	15.0	15.0
印度[3]	27.9	3.5	0.7	26.6	20.1	52.4	28.0	16.1	15.1	18.0
中国、埃及	11.5	-3.0	-2.2	1.2	1.5	0.2	1.3	-0.4	0.4	0.5
工艺和远东消费量	62.4	22.5	13.5	44.8	38.6	68.6	44.7	31.7	30.5	33.5
可做铸币用的余额	12.6	46.5	54.5	20.7	36.9	12.4	36.3	50.3	52.0	50.5
世界总供给量	75.0	69.0	68.0	65.5	75.5	81.0	81.0	82.0	82.5	84.0
III. 世界金币储量[4]										
各国中央银行和政府存量	—	—	—	1 716	1 769	1 837	1 832	1 888	1 960	2 055
其他（包括所有流通中的黄金）	—	—	—	327	311	256	297	292	272	227
总计	1 922	1 968	2 023	2 043	2 080	2 093	2 129	2 180	2 232	2 282

这些估计数字唯一可能会招致批评的是关于目前每年工艺用金量的估计

---

1 这张表格取自约瑟夫·基钦先生（Mr Joseph Kitchin）最近关于黄金估计数字非常有价值的统计材料（*Review of Economic Statistics*，May 1929，pp.64-67），其中关于40个国家的中央银行和政府持有的黄金数字不在其内，后者是根据《联邦储备银行公报》（*Federal Reserve Bulletin*）1929年6月号第396页上的表格编制的。

2 美洲和欧洲。

3 从本年到下一年3月31日。

4 每年的12月31日。

值。基钦先生可能低估了这次大战以来工艺用金量,此项黄金的供给来自于以前流通中逐渐被持有者让出来的金币。我们有理由认为,如此而从欧洲各国——尤其是法国和俄国——进入到市场中来的潜在供给量足以使工艺方面的消耗量超出基钦先生的估计量——应该是2 000万英镑到2 500万英镑,而非1 500万英镑。[1]如果真是这种情况,那么,在以后的几年中,上述工艺方面的供给来源不断枯竭时,可用于货币用途的余额可能会落到基钦先生所估计的5 000万英镑这个数字以下。

至于将来的产出量,基钦先生估计,在接下来的5年时间里,产出量可以维持在目前的数值水平上,德兰士瓦新产地的产出增量大致可以抵消原来的消耗量,是故,该地的总产出将会保持不变,而加拿大和俄国适度的增加量又可抵消世界其他各处的降低量。他预期在1940年后会急剧下降。[2]以此为基础,我们可以计算出过去和将来全世界的货币黄金存量之变化如下:

表50

年份	货币黄金的世界存量(百万英镑)	期间的增加量
1867	519	
1893	774	26年中增加255=每年增加1.5%
1918	1 909	25年中增加1 135=每年增加3.7%
1928	2 282	10年中增加373=每年增加1.8%
1934	2 572	6年中增加290=每年增加2.0%

---

1 伊蒂教授(Professor Edie)在其《资本、金融市场与黄金》(*Capital, the Money Market and Gold*, 1929)一书中对基钦先生在这方面的结论进行了批判。他自己的估计数字为:1913年到1928年的15年间平均每年为3 500万英镑。不过这个数字恐怕是犯了个相反的错误。所有有关1913年实际流通中的金币数量之估计,一定不免出现较大的误差。

2 目前,全世界的砂金(alluvial gold)供给量已经接近枯竭,找到新的金矿并形成切实的供给还需要相当长的时间,德兰士瓦的金矿运营费用约200万英镑,在开始出产黄金之前需要6—7年的时间投入进去。此外,要切实延长现有金矿的寿命,会需要生产成本的很大变化才行。因此,预测5年乃至10年后的情况,在准确度上可能不会有太大的偏差。

表 51

国别	1913年年底银行、库存以及流通中的黄金量	各国中央银行和国库中的黄金量				
		1913年年底	1919年年底	1927年年底	1928年年底	1929年年底
美 国	392	266	520	818	770	800
法 国	304	140	143	196	258	336
英 国	150	35	120	152	153	146
德 国	184	57	54	92	134	112
日 本	17	13	72	111	111	109
西班牙	19	19	97	103	102	102
阿根廷	59	53	69	109	125	91
意大利	55	55	41	49	55	56
荷 兰	13	12	53	33	36	37
比利时	16	12	11	20	26	34
俄 国	211	162	?	20	19	31
瑞 士	9	7	20	20	21	24
澳大利亚	15	4	24	22	22	18
波 兰	—	—	—	12	14	16
爪 哇	2	2	14	15	14	14
瑞 典	6	6	15	13	13	13
奥地利与匈牙利	52	52	9	9	12	11
丹 麦	4	4	13	10	9	10
南 非	8	8	7	8	8	8
捷克斯洛伐克	—	—	—	6	7	8
挪 威	2	2	8	8	8	7
其他国家	61	56	65	103	105	85
总 计	1 579	965	1 355	1 929	2 022	2 078

对于全世界一般经济发展速度最常见的推测是每年3%——我想正是卡塞尔教授自称做出了这个推测。如果这个推测大体不错,[1]那么,假定货币习惯不变,则黄金的新供给量是不足以维持物价水平的,而且在一个长时期内每年还会有1%的下降趋势（累积性的下降）。但据我判断,我们并不必然可以把它与下述事实同等看待:现在全世界货币黄金有90%是由各国中央银行

---

[1] 统计中所记录的原材料生产量和贸易量大体而言还是准确的。但是,如果我们把那些远大于此的未记录的活动也包括在内,这就会过高。世界人口年增加约1%。如若包括亚非在内的人类平均生活水平累进地增加2%,那么这肯定是无法成立的。另一方面来看,统计所记录的活动都是与货币需求最密切关联的活动。

和政府所持有的，而这笔黄金在世界各国之间的分配比例极端地不平衡，对于各国的经济活动量也不存在稳定的比例关系，详见表51所示。[1]

每一年的年底各个主要国家质检的黄金分配百分比如下，见表52：

表 52

国别	1913年(a)	1913年(b)	1919年	1927年	1928年	1929年
英 国	9.5	3.6	8.9	7.9	7.6	7.0
法 国	19.5	14.5	10.5	10.2	12.7	16.2
德 国	11.7	5.9	4.0	4.8	6.6	5.4
美 国	24.8	27.6	38.4	42.4	38.0	38.5
阿根廷	3.7	5.5	5.1	5.7	6.2	4.4
日 本	1.1	1.3	5.3	5.8	5.5	5.2
其他国家	29.7	41.6	27.8	23.2	23.4	23.3

注：1913年：(a) 银行、国库以及流通中的黄金。(b) 中央银行和国库的黄金。

由这些表格可以看出，世界货币黄金总量中的接近一半在美国和法国。此外，在过去三年半时间里，单单法国这一个国家所吸收的黄金量就大大超过可用的新货币黄金量。另一方面，六年半以来（即自1923年12月以来），美国和英国的黄金持有量基本上维持不变。如果我们只考虑不远的将来，譬如说接下来的五年，那么，很显然，各个中央银行增加或减少其准备金的政策可能会成为决定因素。新的黄金量够用或不够用，要看美国和法国的中央金融机构的决策如何。

不过，我不会千方百计地赋予这种统计上的概览以决定性的意义。现代最为惨烈的物价波动总是与利润（或商品）膨胀或紧缩相联系；虽然这些波动间接而言也可能与金属黄金的供给量波动有关，但是，直接而言则取决于全世界中央银行整体对于与自然利率相对的市场利率所采取的政策的综合影响。即便在代用货币情况下，物价水平的长期涨跌趋势可能也比短期变化更受长期黄金供给量的影响；但与短期和中期当中明显存在的利润膨胀和紧缩

---

[1] 录自1930年2月15日的《经济学人》杂志，这个数字是从《联邦储备银行公报》和其他来源中剪裁而来。

相比，此一长期趋势对经济福利而言尚是次要的因素。因此，国际金本位制度能否站得住脚跟，一定取决于其应对这些扰动的能力——我们将在接下来几章对这个问题详加讨论。

（2）有人认为，黄金可以令各国散漫的通货系统按照标准一致行动。它会限制任何栖身于国际金本位体系中的政府或中央银行的自由裁量权，令它们在独立行动方面受到约束。这或许并非一个理想的制度，但——这种观点认为——它保有了某种效率标准，避免了剧烈的扰动和肆无忌惮地脱离常规的政策。

只要一国持续地依附于金本位制度，那么，这种制度也就有了力量。但是，经验——涵盖广泛且几乎没有例外的经验——证明，当严酷的压力来袭，金本位制度通常就会被束之高阁。几乎没有什么证据表明，那些在国内实施管理本位都无法信任的政府当局，在实施国际金本位制度时就能够得到信任。事实上，人们的看法——至今尚未有事实证明还有其他未曾尝试过的办法——适与此相反。这是因为，国家管理本位不会使该国国内经济受到继续依附于国际金本位制度的做法那样的强烈压力；因此，在前一种情况内固有的困难与必要的牺牲将会比后一种情况要少。

此外，即便国际金本位制度能够使散漫的各国采取符合标准的一致行动，它也得令先进的国家停留在其他情况下所能达到的货币管理标准之下。这样一来，正如我在前面所言，金本位制度就是保守主义的工具之一种。这是因为，保守主义始终更多地关心使人类制度不要从已经达到的进步程度上倒退下来，而不那么关心在已经可以前进的方向上继续使其前进，甚至甘冒"推翻"地位较弱的同胞之"思想观念"，并且使那些来之不易、尚且不那么稳固但至少可以借之保持点儿优良作风的惯例方法出现问题的风险。

（3）然而，基本上来说，国际金本位制度的说法——或者仍可以此称呼的科学而明智的修正办法——是否成立，我认为这要看我们对理想的价值标准——无论它在其他方面的情况怎么样——应不应该具有国际特性这个问题所给出的答案是怎么样的。这是因为，如果我们大力强调我们的价值标准具有国际性，那么，在未来许多年里，我们是不可能使国际间遵守一种与黄金毫无关联的本位制度的。此外，如果我们能够把走向科学管理的世界本位制度之路上遇到的重重阻碍一一扫除，那么，令其具有一种黄金的外貌，并不会给我们增添太多困难。若然世界货币制度是由一间超国家机构以全知全能的方式来加以管理，而且这项计划中又有一部分规定黄金在各地都不得投入实际流通——由于我们可以任由我们的心意来确定金本位的价值——那么，无论什么样的理想价值标准，都能与金本位价值的形式相兼容了；对于那间超国家机构而言，唯一必要的就是把黄金加以管理，使之与理想的本位相合即可。我们给予黄金的崇拜和尊仰或许能使我们在购买金矿的本期产出时每年支付一笔支出；但所能发生的最坏情况也不过是这般而已。

但是，理想的本位肯定是国际本位吗？一般认为，答案如此明显，以致根本不用多言。除了拙著《货币改革略论》第四章中有所质疑之外，我尚未见到其他地方有提出过这样的问题。人们认为，国际本位为对外贸易和对外投资提供的那种便利和方便已经足以确定这个问题了，而且还认为，缺乏国际价值标准正像关税之类的制度一样，愚蠢地妨碍了国际间的流动性，这些制度由于弄错了方向，原打算让个别地区得到好处，实际上却把整个世界都拉向了贫困。

至于反对面所能提出的理由，却普遍被人们忽略，在下一章，我们必须公平地对之进行讨论。

第三十六章 国际管理问题——Ⅲ.国家自主权问题

第一节 国际管理体系的两难境地

我们已经看到，国家或国际货币管理总是呈现出一种双重性。由于货币性要素的数量相对于产出量存在着持久性的变化，所以均衡物价水平——即效率报酬的水平——也出现了长期的变动。而由于投资性要素暂时脱离了均衡状态——我们曾把这种现象简要地概括为信贷周期——所以围绕均衡物价水平的长期趋势就出现了短期的变动。

就第一个方面而言，国际体系中的成员必然会把国内货币的长期价值与国际本位的长期价值紧密结合起来。这一点必然会作为不可避免之事加以接受，而且，如果我们相信国际本位的优点所在，也会认为这是值得期许的。但是，至于第二个方面，每一个国家自然都希望尽可能地从暂时性的扰动中把自己给解脱出来。当国内开始出现投资上的非均衡状态时，无论国外发生了什么，国家都会想方设法去遏制这些非均衡状态的；而当国外发生投资上的非均衡状态时，国家将竭力避免也陷入这样的状态中去。因此，由于投资上的非均衡状态并不是在各地以同样的程度在同一时间上发生，所以，一国体系可能会受到激励而采取措施以保持其自身的投资上的均衡，这些措施可能并不适合于同一国际体系中的其他成员。

如此一来，希望保持短期独立行动的自然愿望便遇到了极大的困难。这是因为，正如我们所见，加入一个国际体系，其实质是国际均衡（即 $G=0$,

意思是一国对外投资贷付与其对外贸易余额相等）要求每个会员国的银行政策均应以所有其他会员银行的一般行为作为主要标准，其自身对最后结果的自愿而独立的作用是相当轻微的。如果任何国家偏离此一标准，那么，黄金的流动势必无可避免。

我们通过假设国际金融体系是完全流动性的，或可清楚地阐明这种困难；在这个假设的体系内，各种国际汇兑率均严格固定，因此从一个国家汇款至另一个国家无需任何费用，每一个国家的金融家都只追求最高利息率而完全不关心他们的钱贷到了哪里。很显然，在这种情况下，全世界的利息率必然趋于一致。如果哪个国家试图把利息率维持在高于邻国的水平，黄金就会流入该国，直到要么是该国让步而放弃高利率，要么就是因其吸收了世界上的所有黄金而使国际体系遭到破坏。而如果它试图维持一个较低的利率，黄金必然外流，直到它要么放弃这种低利率的政策，要么因其丧失了自己的全部黄金而退出国际体系。因此，该国的独立行动权力之大小与本国的需求并没有关系。

然而，正如我们前文所见，可能还存在着这样的情况，即如果一国利率是由外部情势所定，那么它就没有办法在国内达成投资上的均衡状态。如果其国外存款余额缺乏弹性，而且同时又不能在世界利率下将其全部储蓄吸收到新投资中来，则这种情况就会发生。甚至在其国外存款余额有弹性时，如果该国生产成本中的货币成本具有黏性，这种情况可能也会发生。此外，还有各种其他的理由可以解释为什么维持本国的日常投资均衡可能需要令当地的利率与国际利率保持一定的距离。

那么，这就出现了国际货币体系中的两难境地，鱼和熊掌难以兼得——既要根据国际本位保持国际体系中各会员国货币稳定性的优点，又要同时保持每个会员国对国内利率及其对外投资贷付量上的充分自主权。

我认为，一些拥护在战后普遍回归金本位的人并没有充分预见到各个国家是如何迫切地要求自主权和独立行动的。他们设想的是，一种货币的自动稳定性将能通过每个会员国自觉自愿地或实际上出于被迫地按照整个体系的一般行为来支配自己的行为即可达致。由此观点而认为的金本位制度的理想运作，从来不会有黄金流动的必要性（按适当比例分配新出产的黄金除外）。这是因为，如果每间中央银行意欲放弃其独立行动之权到同意始终采取一种方式调整其信贷政策，使其金库中的黄金不致大量流入或流出的程度，如此即可取得最大限度的自动稳定性——如果每间中央银行能够促使或允许黄金流入或流出尽可能地影响其信贷条件，也即通过促使其根据情况而令银行利率上升或下降到逆转黄金变动方向所必需之程度，那么，上述的结果是可以在实践当中充分实现的。

例如，美国联邦储备委员会主席斯特朗于 1927 年在美国国会曾这样作证道：

> 总有一天，当之前实行金本位制度的国家回归金本位开始对全世界的物价水平产生影响，而且银行也开始准备因此而重新调整其准备金时，到这个时候，我认为采取一种使物价趋于稳定的重要措施将势在必行……[1] 在大战以来国际间不存在黄金的自由流动情况下，我们是不能期望达到那种由于调整国内和世界物价而取得的或多或少的自动稳定性。在我们没有恢复黄金的自发流动，从而影响银行准备金，并使准备金的丧失自发产生的反作用起到效果之前，我认为我们是不可能从联邦储备系统中得到那样的时期到来之后所能取得的令人满意的结果的……[2] 当那样的时期来临，我们能够像前些年那样来处理这些事情时，许多需要运用当前形势下必需的管理手段的情况都会消失不见，对此我深信不疑。情况会变得更加具有自发性。我们将不必像现在这样如此地依赖于我们的判断力，而是能更多地依靠自然力量及其对物价的反作用力，这

---

[1]《物价稳定委员会报告》（*Report of Commissioners*），第 306 页。
[2] 参同前引书，第 378 页。

类作用我曾非常粗略而且不那么充分地描述过。1

米勒博士在同一场合作证时，背后隐藏着的或许是同样的原理和预期：

> 金本位制度不仅意味着在合法的方式下用黄金收回国家的货币与信贷，在我看来，它还意味着这样一种方法，这种方法的作用就是在彼此之间存在着正确配合关系的金本位集团的各国当中发挥调节和保持平衡的影响，从而维持物价水平、信贷条件和货币状况。对我而言，金本位制度意味着一系列办法、一套程序，但这套办法和程序从未用公式表达出来过，也从未被人们有意识地思考出来过，也不是由任何人发明的，而是这个世界各大商业国家经验积累的结果，而非仅是用黄金赎回债务的所有形式。2

正是基于这样的假设，即关于货币金本位制度所应指向的意义之假定，人们才对美国或法国时常加以指责，认为它们最近纯粹为了本国和本地的原因而采取一种信贷政策，这种政策吸引大量黄金流入它们的金库而不让其对两国的政策起到较大的修正作用。它们这样做，就是在破坏"金本位游戏"的规则。然而，要是指望这些国家为了推行一种更加适合某些其他国家的信贷政策而自动牺牲它们所认为属于它们自己的利益，那就不免过于奢望。因此，我将在下文说明，解决之法不是提出这些要求，而是通过安排某种折中的方法，把在正规、合法方式下对国际金本位制度的严格遵守，与适度的对外投资贷付率上的国家自主权合理地结合起来。我们现在就来集中关注如何达致这一目标——其中细节必须要各个国家自己来拟定。

第二节　调节对外投资贷付率的方法

我在上一节提出的那种进退两难的境地或许只是对英国才是新奇的。

1　《物价稳定委员会报告》(*Report of Commissioners*)，第379页。
2　参同前引书，第693页。

在十九世纪下半叶，伦敦对全世界的信贷状况之影响占尽优势，以致英格兰银行几乎可以称得上是"国际管弦乐队的指挥"。通过修改她打算进行贷款的条件，再辅之以她自己打算变动其黄金储备量的意愿，加上其他中央银行又没有这样的想法，她就可以在很大程度上决定其他地方通行的那些信贷条件。

这种号令天下的权力，再加上我们在本书第二十一章所研究的那个时期的某些其他特征，使大不列颠能够在对外投资贷付方面采取某种程度的自由放任主义，而其他国家却无法蹑乎其后。如此一来，对于她来说，以一种严重的形式发生的这种进退两难的局面，是非常罕见的——少到了足以使她能够把这种局面当成一般的政策问题而忽略不计。的确，英国的经济学家们几乎没有谁对本国或其他国家这种现象的存在有所察觉。他们不是把自由放任主义政策的实际成就归功于大不列颠一时的特殊地位，而是将之归功于自由放任主义本身无以复加的价值。那些没有以她为榜样而效仿着去做的其他国家都被视为——就像他们对保护性关税所持有的成见一样——它们政治智慧低劣的标志。

但是，很不幸，当今这种地位有了相当大的变化。美国已经成功建立了联邦储备制度，并利用其迅速增长的财富将她自己从一个债务国转变成了一个债权国，与此同时，她所积累的黄金也占到了世界黄金存量的很大比例。大不列颠也曾非常慷慨大度，而且乐于做出牺牲以促进战后欧洲的平稳（这也是为了满足她那傲然于世的心理），其结果则是让法国和美国成了因战争而兴起的金融往来中的主要债权国，尽管她在这次大战期间的金融活动最为巨大，但她自身却被完完全全地给排挤出去了。即便伦敦仍然保持着世界上最具有影响力的金融中心的地位，即便大不列颠所拥有的堪作投资之用的余额（我是指1929年）仍然等于包括美国在内的任何其他国家的一倍半之多，但是，在影响全世界信贷状况方面的相对地位上，大不列颠的相对重要性无疑是远不如昔日了。

因此，现在她也面临这种进退两难的境地。此外，在这般条件——当时按照黄金计算的收入水平与其他国家按照各自恢复金本位制度时所规定的条件来计算的黄金收入水平相比是失衡的——下恢复金本位制度，她那粗率的行为更是在一时之间使其遭遇的这种两难困境雪上加霜，程度远比所有相关国家在若干年持续不断地维持同一国际本位时所可能发生的情况要严重。

然而，英国在这类问题上所持有的自由放任主义的传统信念以及她的金融机构的固有形式均使其在面对这种两难局面时格外困难。伦敦这座城市的心理充满着旧式金融周刊上至今仍可看到的那种头脑简单的原理，大意就是认为对外投资贷付几乎可以自发地在对外贸易余额上产生一笔相应的增益。

当一个国家因依附于一种国际货币本位而过度影响了其国内的均衡，从而使其对外投资贷付（或借收）发生了变动，导致利率出现波动时，且让我们考虑一下到底有哪些方法可以防止这样的波动发生。但在此之前先让我重新说明一下这个问题的性质。

国际货币本位因其能够把费用和风险减至最低，故而极大地便利了一个国家与另一个国家之间的货币借贷。在现代，资本家以流动的形式持有大量准备金，一个金融中心相对于另外一个金融中心只要利率上发生比较而言很小的变化，就可以令大笔贷款从这个中心转移到另外一个中心。这就是说，对外投资贷付量对于利率的微小变化都是高度敏感的。另一方面，对外贸易余额绝对不会这么敏感。一个国家即便通过剧烈减价也很难突然压缩其进口量或突然扩大其市场。高额关税的盛行更是加重了这一困难。因此，要想在对外贸易余额上产生足够大的变动，以使对外投资贷付上的变动得到平衡，并没有什么实际的办法可行。对外投资贷付甚至只要有一个非常小的刺激就会引起较大的变动。国际投资贷付这种高度的短期流动性，与国际贸易的低度短期流动性相结合，意味着——没有采取措施应对前者——即便国内利率与国际利率只有暂时的微小差异，也可能产生危险。在这种情况下，尊奉任何一种国际本位，均会对中央银行应对国内局势以便保持国内经济稳定和最优就业量的权力,给予充分的限制。

对于债务国和债权国,这个问题是以不同的形式自我呈现出来的。对于债务国这个问题更严重,更加难以处理。这是因为,在紧急状态下,减少贷款总是比增加借款更容易做到。的确,当危机降临到债务国时,其结果十有八九是暂时放弃国际本位。迄今为止,在这为数不多的"十分之一"情况里,印度即为其一,这个国家度过了许多难关,部分是由于伦敦的印度事务部的官方地位所带来的方便,部分则是由于该国设立了一笔为数甚巨的国外准备金,公开宣称这笔准备金的目的就是应付国外借方余额和国外借款之间的短期差额。不过,下文我们将基本上从债权国的立场来研究这个问题。

可能的补救办法可以分成以下两类:(i)当局用来抵消市场活动的办法;(ii)当局用来影响市场活动的办法。

(i)第一类办法包括中央银行以其对流行性外国资金的支配权来加强自己地位的各种手段,在经过这样的加强之后,中央银行即可以大规模改变这些资金的数量,从而抵消市场上短期与长期对外投资贷付率的不利变化。这些手段有:

(a)持有远超法定最低额的黄金准备金,**并愿意允许让这种超额准备金出现较大幅度的波动**。正如我们已经看到的那样,大多数中央银行由于法律的限制而封存的黄金储备量实在太多,因此可以自由支配的部分便不足够;而且很多中央银行甚至还老大不愿意地使用这个自由支配的部分。到目前为止,唯一充分利用了这一权宜手段——即自由使用这一大笔超额准备金——的机构就是美国联邦储备局——这对于其国内经济的问题有着极大的益处。由于可得的黄金不足以令所有中央银行都将它们自由支配的储备量增加到大大超过当前法律要求的程度,因此在这个方面就没有办法找到一个万全的补救办法——除非普遍降低法律要求的额度。我们已经在本书第三十三章讨论过这个问题。可能也有正当的理由,以保持一定数量的黄金作为最后的手段。但是，实际封存的数量确定可能并不是对需要进行细心计算所得到的结果，而是考虑了风尚和威信而得到的结果。我们需要引一时风尚的领袖人物——并非别人而恰是采取一致步调的各个中央银行本身以及它们的政府——发布一项命令将目前的法定黄金准备金额规定降低下来。

(b) 在国外金融中心保持大笔流动性余额，黄金外汇管理即其一法，并愿意允许这些余额出现较大幅度的变动。事实上这种权宜之法眼下已经开始大规模地被运用。在本书第一卷第二十一章（第五节），我们已经讨论过其中的某些方面。

(c) 与其他中央银行商订透支通融之法。当英国恢复金本位制度时，这种权益之法曾为之所采用，大不列颠与纽约的 J.P.摩根公司以及纽约联邦储备银行商订了为期两年的通融之法。其他国家在类似情况下也做出过相应的安排。这笔资金往往隐于幕后，而且除了非常例外的情况，中央银行可能都会犹豫而不大愿意利用这笔资金的。

(d) 各中央银行与跨国银行（supernational bank）商订借贷款项的协议。对于将来而言，这或许有着很大的希望。我们将在本书第三十八章重新回到这个问题上来。

(ii) 第二类方法包含中央银行可以用其来影响市场，使之按照其愿望和政策来调节净对外投资贷付率的方法：

(a) 一国业已确认的证券市场组织显然应该与其对外投资贷付的正常能力相适应。在稳定时期，经过一个演化过程就可以实现这种情况。但在变动不安时，可能中间就会插入一个失调的时期。今天的伦敦证券市场或许就过于偏向于外国证券的发行——这是由于大型发行公司过去的经验以及诸如保险公司和投资信托公司之类资金雄厚的职业投资者的习惯所带来的结果；因此，相对于大不列颠目前的国外余额而言，对外投资贷付量就显得过大了。另一方面，在美国，情况是相反的，尤其是法国，就更加如此，这部分是由于这次世界大战前其在国外投资方面的不幸遭遇，部分则是由于法郎崩溃期间它有意禁止国外投资。这是因为，在决定贷付的分配方向上，习惯和组织起到了很大作用——其作用甚至可能与内在本质一样大。

(b) 在当下这种高直接税的条件下，国内和国外有价证券的相对吸引力可能会大大受到差别税则的影响。在法国，这起到了重要的作用。在英国，这也许需要它作为一种平衡，从而抵消习惯和组织中存在的对国外有价证券的现有偏误。

而且，可能还需要用它来作为另外一种趋势的平衡力。对国外投资采取自由放任主义，意味着抛开风险等问题之外，各地净利率将趋向于同一水平。因此，在各国，同等效率的劳动量必须要与等量资本相结合，其结果是各地劳动的边际效率就会一样，因之劳动所分享的产品份额也就相同。如此一来，如果投资贷付在国际间是流动的，而且风险也一样，那么各地的效率工资必然会趋于相同水平。否则的话，效率工资较高的国家其对外投资贷付额就会超过其对外贸易余额，这就需要用利润紧缩的办法来保有其黄金存量，一直到失业的压力使收入紧缩随之发生而终于把工资水平降低到与其他各处的水平相同为止。这意味着，在一个成熟的老牌国家，除非投资者对于对外投资贷付的出路、或真或假的风险，以及类似的差别税则等不够熟悉，否则该国的工人就不可能以超过世界其他各地的工资而直接获取该国大量资本积累所带来的收益。不受限制的对外投资贷付或可带来国家财富的迅速增长，但这却是由推迟了该国以更高工资享受这种日益扩大的资本积累的收益而取得的。十九世纪的哲学习惯于认为未来总是会胜过现在。但现代社会则更倾向于要求取得自行决定到底在何种程度上服从这一苦行教义的权利。

(c) 上述讨论的两个因素均具有长期性的特征。不过，对于解决本章在讨论的主要问题而言，更为重要的方法则是逐日调整对外投资贷付率这个办法。因此，在这方面我给出以下两个建议：

（α）首先，要对长期对外投资贷付率——即投资者所持有的那类外国证券的购买率——进行控制。就国外新证券在国内市场公开发行这个方面而言，主要的贷付国已经有了正式或非正式的控制。在法国，官方的控制是由财政部和外交部推行的，近年来非常之紧，以致再结合惩罚性征税就全然扼杀了新证券发行的市场；现在有一些人提议放松这种控制。在美国，目前已经有了一种成例，任何外国新证券在市场出售之前，需要取得财政部的默许。在伦敦，英格兰银行自这次大战以来曾数次——我不知道在这次战争之前是否出现过这类事情——不借助于立法而只运用它对发行公司的权力，即有效地禁止了外国新债券的公开发行；这些禁令在当时几乎使对外投资贷付完全陷入停顿，除此而外，有一种惯例已经逐渐浮出水面，即新外国证券无论多少，都必须在事前循例征询英格兰银行的意见，英格兰银行也利用这一机会来调节它们在发行新证券方面的利率。

虽然这种非正式的方法在自身的运用范围以内是非常有效的，即在调节伦敦市场上公开出售外国证券方面的利率上十分有效，但是，这个方法在调节英国的全部对外投资贷付量这个更加广泛而且也更加重要的目的上却不是那么受人欢迎，而且也无法取得完全之功效。这是因为，它不适用于公众或投资公司在外国证券交易所——尤其是华尔街的交易所——购买从来没有在伦敦发行过的证券。近年来的实际经验证明，在纽约发行的大量外国债券或早或迟都是被伦敦那边给购买过去的。很显然，这种禁令无论是全局还是局部而言，都只是使对证券的购买转到了其他途径上去，对推行禁令的金融中心是有害的——因为金融家失去了宝贵的发行利润，而本国的财政部也失去了对发行和过户征收印花税所能带来的宝贵收入。

对于这样的结果，人们有着充分理由表示不满，这种不满情绪与自由放任主义的观念传统联手，共同反对这一控制的机制。但我认为，完善这种控制之法要比放弃它更为明智。我认为，这一点可以由以下方面来做到：对以后的外国债券（意指外国政府与公共当局以及未经注册为英国公司的那些公司或股份有限公司的定息证券）做出规定，除事前得到英格兰银行的核准

281 之外，不得在任何证券交易所进行交易；[1]英国人持有未经英格兰银行认可的证券时应在这项证券的收入中每英镑增加（比如）2先令的所得税。即便全然抛开提高英格兰银行对于对外投资贷付率的控制这个问题，仅就补救国外购买的债券逃避印花税问题，这项税收的存在也完全有其理由；这是因为，英国人在纽约购买的外国债券竟然能够逃避在伦敦进行类似交易时所应缴纳的税负，这的确是一个异常现象。

（β）其次就是对短期对外投资贷付率的控制之法。这当然一直是一项第一等重要的事情。但如今这方面却出现了一个比之前远为困难的问题。第一，当今有了两个地位同等重要的国际短期资金借贷中心，即伦敦和纽约，而不再是由伦敦独占鳌头，因此这两个中心之间可能经常存在着大量的流动。第二，我们推断，国际短期借款市场的性质经历了一场变化。如今之国际金融中心，无论它是伦敦还是纽约，对于世界其他地方而言，至少既是债务人，更是债权人（债权人的可能性更大）。我认为，甚至在十九世纪，伦敦在这方面的状况也比我们当时所相信的情况更加平衡，伦敦所使用的外国短期资金量，与英国持有的非纯粹出自英国贸易的英镑汇票量相比，离后者并不是太远。今天，国际短期资金市场肯定是外商希望保持流动性的资金池，它通过外商承兑票据也成为外商短期借款资金的来源，但前一方面的规模远大于后一方面。因此，这个市场大大受制于其国外客户的主动意向，具体情况要看这些客户到底是愿意交换长期资产，还是交换短期资产与黄金，抑或
282 是在一个国际中心与另一个国际中心之间进行交换来确定。这种银行业务，要求经营它的人既有能力又有意愿看到他们的黄金存量和其他流动性准备金不时产生巨大的波动。根据我的判断，那些经营这项银行业务的人也会发现的明智之举就是，尽其所能地把这项业务与国内工商业的运营分离开来。第三，国际短期贷款资金的规模已经极大地得到扩充。我们对此还没有精确的统计资料。但我估计1929年年末这个数值不会比10亿英镑来得少，其中

---

1 对于所提供的证券之性质，这种核准当然没有给出什么看法。

6亿英镑在纽约，3亿英镑在伦敦，1亿英镑在其他地方；当然，这其间存在着相当大的重复部分，也就是说，A国在B国存有余额，同时B国在A国也存有余额。只有美国已经尝试着编制该国短期贷款总额和净额情况的统计数据。美国商务部[雷·豪尔（Ray Hall）先生编纂的《贸易信息公报》（*Trade Information Bulletin*），第689号]公布的这些结果如此有启发性，值得对之加以重述（参见第二卷，原书第284页）。

很显然，（譬如）纽约金融市场总债务中有10%转到了外国人手中时，无论是对支付者还是收入者，这都是一件很可怕的事。相对于国外余额中任何可能发生的短期变动而言，这绝对是一笔庞大的金额。但如果短期资金的转移不能由有关国家对外贸易余额中的相应变动予以抵消，那么利率就一定要定得使这些流动资金不会太大，从而无法由其他长短期资金或黄金等的相对流动所抵销。然而，很有可能会发生这种情况：这些力量的共同作用所决定的利率并非维持国内工业均衡的最优利率。

表53 "外国人"欠"美国人"的债务[1]

（单位：千美元）

	1928年12月31日	1929年12月31日
美国存在外国人处的存款	198 588	189 740
美国银行承兑外商开出的未到期汇票的负债	508 822	768 942
外国人的透支	255 373	202 348
其他短期贷款和垫款	318 762	285 460
美国在外国金融市场提供的短期资金	24 077	285 460
国外所欠短期资金总额	1 305 622	1 483 847

表54 "美国人"欠"外国人"的债务

（单位：千美元）

	1928年12月31日	1929年12月31日
外国人在美国的存款	1 580 481	1 652 858
美国人所开由外国承兑和贴现得来的到期汇票	93 356	891 132

---

[1] 美国银行的外国分支机构被看成"外国人"；外国银行的美国分支机构被看成"美国人"。

(续表)

	1928年12月31日	1929年12月31日
外国投入美国市场的资金转入美国承兑汇票的款项	564 601	891 132
外国投入美国市场的资金转入经纪人借款的款项	332 888	270 627
外国投入美国市场的资金转入国库券的款项	166 319	61 827
外国投入美国市场的资金转入财政部库券的款项	12 176	8 817
美国银行待收、未经贴现的外国开发的承兑汇票[1]	99 247	104 938
其他	47 152	24 844
欠外国人的短期资金总额	2 896 220	3 087 281
银行账上欠"外国人"的短期债务的净额	1 590 598	1 603 434

就英国的情况而言，有两项改革似乎有必要推而行之：首先，必须按照第二卷，(原书)第284页所引述的美国报表的方式按月编制伦敦国际银行业务情况的量值与流动资金方面的准确信息。现在无人知晓伦敦对外国人的短期负债的净额或总额到底是多少，也无人知晓它们到底是在增长还是在下降。然而，如果没有这方面的信息，英格兰银行就不可能有效管理其银行利率政策以及其公开市场操作。不夸张地说，这就好像一间在全国设有分支机构进行营业的总行对其存款总额或增减状况不具有常规信息来源而去处理其政策和维护其准备金一样。

第二项改革要制定一个办法，通过这个办法把伦敦的国际存款业务及其控制方法在某种程度上能够与英国工商业方面的国内业务分开；如此一来，为调节前者而提出的每一种条件的变化就不一定能够充分地对适用于后者的信贷之条件发挥作用。这个目标存在着一个非常困难的技术问题。信贷就像流水——虽然它可以用于多种用途，但自身却未做划分——它可能从裂缝之中泄露出去，从而在整个地面上毫不留情地找寻到它自己的水平面，除非这个地面各个部分都滴水不漏，但要做到这种结果，就信贷的情况来说是无法做到的。不过，我有一个建议，我自己认为非常重要，值得辟出专节加以讨论。

---

[1] 一个校正记录抵消了表中"外国人欠美国人的款项"的第二项数字。

第三节　黄金输送点的意义

我们已经看到，如果汇率绝对固定，从而令一国的货币兑换为另一国的货币时无需成本，那么，对于类型相同且据信具有同等安全性的贷款，两国必然通行完全相同的利率。如果这类情况通行于所有的国家，那么借款条件的每一次变化，都会在其他各地反映为银行利率和债券利率的变化。这就是说，每一阵风都会吹送到全世界，而不会受到任何抵制。如果风力分散到一个较大的区域，这当然没有集中在一个较小区域时那么大。不过，从另一方面来看，如果大部分国家的屏风都建立在或大或小有效性上，那么，任何没有遮盖的国家，除非它相对于其他各国幅员辽阔，否则就会经常受到不稳定情况出现的困扰。

因此，如果一国采取了国际本位，那么，它到底愿意国际化到什么程度，也就是说，该国对每个国际变化敏感意愿达到何种程度，这也是一个问题。我们现在必须考虑的办法显然是，在切实遵守国际本位而不背离的条件下，怎么去抑制这种敏感性。

采用一种通货发放的贷款与采用另外一种通货发放的贷款是**不一样的**，即便这两种通货大体上都在同一个国际本位体系内，也是如此，除非这两种通货可以无成本地实现互相兑换，而且兑换率事前也是知晓的。如果两种通货相互兑换时对成本或兑换率是多少有所怀疑，那么，用第一种通货放款的利率可能会发生波动，波动的范围取决于成本的大小和怀疑程度的深浅，而与用第二种通货放款的利率无关。一种通货换成另一种通货的条件与之后二者反过来兑换的条件之间可能存在的差距，取决于国际汇兑术语中所谓的"黄金输送点"（gold points）之间的距离。黄金输送点之间的距离越大，一国对外投资贷付率对外界短期变化的敏感性就越小。

这样一来，黄金输送点距离的远近在管理一国通货的问题中就是一个关键性的要素，而且也应该成为一个要加以深思熟虑和周密决策的问题。

然而，迄今为止，这个问题还没有得到过这样的对待，只是受着某些历史沿革下来的因素和某些完全偶然的因素所支配。然而，在这漫长的过程中人们已经拥有了适者生存的经验，这一点是毫无疑问的。

要使短期对外投资贷付保持在不敏感状态，其中最有效的一种方法就是使两种通货之间未来的汇兑条件存在着**可以产生怀疑**的因素。这是法兰西银行在这次大战之前几十年中施行的一种传统做法。5 法郎银币一直是法定货币，但法兰西银行并不保证这种银币永远按照法定平价与黄金进行兑换。对于这类方法的效能而言，经常运用这种变价的威胁并不必要，甚至根本就不使用也未尝不可，只要这种威胁存在，阻止套利者的活动就已然足够，这些套利者主要关心的乃是确定性和狭窄的变价范围。在法国以外的其他很多欧洲国家，由于这样或那样的原因，[1]关于在各种情况下黄金是否能够自由获得以用于出口，一直都存在疑问；而在美国，没有中央银行这一事实，平添了一种存在不确定要素的气氛。甚至在这次大战之后，从恢复了金本位以来，还是有若干国家用各种方式防止自己承担收回纸币的义务，因为黄金的性质太过绝对了。

但是，在英国，这种形式的保护措施却从未得到采用[2]（除了战时和战后黄金兑换暂停的时期）；自建立联邦储备系统后，美国也从未采用过这种办法。这两个国家不是依靠怀疑的因素，而是依靠成本的因素；虽然——这一点必须补充说明——在所有其他国家，成本的因素也存在，用以增加保护作用，但却不像英美两国如此倚重。下文我将把英国作为典型加以说明，原则上大多数其他国家都是一样的，但数量上有所差异。

成本因素由两个要素组成，这两个要素均是大家耳熟能详的。第一个要素是英格兰银行买卖黄金的差价，[3]即英格兰银行纸币—黄金兑换率和黄金—

1　意即中央银行用分量较轻的金币偿付法定义务的可能性。
2　有关英格兰银行以纯金或以标准金支付的自由选择问题，我们将在后文予以讨论。
3　要得到波动的极限值，还必须加上其他受汇国所收取的相应费用。

纸币兑换率之间的差额。从历史上来看，这种差额是基于用纸币即刻换得黄金上的方便和经济为基础的，而不是把黄金送到铸币厂区等着铸造成货币；在这次大战之前，有效的差额事实上是由这种方便的切实程度所决定，因为黄金持有者可以按照英格兰银行的牌价把黄金卖给该行，也可以将黄金送到铸币厂去等待铸成货币。但1928年的通货法案取消了这一选择权，而英格兰银行买卖黄金的精确差额（也即每盎司黄金卖价3英镑17先令又10.5便士，与买价3英镑17先令9便士之间的差额，等于0.16%）也就成了一种历史的遗响。[1]

第二个要素指的是把黄金从一处转运到另一处时的运费、保险费和利息损失等切实发生的费用。这个费用的大小是可变的，原因不仅是因为有些目的地要比其他目的地更近一些，而且利率、保险费以及不同的运输工具所需要的时间等也各有差异。不过，大致算来，这第二个要素所包含的费用在现代条件下是趋于减少的。[2]例如伦敦和纽约之间，美元对英镑的最高和最低汇率之间的最大变动量大约是四分之三个百分点。而另一方面，伦敦和巴黎之间的这项变动显然就要更小。[3]但就印度的情况而言，我（在战前）曾计算过，这个差距接近1.5%。[4]一般而言，各国双边差距的最大限度从0.5%—1.5%不等。

---

[1] 1929年，英格兰银行恢复了一项一直推行到1912年的措施，这项措施是在英格兰银行特别急于取得黄金时付出高于法定最低价的价格。

[2] 与此有关的一些有趣的计算结果，已经由P. 艾尔辛格博士（Dr P. Einzig）在1927年3月号、9月号以及1928年12月号的《经济学刊》（Economic Journal）上撰写的文章中发表。艾尔辛格博士指出，由于航空运输的使用，黄金输送点之间的距离正在缩小。在艾尔辛格博士所著的《国际黄金流动》（International Gold Movements）一书附录1中可以找到最新的计算结果。例如，1913年美元兑英镑的黄金输送点是4.89元和4.8509元，也就是0.81个百分点；1925年扩大到4.8949元和4.8491元，也就是0.96个百分点；1928年又缩小到4.8884元和4.8515元，也就是0.76个百分点。如果利率降到了3%（前文假设是5%），则黄金输送点的差额会缩小到0.7个百分点。

[3] 伦敦与阿姆斯特丹之间的差距大约是0.8%，伦敦与柏林之间的差距约为0.7%，伦敦与巴黎之间的差距大约是0.5%（利率按5%计算），参看艾尔辛格的上引书。

[4] 有关这一点在印度的特殊情况中的详细讨论，请参看拙著《印度的通货与金融》（Indian Currency and Finance），第五章。

虽然这些都是最大的变化限度，但"期汇"的组织通常可令借款人在提前三个月的货币划汇条件上得到更大的好处。[1] 不过，即便是在最有利的环境下，有些成本还是会发生，有些风险还是会出现，一种货币的所有者用另一种货币贷出款项时，在计算这项交易是否会产生利润上，这些都是必须加以考虑的因素；由于某个方向的交易压力驱使汇率趋近于其中一个黄金输送点，所以在同一方向下进一步交易的未来成本就可能会增加。

出于说明的缘故，我们假设预期成本为 0.5%。就长期贷款而言，扣除两种货币的汇兑费用之后，这不会显著地影响其所能取得的净利率。例如，一笔为期 10 年的贷款，其成本因素每年只不过减低了所能取得的利率 0.05%。但就短期贷款而言，情况则大相径庭。例如，一笔为期三个月的贷款，按照上述假设，其汇兑成本每年将会减低所能获得的利率 2%。

这样一来，如果当时的利率无法维持一个较长的时期，那么，这一因素就足以令两种货币之间所分别取得的利率产生重大差别。例如，如果美元对英镑的汇价达到了英镑的黄金输送点，那么伦敦同类贷款的利率高于纽约时，贷付款项就会从纽约被吸引到伦敦来，这是因为纽约汇往伦敦的贷款在任何未来的日期汇回都肯定不会受到汇兑损失；也就是说，美元对英镑的汇价可以一直保持在英镑的黄金输出点上，而由于伦敦的利率被维持在高于纽约利率的水平上，所以黄金从伦敦流向纽约的态势就被防止住了。当然，在相反的方向上，情况也是如此。另一方面来看，如果汇率位于两个黄金点之间的某个位置，那就没有必要令两个金融中心的利率相等，当然这种不等的情况仍然要在一定限度之内；例如，如果两个黄金输送点之间相距 0.75%，而汇价又出于英镑的黄金输出点上，那么，纽约的三月期贷款的利率可以想见年利率会比伦敦高出 3%，而当汇价处于美元的黄金输出点上时，伦敦的

---

[1] 在拙著《货币改革略论》第三和第四章中，我曾详尽地描述过"期汇"市场的机理，并分析了决定汇率牌价的各种因素。

三月期贷款的利率也同样可以想见年利率会比纽约高出3%。然而，三月后汇回款项的期望值或可能的成本很少或从来没有达到过最大值。市场对这一概率的估计是由"期汇"牌价给出来的，因此在均衡状态下有：

按伦敦利率计算的三个月利息，加上（或减去）远期美元的贴水（或升水）的补偿金＝按纽约利率计算的三个月利息。

因此，如果两个现金输送点之间的距离相当大，那么两个中心的短期货币利率所能存在的差别范围也会相当大——只要一直假定金融市场不能依赖于这种差别范围而得到长期维持。因此，正是这个距离保护了一国的货币市场，使它不至于一旦受到其他国家货币市场的冲击，就被弄得一团糟糕。

由此可以推知，这一差距的大小对于一国国内经济的稳定性而言非常重要。因此，我们可能会认为，经过深思熟虑之后，这一差距会定在一个安全的量值上。但到目前为止，情况并非是这样。此外，这个安全的差距量又可能会因航空运输或诸如银行愿意放弃运送时期的黄金利息等因素的存在而被推翻。

我相信，作为一项具有真正重要意义的改革，这方面还是有其余地的。[1] 我建议，中央银行有义务遵守的黄金买卖价格之间的差额应该比以往略大一些，比如大上2%，从而在两个黄金输送点之间无论黄金运输的实际成本是多少都至少会有这样的差额（把这一费用的两倍加到上述的2%，即可得到这两个黄金输送点之间的差额）。但中央银行若希望促进黄金流入或流出，那么它在任何时候都可以在法定范围内自由地挂出比较接近的牌价。此外，如有必要，中央银行还应能在两个黄金输送点以及国内外相对利率所形成的限制范围以内，控制期汇对现汇的贴水或升水；由此，国内的短期借款利率与国外的类似利率即可**暂时地**在限制范围内处于中央银行认为明智可取的

---

[1] 后文给出的建议与拙著《货币改革略论》第189—191页中提出的建议在原则上大体是一致的。

关系上。

这一改革的目标是使中央银行能够保护其本国的信贷结构免受那种纯粹临时性的国外扰动之冲击，而长期均衡的法则仍如既往。且让我们举一个例子，在这个例子里我们可以看到所建议的措施是很有用的。1928年的秋天，美国的情况使美国联邦储备局相信，为取得企业的稳定，短期利率必须提高；但英国的情况正好相反，英格兰银行急着要把利率尽可能地压低。美国联邦储备局并不期望它推行的利率把黄金从英国吸引过来；这是因为，如果黄金被美国的利率政策吸引过去，那么这会令美联储的努力付之东流。英格兰银行又不愿意——可能被逼无奈也会如此——在本国推行高利率以防黄金外流。当此之时，上述方案即可来处理这种情况。美联储可以降低其黄金收购价格到一个更接近法定最低点的水平上，而英格兰银行则可以把其黄金出售价格提高到一个更接近法定最高点的水平。[1]如果中央银行也采用上面建议的那种办法来影响期汇汇率，那么相应地这类汇率也将会随之变化。这就可以让两个中心**暂时地**维持明显不同的短期货币利率。当然，这种差别不能**长久地**存在，因为允许差别存在的乃是两个黄金输送点之间短期内发生变化的预期或可能性。因此，对纽约持久有利的利率差额将会使美元兑英镑的汇价达到相当于英格兰银行法定黄金最高售价的黄金输送点，由此而导致黄金外流。

是故，我提出，当为中央银行配备一柄"三齿鱼叉"（trident）[2]，用以控制短期对外投资贷付率——即控制其银行利率、期汇汇率和黄金的购买与售出价格（在法定黄金输送点的界限之内）。按照我的设想，它们不仅要逐个

---

[1] 由于没有这种规定，英格兰银行1929年年中采取了一项不那么令人满意的权宜办法，在道义上对银行和金融机构施加压力，使它们放弃从黄金输出方面所能取得的较小的利润。

[2] 希腊神话中海神波塞冬使用的就是这种兵器，又被译为"三叉戟"，这种兵器外形与长柄鱼叉相似，中间的齿较长而两侧的较短。之所以使用这个比喻，大概跟凯恩斯的加以要控制三种价格有关。——译者注

星期地确定其官方贴现率,而且还要规定它们准备在一或两个主要的国外中心买卖期汇的条件以及在黄金输送点界限之内买卖黄金的条件。这会令各中央银行短期的情况与其认为自身所能经受较大的黄金贮存量变化而不至于发生问题时的情况相同。读者诸君还必须特别注意的是:由于中央银行按照市场流行的现汇汇率适宜地确定了期汇汇率之后,实际上也就确定了外国资金与本国资金的不同短期利率。

当前局势下出现的反常现象以及中央银行受本能的驱使而力图扩大黄金输送点差距的情况,可以用本书行将付梓之际的1929—1930年间所发生的两件事来加以说明。

读者或许已经看出,黄金输送点之间的距离在两个地理上相近的国家间比两个相远的国家间要小。由此可以推知,巴黎与伦敦之间的黄金输送点距离就特别小。因此,除非英镑汇率(假如)远高于它在纽约的平价,那么,当法国打算输入黄金时,伦敦达到输往巴黎的黄金输送点的时间就比纽约要早;是故,仅仅是因为伦敦和巴黎距离更近,就会使它所担负的法国短期黄金需求的负担比纽约要重。然而,在这类情况的压力之下,英格兰银行和法兰西银行在现行法律条条框框的范围内找到了一种迂回之路,使纽约输送黄金到巴黎的成本与伦敦输送黄金到巴黎的成本更为相近。英格兰银行运用其法定权利,只出售本位黄金,而法兰西银行则运用其法定权利,只接受纯金,这就增加了提炼成本以及由此而带来的时间上的稽延,从而在实际上扩大了黄金输送点之间的距离,同时他们还想出办法减少纽约输送黄金到巴黎期间的利息损失。这样得到的结果是,在**不需要**改变两个中心相对短期贷款利率的情况下,英格兰银行就能使黄金输出从不愿输出的伦敦转移到愿意输出的纽约。对于我在主张的那种经常使用的方法而言,这是一个非常好的例子;但是,在上述事例中,使用这种方法的可能性竟然要取决于两国相关现行法令上的一种偶然的特征,这就不免有些荒唐。[1]

加拿大是另外一个新近的例子。加拿大与美国之间的黄金输送点——与前述情况中的地理原因一样——由于地理上比较接近,所以差距尤其小,其结果是两国之间常因暂时的因素而出现黄金流动。1929年9月,由于加拿大小麦出口缓慢,而华尔街短期贷款利率走高,两个原因结合起来使加拿大产生了黄金外流的趋势,规模很大,已经造成了不便。加拿大财政部长与十间特许银行达成了一项非正式的协议,约定不要为了套取这点微小利益而输出黄金,由此而使局势得到了控制,黄金输送点也就得以降低。加拿大的汇率不可避免地超过了它按照金本位制度的要求所设定的下限黄金输送点;但当时的情况则表明,这种权宜之计是合理的,因为纽约短期贷款的高利率乃是一种暂时的现象,到了1930年夏,当这些较高的利率已经走弱之时,加拿大的汇率不仅恢复了平价,而且还超出平价而趋于黄金输入点。如此一来,这种非正式的扩大黄金输送点差距的做法,或许是防止纽约反常局面对加拿大国内信贷状况产生过度反应的上上之策。

对于本节所提出的这些建议,可能会引来两个反对意见。人们或许会提出,诸如这类允许增加的活动余地可能会被滥用,使中央银行对于持续性的非均衡状况之原因(非一时存在之阶段)非但不采取措施进行补救,反而以此为自己辩解。当然,如果中央银行的自由裁量权得到扩大,从而加强了其明智管理的权力,那么这种扩大了权力就总是会被滥用。但是,在这种情况下,风险是很小的。这是因为,除了国际短期贷款的情况之外,在这种局势下,任何一项因素所受的影响都将是微不足道的,而对国际短期贷款的影响也将严格地受到限制,而且无法累积性地反复重现。

1　此事之技术细节已由保罗·艾恩辛格博士(Dr Paul Einzig)在1930年9月号的《经济学刊》加以描述过。由于某些中央银行(如德意志银行)愿意接受标准黄金而付出纯金(获得通常买卖价格之间的赚头),所以,法郎—英镑汇率变化的理论范围即暂时由通过第三方国家的三边交易成本来决定。

或许会有人说，这类权宜之计对于一个不是部分国际短期贷款基金储存地的国家而言足够好，但对于冀求成为这类基金重要储存地的金融中心则是不利。我们得承认，这种说法是有些道理的。问题在于，为求保持国际银行业务，到底值得在国内金融不稳定的形式下付出多高的代价。从国际银行业务的立场言之，理想状况是把两个黄金输送点的距离缩小，直到它们合而为一。这是在相互冲突的利益之间寻找一个正确而有利的折中方案的问题。但也有理由认为，这种反对意见无需过于重视。这是因为，在这一意见上，我还加了一点，即中央银行也可以挂出期汇汇率牌价；通过这种方式，中央银行就可以按照它所认为对外国存款人安全而有利的程度，每三个月一次，为外国存款人提供来回划汇的安全且经济的办法。也就是说，我们所唯一应该做的，就是放松中央银行身上的严格法律约束；我们不应该阻止或阻碍它实际上和一般情况下完全像目前这样掌控整个体系。

此外，作为一个外国资金的储存地，伦敦只要把其对任何第三个国家的黄金输送点距离规定得不比纽约宽广，就可以在不降低它对纽约的竞争地位的前提下，克服地理上接近所带来的困境。

然而，最理想的制度——同时又完全可以把反对意见驳倒的制度——将会是所有主要国家采取一致性行动的安排。黄金输送点之间的距离是随机确定的，但又很容易变化，任何两个国家之间还各不相同，而且任何微小的不稳定现象都是使之受到影响，如果能够令任何两个国家都拥有一套固定和一致的制度当然是再好不过。在未来理想的国际货币体系中，我们有一种办法可以确保做到这一点，这个方法就是：每个国家的中央银行必须按预先规定的条件用其在"国际银行"（supernational bank）里的余额来买卖本国货币，而不需要根据现行法律义务，按照预先规定的条件用黄金买卖本国货币。如此，则合理的国家自主权可以通过令每个国家的买价均低于本国货币平价1%，而卖价则高出本国货币平价1%而得到保持。若然储存在这个国际银行的余额能够兑换黄金，那么，上述办法即可与维持金本位制度相共容；这仅仅意味着个别国家两两之间不会有黄金流动，而只有个别国家和国际银行之间才有黄金流动。在本书第三十八章，我们还会回来继续讨论这样一个国际银行对解决世界通货问题所能做出的贡献。

总而言之，我们可以得出这样的结论：黄金输送点之间的距离之精确大小，值得做出比现在更进一步的科学研究。如果黄金输送点是重合的（实际上在一国之内是重合的），那么，目前的国际金本位制度，加上各国独立的中央银行和本国货币体系之后，就无法运行了；如果这一点能够同意，那么我们就可以这样说，两个黄金输送点之间的距离之大小不应该是运输成本或历史遗留的问题。

第四节　价值标准应该国际化吗？

每个人都认同，人类活动中有许多领域里的国际标准只不过是凭借常识建立起来的。如果有相反的看法，一般来说都不具有经济性质。我们可能不喜欢采用米制计量或世界语之类的想法；但如果不喜欢这类国际标准，那我们的反对意见就不可能依赖于经济利益。就货币制度的情况而言，很显然，在语言方面大可以称得上具有压倒力量的因素，如多样性、特异性或传统性等，极少能够完全与经济利益相抗衡。因此，在决定我们的通货制度时，我们需要考虑的只是经济利益的影响——包括政治上的权宜与正义——而无需虑及其余。

由此可以顺理成章地得出结论说：毋庸置疑，理想的货币制度与理想的价值标准应该具有国际性。但这种类推却是错误的；按照我们业已列出的原因来看，答案不是如此轻易就可以给出的。首先，正如我们在本书第二篇中看到的那样，购买力不会、也不可能在世界的不同地区具有着**相同**的意义。如果世界各国的地心引力大不相同，那么重量标准可能也会大相径庭。但就购买力标准而言，这一困难必然会出现。无论按照哪一种统一的标准，货币购买力在美国的波动必定与其在印度的波动不同。此外，正如我们将要看到的那样，还有其他一些条件需要纳入进来进行考虑。

那么，在国际价值标准和国家价值标准之间，到底应该选择哪一个，有关于此，我们最后的结论又是什么呢？

让我们首先确定，采取国际本位的理由——也即对外贸易和对外投资贷付方面所得到的方便与便利——没有说得**太过**。

就对外贸易而言，我认为，把外汇的最大波动固定在非常狭窄的波幅之内所带来的好处，通常是被估计得过高了。诚然，这不过是一种便捷的法子。对于任何从事对外贸易的人而言，在其进行交易的同时，必须确切地知晓他的补进汇率，这一点对他而言非常重要。但是，从一个自由而可靠的期汇市场上，对他来说，这一点也可以得到满意的探知。[1] 至于他本年的补进外汇汇率与去年的类似交易是否全然一致，这对他来说并不重要。此外，外汇汇率还可能会有**温和**的波动，与贸易者所感兴趣的个别商品价格的常规波动相比，这种波动仍然相对很小，外汇波动可能——或许更可能——会补偿个别物价的波动，也可能加重个别物价的波动。因此——只要我们的中央银行为期汇交易提供足够的便利——我并不认为，固定的外汇价格对于从事对外贸易者的利益而言是必要的。温和的波动如果在其他方面受到欢迎，在这方面也不会带来严重的不便。

不过，当我们转过来看对外投资贷付时，固定汇价的好处就必须如我们所看到的那样，估计得更高一些。在这种情况下，借贷双方之间的合同所覆盖的时期可能比任何实际可行的期汇交易所能设想的期限还要长得多。未来外汇汇率的这种不确定性将不可避免地在交易当中引入怀疑的因素，这一因素对借贷资本的国际流动将肯定会产生某种遏制作用。

然而，我们必须在这方面严格区分长期借款和短期借款；尤其是当对汇率可能的波动幅度从外部施加了某种限制，就更是如此。举个例子，假如

---

[1] 参阅拙著《货币改革略论》，第133页。

汇率波动范围已经被确定在平价上下的5%之内，那么，按照贷方货币计算的5厘贷款按照外汇平价汇出之后，将来可能要付出4.75%到5.25%的利息，而在付还之时，按照借方货币计算则可能需要付出95%到105%的利息。就长期贷款的情况来看，这些可能性并不非常严重；但就短期贷款的情况来说，到期归还贷款时的负担，切实计算之后，可能对按年计算的全部贷款负担净额产生一种决定性的影响。这就说到了我们论点的核心。如果我们刻意令长短期对外投资贷付都具有高度的流动性，那么，这对于采用固定汇率和硬性的国际本位之主张，显然就有了一个很强的理由了。

那么，还有什么理由让我们犹豫不决，使我们不去专心采用这种制度呢？ 基本上是出于怀疑，怀疑所采取的通货制度比我们的银行制度、关税制度以及工资制度有更加广泛的范围这一点是否明智。在一个其他若干方面都搞得极端僵化的经济系统里，我们还能不能允许单独一个因素具有大到不相宜的流动性程度（degree of mobility）呢？ 如果该系统在所有其他方面其流动性对于国际还是国内都一样大，那可能就是另外一个问题了。但引入一个对外部影响高度敏感的流动性因素作为该机制中的一个组成部分，其他部分又非常之僵化，那这个机制可能会造成破裂。

因此，这不是一个能够轻易回答的问题。大部分英国人耳濡目染，早已就对外投资贷付当有最大的流动性，而对于国外贷款则应采取彻底的自由放任主义这一点深信不疑。前文我曾一再指出，之所以会有此执念，乃是因为对于对外投资贷付和对外投资之间的因果关系所持的见解过于浅陋所致。因为——除去黄金流动之外——对外投资贷付净额和对外投资净额必然总是完全平衡的，所以人们就认为其本身不会出现什么严重的问题。就此论点而言，既然贷付额与投资额必然相等，那么贷付额的增加必然会导致投资额的增加，而贷付额的减少必然会带来投资额的减少；总之，我国出口产业的繁荣与我国对外投资贷付量有着密切关系。的确，这种论点有时还可以更进一步，而且——不限于对外投资贷付**净额**——甚至主张个别对外贷款自身也能增加我国的输出。不过,所有这一切都忽略了为迫使对外投资贷付**净额**与对外投资净额相等而必须使该机制产生令人痛苦以及可能还很猛烈的反作用。

我不知道为什么这一点没有被人们认为是显而易见的。如果英国的投资者不满国内的前景,对劳资纠纷感到害怕,或对政府更迭感到不安,从而着手买入比以前更多的美国证券,人们为什么就认为这会很自然地由于英国出口的增加而得到平衡呢? 当然,这是不会发生的。首先,这将引起国内信贷系统的极端不稳定——其最终的发展很难,甚或根本无法预测。抑或是这样,美国的投资者对英国的普通股票产生了兴趣,这是否会以某种直接的方式减少英国的出口呢?

因此,采取一种国际本位,允许对外投资贷付具有极端的流动性和敏感性,令经济复合体中其他的因素一直保持高度的僵化,这是否适当确是一个严重的问题。如果提高与降低工资跟提高与降低银行利率一样容易,这就没什么问题。但是,这并非实际的情况。国际金融状况的改变或投机心理的风向和心态变化,如不能采取措施加以制止,很可能在几个星期之内就使对外投资贷付量发生变动,其大小数以千万计。然而,迅速改变进口与出口的平衡而加以因应,却又是不可能实现的。

这类短期借贷方面的考虑,也非我们骤然采取一种国际本位之前所踟蹰不前的唯一理由。不同国家的货币发展处在不同的阶段;公众在货币原理方面的教育也有着不同的取向。例如,我认为,英格兰银行或德意志银行对黄金所持的态度基本上与法兰西银行或西班牙银行是不一样的;接下来的5年或10年,对于前者而言可能已然成熟的那些变革,对于后者来说仍可证明是太过新奇的事物。

此外,还有另外一个障碍——即美国的态度。由于持有着巨量的黄金,所以美国在很大程度上既可以取得本国的利益,也可以获得国际本位所带来的好处;舍此而外,把自己的自治之权交给一间国际机构,于它也是极不情愿的。因此,要克服达成国际协议的障碍——即法国的保守主义和美国的独立性——可能会带来严重而且可能无法容忍的延迟。

然而，即便有所拖延，这些困难恐怕也只是一时的，假设这些都得到了解决，国际本位也仍然有一个可以反对之处，因为这种办法使全世界依附于某一特定类型的价值标准来支配长期的规则。

对于价值的长期标准，一般而言，我们有三种一般的类型可以选择。首先是货币购买力本位或消费本位之类的东西。二是报酬本位，它对消费本位的比率随生产要素效率的增加而成比例地上升。第三种是某一类国际本位，即基于进入国际贸易的主要几项商品的价格按照它们在世界商业中的重要性加权所得到的数额而得到的本位，实际上这可能与原材料批发本位没有很大的分别。

前面两个当然是地区性本位，因为它们在不同国家不是以相同的方式在变化。因此，如果我们的本位要对各国都一样，那么，我们就只能选择第三种本位。

我没有给这种反对意见赋予头等重要地位。这是因为，按照稳定的国际本位计算，地区性的消费本位或收入本位之长期变动性尚不大可能大到对经济福利有什么很大的影响。然而，我们考虑以下的事实也是对的：这类国际本位对于任何个别国家而言，都不可能是**理想**的本位标准。

对这些不同的考虑加以权衡，似乎在实际恢复金本位之前，如果一个国家打算摆脱束缚于未加管理的国际体系而产生的那些不那么便利、有时还很危险的义务的话，对于按进步路线去管理本国通货而言，其前景更好；下一步要做的，是发展具有浮动汇率的国家体系；把这些体系连接成一个有管理的国际体系，可能是最后一步。

今日观之，国际金本位自其 5 年前恢复以来，运行之无效率令人咋舌（坐实了反对者最糟糕的担心和最暗淡的预言），给全世界所带来的经济损失除这一次大战之外无出其右，但虽然是这样，我们似乎还是有更强的理由要把事情颠倒过来；踏实接受既成事实的国际本位，并希望由此出发，进而发展出经济生活集中控制的科学管理之法——因为这必定是我们的货币制度的现实情况。由于通过自治的国家体系来寻找终极之善，不仅意味着要与那些以财产方面的所有优势来巩固其地位的保守力量产生正面的冲突，而且还会分散才智与热情的力量，使国家的利益发生分离。

因此，我愿意给出这样的结论，即如果在通向国际管理金本位之路上遭遇的各种困难能够在合理的期限内得到克服——1922年热那亚会议的决议首先指出了方向——那么，最佳的可行目标可能是由一个超国家的权威机构来管理黄金价值，这个权威机构的周围环绕着众多国家货币体系，各自有用自由裁量权，可以按照黄金价值在（比如）2%的范围内上下浮动其本国货币的价值。

第三十七章　管理国家的办法——Ⅲ. 投资率的控制

第一节　银行系统能够控制物价水平吗？

我们终于触及了整个问题的症结所在。我们已经努力地分析并对决定物价水平的多种因素，以及封闭体系中的中央银行或全世界中央银行的总体行为能够用来影响和支配整个银行和货币体系的行为之手段进行了分类。但当真正推行之时，中央银行是否有权采取一种政策，把货币价值确定在任何预先规定的水平上呢？例如，如果法律规定中央银行有责任把货币购买力的稳定保持在狭窄的变化范围之内，那么，中央银行是否在任何情况下均衡履行这项义务呢？

那些认为货币当局应该具有最大的力量来控制物价的人，当然不认为货币供给的条件是唯一影响物价水平的因素。如果认为只要注入足够多水，蓄水池的供应即可维持在任何所需要的水平上，那么，这种看法与下面的看法可谓并不矛盾：即蓄水池的水平也取决于注水量之外的很多其他因素——如天然降雨、蒸发、漏出或其他方面的损耗，以及该系统使用者的习惯等。只有如下的情况才能使上述那种说法不能成立，即蒸发量、漏耗量、其他损失量或者该系统使用者的消耗量是注水量的直接函数，具有以下的性质：注入的水量越多，消耗量、降雨量的减少以及其他的损失量也会随之而越大，从而使得不论注入多少水都不能令蓄水池的供应超过某一水平。这两种情况到底哪一种真正与银行体系增加货币供应对物价水平发生的影响相似呢？

今天我对斯特朗总裁等人在 1927 年于美国国会物价稳定委员会前所展现的某些怀疑和踌躇,更要比几年前持同情态度。这个委员会乃是为了查明有关《联邦储备法案》修正案的提议是否明智而被任命的,这个法案旨在规定联邦储备局应以其所有权力对"普遍促成稳定的商品物价水平"而负责。下述摘录清楚地表明,讲求实际之人对于"联邦储备系统有权力使用上述某种自动的方法、某种具有神奇功效的数学公式来提高或压低物价水平"[1]这样的看法抱持着合理的怀疑:

斯特朗总裁[2]

我相信存在这样一种趋势,认为物价水平好像按与信贷的平衡锤相反的方向上下涨跌的,好像当价格下跌时你就可以多加个砝码到信贷那边上去,让物价上涨;当物价上涨时,你就从信贷那边减去个砝码,令物价下跌。但我担心物价问题远比这要复杂得多。

我想向大家描述一个新近的情况,来说明物价的变化与我们所能考虑的许多其他因素之间的关系,这成了管理方面实际遇到的真正难题。两个月前,国内曾有人关心这次证券投机的范围以及用来支持这项投机的信贷量的大小。同时,我们对价格结构的研究也非常清楚地表明,当时以及不久前的批发物价指数都下跌了。当我们分析下降原因时,我们发现这次下跌几乎完全是由棉花和谷物价格的下降造成的。假设在这里的各位都是联邦储备银行董事,试图决定如何处理贴现率。我们有这样一种感觉,即认为投机活动在增长;还可能会有这样的感觉,即认为联邦储备银行系统应想办法制止。另一方面,我们又面对着农产品价格显然出现了某种下跌的迹象。如果大家非常担心农产品的价格,而且我们

---

1 斯特朗总裁在物价稳定委员会前的证词,第 295 页。
2 下述这些话摘自斯特朗总裁在物价稳定委员会前的证词的不同页上的不相连的若干段落,我把它们连成了一段——第 295、359、550、577 页。

又认为抛售信贷或降低利率可以稳住那些商品的物价,那么,投机方面的后果又会如何呢? 我们真是面临左右为难的选择。

我相信,联邦储备银行系统所推行的信贷管理办法是能够影响国内的信贷使用量及其成本的。在信贷量及其成本对物价水平所能产生的影响范围之内,而且唯有在这个范围之内,联邦储备银行系统的措施才能影响物价。但是,不少时候,甚至对信贷量及其成本稍微加以限制也不能完全或接近完全地对物价予以控制,其他因素还所在多有,这都远非信贷量及其成本所能影响,比如人们的情绪就是这类因素。因此,如果联邦储备法案中所包含的任何条款让人们认为联邦储备银行系统在稳定物价水平方面能够达到的程度不止有限的信贷控制所能达到的程度,那么,当物价发生波动,而这种波动又不能如前所述在严格限制的范围内得到控制时,我担心人们会感到失望。

当联邦储备银行系统拥有足够的生息资产数量时,它即有了相当可观的力量来控制如脱缰野马般的物价变化态势。但是,如果我们所遇到的物价下跌不是像1921年那样的剧烈变化,而是不断发生倒闭现象的潜滋暗长时期的下降——一种非常艰苦的缓慢的物价变化态势,可能根本不是因为信贷的作用所造成——那么,联邦储备银行系统又将情何以堪? 现在物价正在下跌之中。去年的那种乐观情绪可能令所有的商人都订购了他们希望出售、但当真到了那个时候又无法出售的货物;换言之,就是存货多到了超出本行本业或民众的消费量。如果在消费能力之外还有一批货物尚待出售,那么在余下的货物没有得到出售之前,增加信贷体系中的信贷额是无法予以补救的,而这种局面早在任何营业量报告和存货清单之类的文件里可以为人察觉之前,就已经以合同的形式存在了。铁路货运量仍与之前一样;就业量也与之前没什么不同。所有一切都在健康营业状况的外表之下进行,但当公众由于这种或那种原因在购买或消费上放慢脚步,从而启动形成了物价下降的动态变化时,我看不到我们如何加以纠正。

如果棉花和所有受世界市场价格水平影响的商品之价值均大幅度下降，从而令一般物价水平下跌时，试图用购进有价证券和供给低息贷款等办法加以补救是不可能或肯定不可能立即令那些由世界市场和世界竞争决定的物价回升。这会引起通货膨胀的后果，从而实际上使纯属国内市场的商品之价格水平受到影响。如果这种情况果然出现，那就会令农户所消费的所有商品之价格都上涨，而同时他们所生产的产品之售价却会下跌。

就当前以及过去相当一段时期的情况来看，一般商品的物价水平明显比较稳定，唯一的例外是最近几个月谷物和棉花的价格有所下跌，猪和羊的价格也都相当稳定。农产品价格的下跌已经足以使一般物价指数逐步下降。且让我们来看看当前的这个问题吧。联邦储备银行系统是否打算介入进来，以图控制这个看起来已经开始的物价变化动态呢？ 如果要加以控制，又该如何来做呢？ 这是控制物价之人需要不时面临到的实际问题。

威廉姆森先生

你们是否认为联邦储备局通过扩大市场交易、放宽或收紧信贷的便利条件等办法，可以在事实上比过去更大程度上去稳定物价水平呢？

斯特朗总裁

我个人认为，联邦储备系统自1921年的反应之后采取的管理办法已经在这个目标上，以尽可以想见的人类智慧加以努力。

此外，还有另外一种可能，我一直感到，承认任何方面所据有的调整物价之权力都会自然出现这种可能，这种可能性存在于全体人类的生产者和消费者间永恒不息的竞争之中……在我看来，似乎联邦储备银行系统如若被看作一个物价控制者的话，这就有点像是一个笨蛋在一个爱尔兰人与其老婆吵架时去劝架一样。他们两个人会转而把这个家伙拉进去给揍一顿。

文戈先生

而我恐怕国家不会授予任何新的权力，或者不会让你有可能有更大的期待或能力为公共利益服务，却认为单单凭借一纸法令即可把信贷波动所带来的所有经济弊病一扫而空的能力都赋予了这个聪明绝顶的联邦储备局了。

斯特朗总裁

谢谢您，文戈先生。您表达得比我好。

下面这段摘自同一场合下斯图尔特博士（Dr Stewart）的证词，同样很具有启发性：

沃尔特·斯图尔特博士[1]

且让我们假设建筑业活动衰退了，这会带来生产汽车的工人有些跟着失业了；我们进一步假设农作物收获量很大，足以供给大量出口；但由于欧洲发生了某些扰动，而国外对投资又缺乏信心，因之商品的一般物价水平产生了下跌的趋势。在这种情况下，联邦储备系统能够做些什么呢？例如，假定物价变化了5%的情况下，联邦储备系统能够做些什么？根据我的理解，那些赞成物价委员会先前提出的建议的人，都认为通过折现率的变化或公开市场操作，国际物价水平可以稳定下来。我们不是在谈论美国的物价水平，因为当我们谈及黄金物价水平时，我们在

---

[1] 由《物价稳定委员会报告书》第769—775页各处连缀而成。

谈论的乃是国际物价水平。我认为，在这样的情况下，银行贴现率一个很小百分比的增减，对于物价局势几乎不会有什么影响。

如果物价下跌不是战争期间通胀的余波所造成，而是企业失调所造成，那么，当此之际，增加信贷到底可以把隐藏在物价下跌背后的那些原因治愈到什么程度呢？我的看法是这样的：在这类情况下，这足以令那些造成物价下跌的因素更加恶化。如果存货不断增加，而社会的情绪又处于观望之中，那么，使用信贷来稳定物价的办法更可能恶化那些造成物价变化的因素。

要是认为物价下跌终究不过是重新调整过去所造成的错误，通过再行扩张信贷即可予以制止，这种看法很可能只是增加局势的困难而不会使之有所好转。

货币市场的宽松将反应为对某些类投资证券的需求，也可能反应为投机证券价格的攀升。但在这个国家，我们曾有过银根非常宽松持续达一年以上者，比如1908年就是这样，彼时国内商业仍然萎靡不振，这不是因为货币不能以较低的利率取得，而是因为企业正在重新进行调整。只要人类还在做着判断，错误还是造成，那么，企业就会继续出现这种重新调整的过程，你要是说可以使企业避免联邦储备银行所奉行的信贷政策中必须假定的那些风险，这实在是一种毫无根据的臆测。

我认为，即便是在物价水平下跌时，我们所遇到的这些时期也是信贷超出工业界生产所需要的用量从而造成通胀的时期。

这些都是经验丰富之人所表达出来的合理的疑虑。只是指出货币数量方程中那种自明之理并不足以消除这些疑虑。从某种意义上而言，这些疑虑只有长期实际尝试着使用科学管理方法取得的成功才能打消。但我想说明的是，这类尝试很有希望，非常值得一试。

我曾说过，在本书中我将证明产出的物价水平取决于相对于效率报酬的货币收入水平、相对于储蓄的投资（按生产成本计算）量以及相对于银行体系的可用储蓄存款的供应量的资本家"看跌"与"看涨"的心理。我们还说过，银行体系可以控制储蓄存款的供给量，因此就可以控制第三个因素；同时，它还可以通过信贷条件造成对投资数量产生任何所需程度的影响，因之也就可以控制第二个因素；而这种影响对投资价值和投资量的间接效果又决定了企业家提供给生产要素的货币报酬，因之也就控制了第一个因素。但我们**未曾**说过银行体系能够即刻产生任何这类效果，也没有说过我们总是有望及时预知非货币因素的作用，从而提前设法消除它们对物价的影响；我们也未曾说过，银行体系可以避免不同类商品相对价格的剧烈波动，或者作为国际体系一员的中央银行可以不管其他中央银行的行为而维持国内的稳定性。

斯特朗总裁和博士所表达的那些疑虑之原因，有些已经被涵纳在这些条件当中。尤其是斯图尔特博士的证词强调了美国物价与世界物价的相互独立性。但我们暂时撇开这些国际性的复杂问题，把它放在本章下一节进行讨论。我们现在来谈谈我们所认为的中央银行对于物价水平的影响是否比上述权威人士所相信的大到什么程度？

我认为，在一个基本方面，他们对这个问题的性质有所误解，从而低估了控制的可能性。这是因为，他们并没有认识到消费品生产与投资品生产之间的关键区别，其结果是也没有考虑到投资品生产的增加通过其对消费品需求的影响对消费品价格水平所产生的影响。

这可能部分是由于银行体系对其自身职能的传统观念所致。事实上，银行体系具有双重职能——通过其提供给生产者在生产时期（不能超过这个时期）用于支付开支的贷款，引导营运资本资金以及同比例的工业流通所需流通现金的供给方向；另一方面，通过其直接购买的投资以及其对证券交易所和打算用借款购买证券者的贷款，引导决定证券价格的资金以及金融流通过程所需用以满足金融方面看涨或看跌心理而免于影响新投资的价值和数量之同比例的储蓄存款量的供给方向。一间银行的金融活动占其工业活动的比例，在统计上是差别很大的，但在现代世界，它则很少小于二分之一，而且有时候甚至达到彼此相等的地步。然而，有声望的银行家（我是说伦敦——可能纽约不是这样）中间却存在着这样一种观念：他们认为第一种只能是银行业务的正当职能，资金始终首先必须用来满足它的需要；而第二种职能（尤其是有关用于购买证券或其他固定资产的贷款职能）的重要性就应该尽量打个折扣，只要有可能，银行家是愿意完全避免的。对此他们给出的理由是这样的，他们认为第二类业务，即金融业务，并不是自我清偿式的业务，而是带有"投机"的味道。

然而，这些理由是不是像它们看起来那样有道理则是很值得怀疑的。任何一笔金融贷款的流动性可能比任何一笔工业贷款都大，而除了有良好的担保品之外，金融贷款发生坏账的可能性往往比工业贷款大；虽然整个金融贷款量和整个工业贷款量若是迅速而大量地减少，都不会产生巨大的灾难，由是观之，它们同样都具有着非流动性，但前者——如果一定要从二者之间进行选择的话——可能比较容易削减，因为在某种价格下资产可以由储蓄存款持有人接手过去。至于"投机"，银行对于消息不灵通和轻率的借款人之警惕，在金融贷款情况下比工业贷款情况下可能确实要更高一些。但除此之外，用来提供营运资本的信贷供给增量恰应像用来购置固定资本的信贷供给增量一样，有时候应该鼓励，有时候要遏抑；在这两种情况下，借款者的压力可能在极不希望予以充分满足的时候最大，在最该鼓励的时候却又最小。

不管怎么样，当我们讨论银行体系的**调节**权力和职能时，我们必须既要研究其对固定资本投资率的影响，又要研究其对营运资本投资率的影响，二者不可偏废；实际上，在多数情况下，除非通过对前者的影响，否则银行体系是无法对后者施加有效影响的。因此，除非我们把所有能影响整个投资率的方法都考虑到，否则我们是不会理解银行体系对于物价水平所能行使的充分控制的。

我们再引述一段斯图尔特博士在美国物价稳定委员会前所给的证言[1],这可能有助于阐明我的观点：

> 这个提案中似乎有这样的建议：联邦储备政策的目的应该是稳定商品价格的一般水平。我则倾向于稍有不同地来表达联邦储备体系的这一目标和任务。我要说的是，外国中央银行和美国中央银行所承担的责任主要乃是维持健全的信贷条件。我认识到,"健全的信贷条件"是一种含糊的说法。其含义取决于人们如何理解健全的信贷机能。运用于商业的信贷机能是要维持适当的存货，以便利商品的生产和销售，从而取得有序的市场运作……我可以看到这样一种情况，当物价可能在下跌时，商品的库存却在增加，而如果授予更多信贷，这些信贷只会用来增加存货，那么，这就只意味着鼓励堆积更多存货而已……是故，与其用物价指数作为检验指标，我倒宁愿了解库存的情况如何，以及产品是否正在迅速地进入分配领域。

按照本书第二十九章我予以充分申述的理由，我预计，低廉而又充裕的信贷本身不会过度鼓励市场囤积多余的存货。市场从不急着囤积多余的存货，其意愿囤积的程度主要取决于其对未来物价走势的预期。充其量，这类存货的存在不过是令价格低于有关商品正常生产成本，并对本期产出量产生一种有效的阻碍作用。

但按照我的思路，无论怎样,"健全的信贷状况"的这一定义都显得太过狭隘。这个定义没有考虑到下面这个事实，即如果本期产出不能按照本期生产成本出售的情况非**常普遍**，并不限于少数几种特殊商品，这就表明**在需求方面出现了失调**，而不是在供给方面出现了失调，而唯一影响需求的办法就是相对于储蓄而增加投资，这一点应该引导银行体系管理者的注意力从

---

[1] 参同前引书，第763页。

"信贷的商业运用"转到其金融运用上面去。为了在萧条时期避免存货增加而不采取降低利率的办法,只会加重信贷周期的剧烈程度;尽管——我也承认——在可以想象得到的条件下并且与可以想象得到的其他办法相比较,这种办法或许能够缩短其持续时间。

当然,按照我自己对"健全的信贷状况"之定义,这种情况必然是市场利率等于自然利率,而新投资的价值和成本均与本期储蓄量相等。如果我们以此定义为标准,那么,斯特朗总裁许多夹缠不清的论点就不会那么让人感到难以对付了。我认为,在每一种情况下我们都可以告诉他——用一般的话表达——他应该做些什么来保持一般物价水平的稳定。

然而,即便银行体系能控制本期投资的价值与数量即可控制物价水平,我们也仍然对银行体系实际上是否总是有权力控制投资率抱着怀疑态度,这种怀疑态度会让我们想到某些尚未消除的局限。对这个问题,我们现在就来谈谈。不过,为了方便起见,对有关银行体系控制物价水平的实际权力所受的限制,我所做出的终将被人们接受的最后结论,我先进行一番扼要的阐述。

(a) 保持稳定较之于严重的非均衡状态出现后再来迅速地恢复稳定,要容易得多。因此,如果让我们在已然不稳定的情况下开始进行控制,那么,我们就会发现此时的局面已经发展到难以有效控制的程度了。

(b) 即便货币体系的管理者不乏所有适宜的智慧与远见,不稳定状况的非货币因素有时也会突然出现,以致我们根本无法及时制止。在这种情况下,要恢复稳定状态,必然需要经过一段时期。

(c) 如果引起效率工资货币利率自发变化的力量中,有强大的社会或政治力量,那么,银行体系对物价水平的控制可能就鞭长莫及了。银行体系的有效权力主要是防止倾向于引发变化的力量发生作用。当然,它也能引发变化来抵消自发的变化;但在那种情况下,它或许不能控制迈向新均衡状态的步伐和路线。

（d）如果一个国家采取了一种国际本位，而这种本位自身并不稳定，那么当然它就不可能在这种本位下维持得了国内物价水平的稳定。但是，即便国际本位自身是稳定的，如果按利率计算的资本需求表的变动，国内与国外判然有别的话，那么，它也仍然可能无法保持国内价格水平的稳定。

（e）甚至在银行体系力量强到足以维持物价水平**稳定**的地方，也不一定能够强到足以一方面**改变**物价水平，另一方面又无需长时间延迟和毫无摩擦地在新的水平上建立均衡。

总而言之，我认为银行体系保持投资均衡的力量，要远大于其迫使现行货币收入利率偏离现有水平或自发性变化所造成的水平而趋向于国外情况或国内专断法令所强加的变化而形成的新水平的力量。

由此可以推知，我们时常把改变物价水平和货币收入率的责任赋予我们中央银行的现有货币制度，作为维持国内通货对国际本位的可兑换性的必要条件；较之于具有充分权力并获得会员银行牢固信任而职责在于维持经济稳定的国际货币当局的任务，这种通货制度施加给中央银行的重担就要大得多，从技术上来说也困难得多。

第二节　短期利率和长期利率

银行体系主要而直接的影响在于短期利率。但是，问题如果出在如何控制固定投资的利率而非营运资本的利率，那么，主要起作用的就是长期利率。如果货币当局注定只能主要对短期利率施加直接影响的话，我们又该如何确保长期利率按照该当局的意愿行事呢？　长期利率在未来若干年按季度而言与短期利率具有确定的关联，这一点虽然也合情合理，但是当前三个月这段时期，对于这种长期的作用在数量上却微不足道——人们或许都这样认为。因此，如果说三月期利率对二十年或更长时期的贷款条件会有什么显著影响，这似乎并不符合逻辑。

然而，事实上，经验却这样告诉我们：一般而言，短期利率对长期利率的影响远大于持上述看法的人们的预期。此外，我们还将发现，基于市场的技术特征，对于为什么这种情况并不自然，也有着充分的理由。

美国所编制的统计资料在形式上比英国所编制的更为精确而且便利；在W. W. 理富勒先生（W. W. Riefler）的《美国的货币利率与货币市场》(Money Rates and Money Markets in the United States) 一书中可以取得最新的资料，这本书是理富勒先生根据联邦储备局调查统计部编制的材料而写就。遗憾的是，理富勒先生只用图表形式呈现出结果，没有把图表背后的数字给出来，但不管怎样，后文所复制于此的统计图1的结论已经很清楚了。

长期利率乃是用六十种高级债券的平均收益来度量的，短期利率则是用各种典型的短期利率之加权平均值来度量。理富勒先生得到了这样的结论："作为指数，它们可以被用来说明各个市场利率的变化方向，并能相当准确地说明变化的数量。"他从其结果中得到了一些概括性的结论（与其给出我的结论，不如转述他的结论，因为他只是在解释统计资料，对于得出任何特殊结论，他并不关注），具体如下：

(1)"除了1921年和1926年之外，从1919年到1928年短期利率的所有重要变动都反映在债券的收益上。短期利率即便是微小的波动，也常常反映在债券的收益上，哪怕是1921年和1926年也不例外。"此外，这本书随后还称："彼时短期利率虽然还在上升，但债券收益的下降与一般信贷状况却并不是全然无关。"[1]

(2)"短期利率实际变化范围要比长期利率大，尽管两个数据序列的总体水平几乎没有什么差异。"但是，正如该图下面部分所示，"每一数据序列中相对其总体波动范围，本期变化与其他数据序列的相应变化相比在数量方面几乎相等。"[2]

---

1 参同前引书，第117页。
2 参同前引书，第9页。

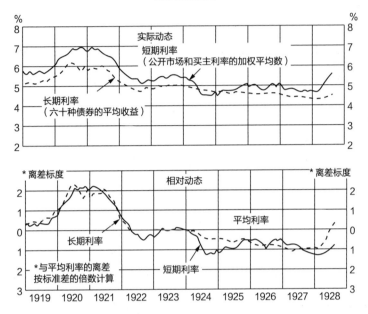

短期和长期利率

图 1

注：图 1 下面的部分是两个时间序列数据的相对动态而非实际动态的比较。每一数据序列都是按照图中时期与其自身的平均波动的关系列示。为了取得该数据序列相对波动之间的可比性，每一平均值的离差都除以了该时期的标准差。图中零位线代表每一数据序列中各个项目的平均值。当实际数字降到该平均值以下时，它们就会出现在零位线以下，反之则相反。

(3)"令人惊奇的事实并非债券收益相对于短期利率而言比较稳定，而是这些收益值如此醒目地反映了短期利率的波动，而且达到了如此可观的程度。"[1]

虽然英国的资料唾手可得，但却未曾编制出与上述材料相当的统计数字。我不得不满足于用银行利率与统一公债收益进行比较，来证实过去 10 年间出现的数字所给人的一般印象。1919 年到 1929 年这段时期的数字有一个很大的优点——事也凑巧——利率的总体趋势并不需要做任何校正，因为这一时期末的银行利率和统一公债收益与开始时差相仿佛。我们在下表中给出了这些数字，为便于浏览，还在银行利率的短期波动四倍于统一公债收益的短期波动（也即前者 4% 的波动相当于后者 1% 的波动）这个假设基础上给出了第三栏：

---

[1] 参同前引书，第 123 页。

表 55

年份	每年的平均银行利率	统一公债的平均价格	指数 1924年＝100		
			银行利率	同前栏，变动缩小 3/4	按每年平均价格计算的统一公债收益
1919	5.166	$54\frac{1}{12}$	129	107	105
1920	6.71	$47\frac{1}{60}$	168	117	121
1921	6.092	$47\frac{29}{30}$	152	113	119
1922	3.692	$56\frac{15}{32}$	92	98	100
1923	3.496	$57\frac{63}{64}$	87	97	98
1924	4.0	$56\frac{63}{64}$	100	100	100
1925	4.575	$56\frac{3}{8}$	114	103	101
1926	5.0	$54\frac{29}{30}$	125	106	104
1927	4.650	$54\frac{39}{48}$	116	104	104
1928	4.5	$55\frac{12}{15}$	112	103	102
1929	5.508	$54\frac{5}{16}$	138	109	105

表 54 中最后两列虽然绝非令我们全然满意的指数，但它所显示的结果与理富勒先生所编制的美国数字大体相近。[1]

---

[1] 有关这次大战之前的英国统计数据，可以参看《银行家杂志》(*Bankers' Magazine*)（1928 年 5 月号，第 720 页）里匹克先生 (Mr E. G. Peake) 的一张统计图，图中画出了 1882 年到 1913 年期间各年游资相对于伦敦与西北铁路公司信用债券收益的利率状况。这是因为，大概在 1894 年之前一段时期，统一公债极端缺乏敏感性，这就使它不能作为价格指数，从而根据它来厘定本期长期利率——在 1867 年到 1924 年之间统一公债的平均价格每 100 英镑的逐年变动没有一年超过 1 先令 6 便士。这次大战前 20 年按照趋势修正的结果与上述引证的战后时期数字，我认为相差并不甚远。下面的表格即是战前 8 年中按趋势修正的指数（1909 年＝100），以及根据上表的方法缩小为四分之一的银行利率变化数字：

年 份	银行利率	统一公债收益
1906	110	104
1907	113	105
1908	100	100
1909	100	100
1910	104	102
1911	102	103
1912	103	104
1913	109	104

作为对本期投资方面的新长期借款在造成短期利率方面所起作用之程度的衡量指标，上述数字当然是大大低估了前者的敏感度的。这是因为，我们不得不采用已有长期债券中敏感性最小的债券。如果统一公债收益上的波动相当于银行利率波动的四分之一，那么，我们可能会发现那些用于固定投资的新长期借款收益的年平均值差不多有二分之一那么多。这意味着银行利率2%的变化如果持续一年，就可能使长期借款成本变化10%到20%（假设5%左右的波动为基准利率）。

的确，这些事实无可置疑。"低息贷款"（cheap money）对于债券价格的影响是投资市场的常识。如何对此做出解释呢？我认为有几个理由让我们对上述结果并不感到奇怪。

(a) 如果债券的当下收益大于短期贷款所取得的利息，那么，借入短期贷款购进长期证券就有利可图，只要后者在贷款期限内实际价值不下跌即可。因此，这类交易的压力会引发市场上涨的趋势，至少一段时间之内，这可以稳定投资者对债券市场的"多头"情绪。此外，厂商若在营业中需动用部分以高级债券形式保存的流动性准备金时，那么，当这种借款的成本低于债券的当前收益时，厂商即可以用这种债券作担保借款，而当情况与此相反时，它们即可直接出售债券。[1]

因此，当短期公开市场利率一笔勾销了债券收益时，这就事关重大了。如果短期利率保持比债券收益更高（或更低）水平若干个星期，那么，债券收益无法提升（或减低）的情况就会很少出现。

(b) 许多金融机构——银行本身就是其中最重要的一员，而且还包括保险公司、投资信托公司、贷款公司等——不时地变动其资产中长期与短期

---

[1] 参看理富勒（参同前引书，第119页）："有价证券被广泛地用作贷款的附属担保品并以银行信用大量购取……短期信用的持续可得、短期利率水平以及此项利率对证券收益的关系，自然均为所有这些借款人在决定这些证券到底应以银行信用继续持有，还是在长期市场上抛售时要考虑的因素。"

债券的分配比例。当短期收益高时，短期证券的安全性和流动性就非常具有吸引力。但当短期收益低时，不仅这种吸引力不可复见，而且还会有另外一种动机出现，即担心该机构或许不能维持其既有的收入水平，而收入上的任何重大削减都会损害它的信誉。因此，一到这个时候，他们都会急急忙忙转向长期证券；这种态势本身就会提高后者的价格，而且它似乎也证实了那些主张在政策上改弦更张之士的远见卓识。是故，如若不是大多数控制资金的人们因某种重要的原因而对现行价格水平下的长期证券必然怀有戒惧之心的话，这一价格会倾向于略有提升，而最初的低价则因本身令那些自己承受不起当前收益方面的收入蒙受重大损失的人们陷入普遍的焦虑，生恐失去了搭上这班车的良机，从而趋于升高。

银行自身的情况尤其如此。我相信在英国和美国我们都可以发现，银行为其自身买入和卖出证券，乃是决定债券价格水平的转折点的一个主要因素。这是因为，它们持有大量这类证券——美国大约可达 100 亿美金，英国则可达 2.5 亿英镑左右——所以，它们长期资产与短期资产之间任何大量的转换对长期资产的价格都会产生重要影响。

现在银行但凡有财力可以持有，最是偏爱短期资产。但当这些资产的收益下跌到某一点之下时，它们就无法再持有这些资产了。我们可以用 1929 年波士顿联邦储备区会员银行的结果来对此加以说明。它们所挣得的利息按照其生息资产（即它们的贷款、贴现和投资）的百分比计算，接近 6%，而付出的利息则近 2.5%，其他开支比 2% 稍多，所以，它们的利润大约为 1.5% 左右。因此，很显然，它们的平均利息收益下降得不怎么严重就会大大影响其利润。英国方面我们没有这般详细的数字，但伦敦各银行所获得的净利润可能不大会超过存款额的 1% 太多（它们公布的利润比这还要低一些）。如果我们把它们的垫款所挣得的利率之变化与存款所支付的利息之变化抵消，那么，剩下的就是其他短期资产（票据和短期贷款）和它们的长期证券了，前者大约占到其存款的 25%，后者在 15% 左右（当然这些数字都是在不断变化的)。因此,它们的票据和短期贷款的收益若是下降2%,那么它们的总利润减少的数量就等于其存款的0.5%,也即减少将近一半。如此一来,当短期资产的收益猛烈下降时,从短期资产转换到长期资产的动机显然就会很强——这个结论可由统计资料所证实。[1]

(c) 我前面所认为归诸市场的动机,严格而言到底有多合理,不妨交给别人来判断。我认为,最好把它们作为一个例子来说明:即便是消息最为灵通之人对于我们自以为有所了解的较近的将来到底能敏感到什么程度——你甚至可以说到底会过度敏感到什么程度;原因在于,事实上我们几乎对于较远的将来一无所知。而对这一我们接下来还会谈及的相同趋势,人们的夸大也起到了一定的作用。

我们正在寻求的解释,其中一部分可以从一种心理现象上得出来,这种心理现象在当前市场对普通股的估值上表现得非常明显。我们可以发现,一个公司的股票乃至债券之价值,对已知或预期利润的短期波动会敏感到什么程度。一个明智的局外观察者可能会认为这是非常荒唐的。一间铁路公司的股票对其每周的运输业务收益高度敏感。即便众人皆知有关地区——尤其是那些所经过的大获丰收或收成欠佳的地区——发生了罢工,抑或在开国际博览会,势必只能算是暂时的因素在影响这一营业收益时,情况亦是如此。这类事件通常会使股票的资本价值发生波动,波幅远远超过因这类事件所带来的利润上的可能变化。可能这些事例有点极端;但普通股票的市场估价相对于现在与过去不久时期无论成为其特性的条件和结果如何,这些股票的价值均将持久而巩固,而且预期会是,不久的将来特性的条件和结果也会如此假设,这是大大有偏的。关于这一点,任何关注普通股票价格动态的人必然都是耳熟能详的。对于同样的缺点,债券市场亦不能幸免。

---

[1] 理富勒先生给出的美国方面非常详尽的数据极为醒目地证明了这一点。"通过它们自身的投资买卖,"他总结道,"商业银行对债券市场施加了明显的压力,对债券收益和短期利率之间相对变动的彼此相合贡献颇大。"(参同前引书,第119页)。

我们没有必要感到奇怪。即便是那些消息最为灵通的投资者，对于较远的将来，他之所知也远远不如他所不知道的多，他无法不受自己对过去不久和将来不久这段时期内所肯定或近乎肯定的那一点知识的影响，并被迫由此寻找进一步前进的线索。而如果有一个真正通晓未知的人，那么在他看来，此人所受的影响之大，全然不成比例。如若消息最为灵通者尚且如此，那么，绝大多数从事证券买卖的人就基本上对他们之所谓一无所知了。对于有效判断所需要的知识而言，他们甚至连最基本的那些都不具备；在一哄而起和一哄而散的希冀和恐惧中，他们饱受折磨，成了牺牲品。这就是我们所生活其中的资本主义制度的一个奇特之处，当我们与这个真实世界打交道时，这些奇特之处是不能忽略的。

不过，除此之外，还有一个更进一步的理由可以解释为什么最精明之辈预测普罗大众[1]的心理并对这些无来由的行为预加模仿，而不是预测事件的真正趋势，往往更能得到好处。这是因为，证券价值并不是由我们所预计能据以购买全部未偿息证券的条件决定，而是由实际交易领域中边缘上的那一小部分决定；正如本期新投资只是现有投资总数边缘上的一小点儿而已。现在这一小点儿基本上是由职业金融人士——你可能会称呼他们是投机家——来经办，这些人无意长期持有它们，以达到对未来事件产生影响的程度；他们的目的只是在几个星期或至多几个月之后重新卖给大众。因此，他们受到借款成本的影响，而且仍然更多地受到自己基于以往大众心理趋势的经验所做出的预期影响，也是自然而然的了。如此一来，只要大众确定会以某种方式行为，即便被带错了路，那些消息更加灵通者只要以同样的方式早一点走过去就可以获利。此外，撇开消息不灵通的程度不提，大多数人对于他们的投资都太胆小太贪婪，太急躁太心神不安，这些投资的票面价值的波动很容易就可以消灭大量诚实努力所取得的结果，从而对长期中的未定之数不能以长远的眼光视之，甚至也不能予以合理的信赖；至于短期中流于表面的确定

---

[1] 英文原文是"mob"，意即乌合之众。——译者注

性，不管我们对那种欺骗性多么怀疑，也还是能够吸引到我们。

对市场这些心理特征的依赖，并不像一般所认为的那样不确定。的确，这是一种以毒攻毒的疗法。这是因为，管理的目标所在，正是这些在市场上造成诸多混乱的半合理半不合理的特性。如果投资者能够目光更为远大，那么，自然利率的波动可能就不会像现在这样大。真实的前景不会像在搞金融活动的劲头下那样，变化得那么快、那么大。投资的意愿就会受到眼前的前景的刺激和抑制。因此，依靠短期影响来克制市场情绪剧烈甚至可能是不合情理的变化，也就不是没有道理的。

所以，我们可以把下面的这些结论带到下一节去，即短期利率对长期利率的影响要比读者所预期的大，而这一人所共见的事实并不难找到充分的解释。

第三节　银行体系能控制投资率吗？

直到现在，我们仍然没有就这个问题做出稍显正面的回答。我们已经表明，由于受到短期利率变化的影响，长期市场利率在一定程度内会向所期待的方向发展。但即便市场利率变化一点点，自然利率也会发生要快得多的变化。因此，要使我们的结论成立，我们应该提出这样一个假设前提，即银行体系有能力令市场利率像任何一般情况下的自然利率一样，迅速而大幅度地发生变化。

我们无法通过统计数据来证明这一点。这是因为，信贷周期的出现本身就证明了这样的事实，即银行体系无法令市场利率赶上自然利率变化的步伐。因此，可以肯定，迄今为止，银行体系无法成功地控制投资率以求避免严重的不稳定状况。

如此一来，目前我们就只能把银行体系支配下的各种方法罗列一下。唯有到了将来，我们才能确定地认识到，对所有方法予以有意识而又方向正确、指挥若定且又恰如其分的及时的运用，是否能够解决这个问题。

(a) **短期利率变化的直接影响。** 撇开我们暂且放在一边的国际复杂情况，我们并没有什么理由怀疑中央银行使短期利率在市场上生效的能力。

这些变化就其自身而言,必然会在所期待的方向产生**某种**效应;这是因为,它至少决定了营运资本和囤积流动存货的流转基金的利息成本。不过,我认为——其理由我已经在本书第四篇给出——营运资本或流动资本方面的投资量对于短期利率本身的变化并不敏感,除非这些变化能够造成物价变化的预期。营运资本和流动资本方面的投资量的波动对促进繁荣和加重萧条当然起着很大的作用;但我怀疑它们是否能仅凭改变银行利率的办法带来或避免这一结果。一般而言,它们代表着固定资本投资量不平衡所引起的物价水平的变化引起的滞后反应。

我认为,能够对营运资本和流动资本投资意愿产生直接作用的这类影响,与其归之于货币本身或高或低的利息,还不如归之于我将在下文 (b) 相关内容中所称的那一小撮"未被满足的"借款人获得满足的程度。

另一方面,如本章第二节所言,低息贷款通过债券市场的变化对新投资量的直接影响可能更加重要,即便这些变化非常之小,结果也是如此。在制造业工厂上投资多少的意愿不可能对债券利率较小的变化表现得很敏感。但工业所需的新固定资本量即便在最鼎盛的时期也相对不足道,故而在这种局势当中并不是一个很大的因素。全世界固定资本几乎全部都是建筑、交通以及公用事业的设备;这些活动即便对长期利率的微小变化也肯定值得考虑,尽管其时间滞后性很大。

(b) **那一小部分未被满足的借款人**。不过,银行体系放松或紧缩信贷不仅可以通过贷款利率的变化做到,也可以通过信贷量的变化来达成。如果信贷的供给是在一个完全自由竞争的市场里分配,那么,这两个条件——数量和价格——将会非常紧密地彼此关联,我们不需要分别加以考虑。但实际上还有一种可能性,即银行贷款的自由竞争市场条件不能完美地以予以满足。这是因为,任何提供担保之人并不能随心所欲地单单凭借所付利率高于其他借款人,就可以从英国的银行体系中借到他想要多少有多少的钱——至少在英国不是这样,我相信美国的市场更加富有自由竞争性。也就是说,在英国，对于借款人的态度存在一种惯例上的配额制度，对任何个人贷出的款额并非全然取决于借款人所提供的抵押品和利率，而是同时参考借款人的意图和他在银行心目中是不是一个有价值或有势力的客户。因此，通常总是有一小部分借款人不被看成应该首先得到银行的支持，但在银行认为可以多贷的时候则完全愿意贷款给他们。

由于存在着这么一部分借款人，而且借款人的资格除了利率以外的其他银行标准又存在变化，所以，这就促使银行体系在短期利率变化以外还要有一种补充的办法来影响投资率。以此方式刺激投资的过程在不再有未被满足的那部分借款人时就无法持续下去；其逆向过程在未被满足的那部分借款人开始包括能够通过创造头等优质的票据或直接向银行存款人借款的那些有势力的借款人时，也不可能得到持续。但在这个限度之内，银行对投资率的影响是可以超过与同时发生的短期利率变化——如果有的话——相匹配的程度的。

也就是说，英格兰银行不会规定银行利率，而让银行货币量去找它自己的水平；它也不会规定货币量，而让银行利率去找其自己的水平。它对二者都予以规定——在一定程度内独立地对它们加以规定。规定之后，它——实际上——才邀请会员银行和货币市场一起合作，使如此规定的银行利率，在银行货币量同样如此规定的基础上保持效力。

为了确保这种合作，它的武器是威胁、协议和惯例。英格兰银行可以使用威胁的手段来影响局势，因为最终而言它总是有权改变银行货币量来使它的银行利率发生效力；是故，一旦官定银行利率不再起效，那么，假设英格兰银行在某个短暂的时期不改变该利率，则在这样的假设之下，进行交易就是不安全的。如此一来，如有必要，则改变银行货币量的潜在威胁在适宜的条件下对货币利率就会具有与实际改变相同的效果。

协议之所以也成为一种手段，是因为清算银行同意给它们在伦敦的定期存款人支付利息，其利率与官定银行利率保持着一种明确的关系——以前是比官方利率低1.5%，现在是低2%。这种协议对银行所愿意采用的贷款利率的作用与其说是理性的，不如说是心理上的，尤其是对它们愿意贷款给金融市场的短期贷款利率，更是如此。后一种利率也时常受到清算银行间协议最低额的影响。而除了这些协议问题之外，还有很多习惯和惯例。按照这些习惯和惯例，银行贷款利率对官方银行利率多少保持着固定的关系；例如，贷给证券交易所的款额以及数不胜数的透支与垫款的固定协议，利率均是在事前按照官定银行利率商定，而且不会轻易更动。例如，当官定利率提高时，许多银行贷款的利率也会自动地等量提高。如果某些先前的借款人因利率提高而不肯再借，那么，未被满足的那部分借款人中就会有更多的人可以取得他们一直要求的贷款。当国际复杂情况需要一种可以干预国内投资均衡利率的银行利率水平时，英格兰银行——在一定限度内——所拥有的这种独立规定银行利率和银行货币量的权力尤其具有重要意义。

上述分析基本上都是关于伦敦的，在伦敦，没有这种分析就无法理解事态的过程。在美国，对会员银行所欠联邦储备银行债款额的影响几乎有着同样的重要性，尤其是最近几年。自1920—1922年的繁荣与萧条过后，联邦储备银行体系的实际运行上最显著的变化就是会员银行逐渐形成了一种惯例，不愿意连续不断地对联邦储备银行负债。如此一来，就会员银行为新投资项目实际提供的帮助而言，当时的联邦储备银行信贷量到底是以会员银行的贴现为基础，还是以联邦储备银行自身的黄金和公开市场业务为基础，就有着很大的分别了。在前一种情况下，会员银行将会尽力设法少贷出款额，并把那些刚刚符合资格的借款人打发掉；在后一种情况下，它们将会迫切地为其资金寻找出路。在某个给定的时期，这两种情况哪一种占上风，则由联邦储备银行来决定。

(c) **发行公司和证券承销商的地位**。在现代世界，用于新投资的长期借款量最直接地取决于主要发行公司和证券承销商的态度，它们是最终借款人和贷款人之间的中间人。在目前这个阶段，这个制度多少是有些特别的，我们尚且找不到一项全面而准确的记载，实际上有关证券承销制度的演化历史——这段历史尚不到五十年——也一样找不到。

大规模的发行公司在数目上是很少的,而且常常也是彼此相互配合地采取行动。它们还受到中央银行的影响,若无后者的善意支持,它们的运作将会具有非常之大的风险。它们极为关心它们的信誉以及它们的发行在购买证券之士心目中的"成就"。因此,如果债券的价格缓慢上升,而之前不久它们发行的证券从发行价格上看是盈利而非亏本,那么,发行公司就会继续倾向于方便借款人;另一方面,如果证券价格有下跌的趋势,它们又会对借款人加以限制——这是因为,在后一种情况下,它们将会通过限制新发行的数额来试图"保护"它们之前发行的证券的市场。在这里,在现行市场利率下实际上又出现了可能借款的未被满足的那部分处于资格边缘的借款人,而且这个市场也不是完全自由的那种。

宽松的信贷条件和中央银行鼓励发行公司业务的氛围,可能会使新投资所能得到融资的利率,较之于在中央银行不同意发行新证券的相反情况,那是大不相同的——这种差别可能远非债券牌价(可能很小)的变化可比。[1]

这是对长期运营相对于短期考虑的敏感性所给出的另外一个阐释,而且还表明,中央金融当局仅凭营造氛围,而不在贷款利率上做出任何耸人听闻

---

[1] 援引理富勒的话(参同前引书,第121页):"当债券市场遭受压力,从而使债券价格趋于下跌时,长期贷款的本期充分需求量就会受到一定的限制。比如,在这样的时期,新债券的发行量通常都会降低到最小程度。这种情况部分地说明,借款人不愿意支付现行利率,同时,投资公司不愿意增加市场上已经明显存在的压力,也会使它受到影响。其至连那些愿意支付现行利率的借款者,也会因此而经常发现想取得他们所希望的贷款是一件困难的事情。有些人向投资公司借取新贷款时可能会遭到彻底的拒绝,或者可能会建议他们等一等。其他人可能暂时获得银行贷款或银行愿意承购的短期票据……

另一方面,当债券价格上涨从而使其收益因投资资金数量增加而相应下降时,这种资金供给的增加所带来的全部影响可能并不是全然反映在……债券收益递减上。此时,新证券的发行几乎总是会迅速增加,这项资金有一部分可能被这方面所吸收……其他情况下并不会被利用的其他方面的需求,也会让它们进入市场……证券发行的增加有一部分代表较低的利息对需求的刺激,但除此之外的大部分增加则代表着部分受到控制的需求的解放,主要的是,这些需求只有当其他条件和利率都有利时才会进入市场。"

的变化,就能够具有多大的力量在短期当中抑制或刺激投资率。

(d) 达到饱和时的公开市场业务。迄今为止,我们一直在讨论的都是中央银行能够运用其权力放松(或收紧)信贷局势以刺激(或抑制)新投资率的常规和传统的方法。如果这些措施运用得宜,而且**时机准确**,那么,我怀疑除此之外是否还有必要经常使用下一节所考虑的非常手段。也就是说,只有在未能及时采取较为温和的补救措施而让剧烈的暴涨暴跌情况得以蔓延时,更为极端的措施才会派上用场,而且即便是这些更加极端的措施,其可否收其全功,亦在未知之数。

事实上,这些非常手段仅仅是公开市场常规方法的强化罢了。就我所知,公开市场业务这一手段尚未被运用到极致的情况上去过。迄今为止,中央银行总是对那种令银行货币总量大大超过或不足于其正常量的措施过于犹疑——这一部分可能是受了货币数量论的各种粗浅版本的影响所致。但我认为,这种态度忽视了公众"看涨"或"看跌"在银行货币需求方面所起的作用;它忘记了金融流通与工业流通之间的关系,忽略了这样一个统计上的事实:前者的规模可能与后者一样大,而变化之剧烈程度则可能远胜后者。

因此,我认为,更大胆的措施有时候是可取的,无论什么时候,只要资本家面对有价证券执着地关注"看涨"或"看跌",那么,这些措施就完全不会出现什么严重的危险。在这种时候,中央银行应该把其公开市场业务开展到充分满足公众存储储蓄存款之意愿的程度,或者在相反的情况下把这类存款的供给全部用尽。

如果我们应对的是金融流通,那么,我认为,上述举措对工业流通会产生某种用得过快和过猛的风险,且程度在信贷扩张时要比信贷紧缩时为小。但另一方面,抑制繁荣比抑制萧条更不需要运用极端举措。我怀疑繁荣几乎总是由于银行体系行动迟缓或力量不足所致,它们本来可以不用如此;还有一种更有道理的说法,无可收拾且所有常规控制手段均告无效的,乃是萧条。因此,我们现在要集中讨论的就是抑制萧条的问题。

是故，对于萧条顽固持久存在的情况，我所提出的补救措施乃是，由中央银行收购有价证券，直到长期市场利率达至下限为止。有关于此，我们还要再用几段话来加以说明。中央银行（撇开国际复杂关系不谈）应有力量令长期市场利率降低到本身打算用来购买长期证券的任何数额。这是因为，资本家一方的看跌心理从不会十分顽固，一旦储蓄存款利率接近于零，饱和点很快就会达到。如果中央银行为会员银行提供的资金超过会员银行可以用短期贷款方式贷出的量，那么，短期利率首先会向零的方向下跌，其次会员银行即便只是为了维持它们自身的利益也将很快开始自行购入证券，以支持中央银行的努力。这意味着，债券的价格将会上涨，除非有很多人在看到长期债券价格上涨之后自愿抛售，并以极低利率保持收益的流动性。（例如）如果长期利率比短期利率高出年息3%，这就意味着债券价格在这些人心目中的数学期望降低年息3%；当债券价格实际上涨而中央银行又促使贷款利率降低时，那就不可能出现这么大量的抛售——除非长期来看大家普遍认为债券价格已经探底。这种情况是有可能出现的，也构成一种限制因素，稍后我们还会回来对此加以讨论。如果这类举措的效果是要提高"证券"的价格（例如普通股票），使之比债券价格上涨得更多，那么，在萧条之时就不会因此而带来有害的结果；这是因为，通过出售普通股票和提高债券价格，投资可以非常容易地筹到资金，从而受到刺激。此外，在市场萧条和企业亏损之时，证券出现价格非常之高的情况也不大可能。

如此一来，我没有多少理由怀疑中央银行一旦足够坚持公开市场政策就可大大提高为长期投资筹集新资金的成本。不过，实际当中到底是哪些因素限制了中央银行推行这种政策的程度呢？

首先，是中央银行"弹药"是否充裕的问题，也即中央银行是否能够持续足量地购买或出售适当种类证券的实力之问题。当中央银行试图紧缩银行货币量的时候，适当弹药的缺乏更可能阻碍中央银行，这种可能性的出现，要比中央银行设法扩增银行货币量的时候大。这是因为，当中央银行试图紧缩银行货币量的时候，有价证券的存量必然有限。但在某种意义上，弹药缺乏的问题则是与扩增政策相违抗的，因为中央银行所能购进的债券种类一般都是有限的，所以，如果它继续这样的收购，从而超过某一个点，是很可能使这些证券相对于其他证券而创造一个完全人为的局面。前文曾经提及，为预防弹药不足而无法把公开市场业务推行到底的情况发生，我在前面（第二卷，原书第63页）曾建议：中央银行应该有权在一定限度内改变会员银行的规定准备金额度。

其次，当自然利率一度下跌到使长期市场上借款人与贷款人之间的看法相距甚远时，还有些情况可能会出现。当物价下跌，利润低微，未来几乎完全不确定，金融界情绪消沉、惊魂未定之时，自然利率可能会暂时下降到近乎为零的地步。但也正是在这样的时候，贷款人的情况才最是危急，除非是最高枕无忧的证券，否则，他们是最不愿意把资金投到长期当中的；所以，债券利率远不会非要朝着零的方向下跌，反而在撇开中央银行的活动之后，或有希望高出正常的水平。我们可能很合情合理地这样问道：在这种情况下，**除非责令中央银行购买债券，直到价格远远高出中央银行所持有的长期债券的标准**，不然又怎么可能使长期市场利率与长期自然利率相等呢？然而，如果它关于长期标准的直觉认识正确无误，这就意味着诸如此类购入到一定程度，到时必须转而售出时，或许会造成重大的财务损失。这种情况——读者应当注意——只有在资本家群体预测出错，而中央银行和长期借款人对于未来利润率的看法发生分歧时，才会出现。

当私人利益集团认为未来的前景风险非同一般地高时，我们可能会预期代表着公共利益的中央银行应该准备好了承担这种风险。但可以想象，选择乃是在到底是承担未来的损失，听任萧条继续下去，还是采取社会主义式的行动而由某个官方机构来接替因企业过于冷酷而不宜居之的地位。

不过，我要再重复一遍，这些极端的情况是不可能发生的，除非这是先前某种错误所造成的结果。这种错误就是人们没有在更早的阶段阻止萧条的趋势，以致信心彻底不再，令企业的精神和实力元气大伤。

第三个限制因素是由国际间复杂关系所带来的，这些复杂关系我们先前一直没有讨论，但现在我们必须补上。

(e) 国际复杂关系。最后，我们来讨论当今世界老练的货币管理机构在避免繁荣与萧条方面所无法克服的局限——要是忽视或小看了它，那将是愚不可及之举。作为国际金融体系的一员之任何国家，其中央银行——甚至包括美国联邦储备系统在内——若要单独行动而没有其他中央银行采取相应行动予以襄助，都将无法期望能够保持该国国内物价水平的稳定。此外，虽然各间中央银行的利益大体一致，但我们不能指望它们在细节上总是如此。其原因我们在前面讨论价值标准是否应该成为国际性问题时已经提出，就此而论，不同国家的当前利益可能各不相同，旨在维持其中某一个国家就业稳定的行为，不必然能在另外一个国家带来相同的结果。

针对目前阻止我们在科学地管理价值标准以及保持整个世界投资均衡上取得任何成效的国际复杂关系，唯一适当的补救办法可以在国际管理制度中找到，有关于此，我们将在下一章略述梗概。

同时，若要减轻坚实地套在我们肩头的偶然性规则所造成的弊端，似乎唯有下述办法才能做到。

首先，我们不必夸大国际间依赖性的重要性。一个国家可以通过健全的内部管理来维持就业与企业的经济生活之间的平衡大有可为。如果国际贸易和国际投资贷付相对只占其经济生活的较小比例，那么，其所被迫分担的国际扰动也会相应地受到限制。[1]此外，任何国家都至少能够使自身不至于陷入麻烦的风暴中心里去，不至于成为其他地方非均衡的始作俑者，而且还可以根据其本身的价值，对总体局势的稳定做出自己应有的一份贡献。

---

[1] 出于这个原因，美国比英国在维持国内稳定的问题上要简单得多。例如，美国的对外投资吸收了大约5%的国内储蓄，但英国在均衡状态下却吸收了接近40%的国内储蓄。

其次，我们不必过度夸大不同国家利益分歧的程度。当我们遇到的问题是一个重大的扰动时，大家其实是同处在一条船上。例如，在1929年，假定美国的利益与世界上其他国家的利益存在分歧貌似有理；但美国有关当局按照这种假定采取行动之后，事实上却使1930年的风暴铁定发生了——该风暴已经由可能主要是英国所当负责的原因而露出迹象来——而这场风暴也使它们受到了至少与其他国家一样严重的影响。因此，大体而言，正确地理解合作，对每一个国家都有好处。

正是这个世界主要贷出国的行动决定了各地的市场利率和投资量。因此，如果这些主要国家能够携手合作，那么，它们就可以做很多事情来避免重大的投资非均衡现象的出现；这里所说的主要贷出国是指英国、美国和法国。如果法国愿意置身事外，那么，英国和美国联合行动，通常也能控制整个局势。

最后，当一国出现的国际非均衡使之陷入严重的失业状态时，在我们的武器库中，就还剩下一件武器可以令该国部分地把自己挽救出来了。在这样的情况下，中央银行所开展的企图降低市场利率和刺激投资的公开市场业务，可能因失误反而刺激了对外投资贷付，因之而引起它不堪其负的大规模黄金外流。在这种情况下，央行当局随时准备贷款的办法就不够了——因为货币会流入到不对头的人的口袋中——它还必须随时准备借款。换言之，政府本身必须提出一套国内投资方案。摆在它面前的选择问题是：到底是雇用劳工来创造一种收益低于市场利率的资本财富，还是压根儿就不雇用。如果处在这种情势下，则不论国家的当下利益还是长远利益，采取第一种办法总是可以得到增进。但如果外国的借款人对此摩拳擦掌、跃跃欲试，那就不可能在一个公开竞争的市场上使利率降低到适于国内投资的水平上来。如此一来，我们所期待的结果只能通过采取某种措施来获得，通过这种措施，实际上政府可以补贴那些得到一致认同的优良国内投资或政府可以亲自支配国内资本发展计划。

337 关于把这个方法应用到英国在 1929—1930 年的局势中去这个问题，我已经在其他地方多有阐发，此处不再赘言。我们假设，至少暂时不可能把国内成本（相对于国外成本）降低到足以大量增加对外贸易余额的水平。在这个假设之下，通过提高国家发展计划中资本发展（比如）的 3%来补贴国内投资，不失为能够扩大当前就业和增进嗣后国家财富的有效手段。在这类情况下，另外一个、也是唯一一个可以立即应用的补救措施就是，通过排斥外国商品的进口来补贴对外投资，这样的话，增加出口从而把对外贸易余额提高到均衡水平的办法如果失效，即可由进口量的减少来较好地予以补救。

第四节　1930 年的萧条

我写下这些结论时，正值 1930 年全世界的萧条。在 1 年之内，批发物价指数下跌 20%。1 年以前，世界市场上许多最重要的大宗商品——小麦、燕麦、大麦、糖、咖啡；棉花、羊毛、黄麻、生丝；铜、锡、锌；橡胶——的价格要比现在高出 50%。美国的生产指数下挫超过 20%。在英国、德国和美国，至少有 1 000 万工人失业。我们无法不感到，使用科学的方法正确地诊断这些不幸所由产生的原因，是多么的重要。如此惨象是否可以避免？又是否能够补救？

值此，我禁不住要对那些"只缘身在此山中"而无法清楚辨认的当代事态发表一点愚见了；也就是说，我要对这些已经出现的事态背后的根源发表一下我的看法，兹录如下。

338 与战前的世界相比，战后世界中投资因素最明显的变化是，市场利率处在较高的水平。大体而言，我们可以这样说，今天的长期利率比 20 年前高出近 50%。然而，工业国人口的增加却不像以前那么快，每一个人在住房、交通和机器等方面的配备则远比 20 年前优越。另一方面，对世界落后地区的投资贷付量并不是非常之大——其实不但不大，情况反而相反。这是因为，俄国、中国和印度这些境内人口占世界人口总数很大比例的国家，出于这样或那样的原因，几乎能够以接近零利率地向国际市场借款；而美国自身又已经从一个债务国变成了债权国。那么，为什么利率就该这么高呢？

我认为，问题的答案是：在战后若干年里，正是下面所列举的诸多原因，才使自然利率维持在一个较高的水平上；最近这些原因不再起效；而另外一些原因则又维持了市场利率。结果，如今借款人与贷款人之间的意见，颇有些突然地产生了不同寻常的距离，也就是，在自然利率和市场利率之间发生了偏差。

就战后几年而言，自然利率有着显然的原因暂时高于其长期标准。这其中尤其是由于需要大量投资来恢复和平时期生产所需的营运资本的流转基金。接下来，还有战争所造成的破坏需要恢复，因战争而拖延的住房等问题需要解决。也许，这个阶段到1924、1925年就结束了。与此同时，某些新的产业正在导致大规模投资的出现，尤其是在美国——以电力使用（也有使用天然气的）为基础的公用事业、汽车工业及行驶汽车的公路[1]，以及电影和无线电产业。这些活动某种程度上都在推动自然利率维持在当时的水平。但回顾过去，我倾向于认为最近这次崩溃的种子早已在1925年就种下了。彼时，美国之外其他国家的自然利率可能正在下降。但就在这个时期前后——其中一些国家较早，其他国家较迟——紧接着发生了两起并不是完全不相关联的事件，它们多少有些不顾自然利率的现实基础而维持了市场利率。这两起事件就是，普遍恢复金本位制度，以及战争债务与赔款的清算。

虽然这两件事与新投资的真实收益并无干系，但它们对市场利率却有着强大的影响，正因为这一点，那些肩负维持黄金平价这一新责任的中央银行自然就心中犹豫，不愿承担风险——其中有一些央行是因为它们刚刚从通货灾难中脱险，随之而来的又面临信用彻底丧失的困境，另外一些（又是

1　1904年美国在公路和桥梁上的支出是5.55亿美元，1914年为2.4亿美元。到了1928年，这个数字已经达到近16.6亿美元［参见：《公共工程的计划与控制》（*Planning and Control of Public Works*），第127页］。

英国）则是因为在危险的高位上恢复金本位，从而与其国内现有均衡状态不相符合所致。这种犹豫的心态不可避免地把整个欧洲引向了信贷限制的局面，在很多其他地区产生了共感，而这种信贷限制却又完全不是实际当中的基本经济事实所要求的。在收紧信贷并敦促从速全面回归金本位上，大不列颠发挥了主要作用。自由的黄金供给量之不足（也即打算卖出这种金属的人手中所掌握的量）大大恶化了局势。事实上，在这个时期，只有美国没有采取任何措施对信贷加以限制。

当这种限制信贷的趋势正在收紧投资贷付条件并使政权购买者的态度趋于强硬之时，这些事件的另外一面则在制造一批借款人，他们打算给出的条件根本不是建立在新的实际投资可能的收益之任何计算之上。这些借款人分为两类。第一类是"遭遇困境的"借款人——这样称呼他们比较方便——主要是各国政府，它们借款不是用于生产性企业的投资，而是为了偿还它们迫在眉睫的债款，满足它们的债权人和履行条约中规定的义务。这类借款人给出的贷付条件由贷款人所支配，对本期投资的未来收益似乎也并无关系。第二类是"银行业务"借款人——有时候是政府，有时候是银行——它们借款也不是用于生产性企业的投资，而是要建立由黄金和对外贸易余额组成的流动性准备，以之保护其新近恢复的通货。在1927年到1928年的美国，我们可以看到这样一种特殊情况，美国的长期高利率贷款——基本上是借给欧洲国家的——超出其对外贸易顺差数倍；美国所以能够如此，乃是因为这些借款人把刚刚借到的大部分长期贷款立刻以短期的形式重新存回了美国，而所支付的利息却比存回美国的短期存款所取得的利息高出近乎一倍。在两到三年中，像这样按照长期条件借入而以短期条件存回的资金约有5亿英镑之多——这自然打乱了短期和长期利率之间的正常关系，如果它们主要由为实际投资借款的人的看法，那么这种正常关系就会出现，而且从长期来看，它们必定会由为实际投资借款的人的看法所决定。

最后，在1928年到1929年，这些"虚假的"长期借款人——如果我们可以这样称呼那些本期实际投资收益不影响他们的借款人的话——再加上第三类"虚假的"借款人,这一次则是短期的"投机性"借款人,他们借款仍然不是用于新生产性企业的投资,而是投到"证券"(其中大部分具有半垄断性质,不大容易被仿效)上面,为的是参与到一场狂热的"牛市"运动中去,这种运动在美国曾盛极一时,不过也曾不同程度地出现在世界大多数证券交易所中。此外,银行保守派意见殷切期盼这种投机狂热能够终结,这又为中央银行限制信贷提供了新的动机。

根据我的判断,到了1929年的年中,"真正的"借款人——如果我们可以这样称呼那些为了新的实际投资而借款的借款人的话,这些借款人认为按照所给的条件从事这类投资是有利可图的——的活动在除美国以外的大部分国家里都已经降到了正常水平以下,这些借款人正在被排挤掉。战后重建以及新式工业更为迫切的要求得到满足之后,再以相当于储蓄量的规模按照高企的市场利率借款——这种高企的市场利率有一部分是由"虚假的"借款人维持的,一部分则是由中央银行信贷政策所维持——很明显就不值得他们这样做了。

因此,市场利率与自然利率之间由此产生的分离就变成了物价水平低徊的主要原因。但是,一旦上述情况开始在企业家内心当中引起"萧条"的心理之后,当然就会像往常一样,其他那些在数量可能更大的影响就会起到推波助澜的作用。

这是因为,我认为——就整个世界来说——本期投资相对于储蓄的不足,虽然在最初的时候带来了萧条,但其本身却不应为物价水平下跌到远超过5%水平的这一情况负责。但只要由此造成的损失大到足以令企业家削减产出,由于营运资本减少,从而可以与降低后的产出水平相配合,即可会令投资净额发生程度更大的缺乏。如此一来,由于新投资的进一步减少而带来的每一次的生产削减,会使得物价下跌,这增加了那些继续营业的企业家的损失,这些损失又转而令生产发生更进一步的削减。在第三十章(第七节)

中，我们已经就这一因素对美国营运资本产生的影响进行过估计。

在萧条的最初阶段，营运资本的这种减少可能部分地会由存货积压所造成的流动资本增加所抵消。在第二个阶段，存货通常开始减少，而这种情况会延长净投资总减少量超过固定投资减少量的这个时段。但最终，流动资本和营运资本都不再下降这样的阶段终将到来——因为企业们即使亏本也无法继续减产，否则就不能维持组织的运营和彼此的联系，或者因为工商业界的预期改变了，又或者存货处于最低水平，再或者是因为（如果此前没有任何其他原因）社会普遍贫困导致储蓄减少；当这个阶段到来之际，萧条也就触底了。

这是因为，营运资本的负投资严重恶化固定资本投资缺乏程度的情况，只会在生产持续萧条时才会发生。当生产下降到一个较低的水平，并维持在该处时，营运资本的减少也即中止。这是因为，后者不是低水平产出的函数，而是下降中的产出的函数。如此一来，一旦生产指数不再进一步下降，净投资的缺乏程度就会立即减低，这种情况自身就会促使物价提高并使损失降低；这是因为，物价只有在产出下降时才会达到较低水平，当产出不再下降时，势必会再次回升。不仅如此——一旦生产指数再次提高，所增加的营运资本就一定会把以前的负投资给平衡掉。在这种情况持续发展的时期，营运资本中的再投资会部分或全部地抵消固定资本中的投资缺乏量，自然利率也将会暂时赶上市场利率。但一旦生产指数不再提高，那么，如果长期市场利率超过长期自然利率的情况未曾采用降低前者或提高后者的办法来加以补救，物价就可能重新开始下跌。在这种情况下，由于这类自我生产的次级振荡（secondary oscillations），虽然基本情况对持续复苏不利，但还是会出现一种规模庞大的过渡性恢复。

因此，只有等到随着时间的消逝而不需要刻意应用一些补救措施，局部的复苏才是可以预期的。但是，如果我的诊断是正确的，那么，除非全世界的长期市场利率都下降到距大战之前水平不太远的地方，否则我们是不能期待有什么全面而持久的复苏的。如果这一点做不到，那就会有一种持续的压力朝利润紧缩和物价水平下降的方向推动。然而，除非是有意通过制定政策使利率的下降加速，否则它的下降很可能是一个漫长而沉闷的过程。这是因为，萧条本身就制造了一批新的"陷入困境"的借款人，这些人不得不在可能索取的最佳条件下筹集资金来弥补损失，尤其是国际收支平衡因出口商品价格下跌而被推翻的那些国家的政府——澳大利亚和巴西就是其中典型代表。局面绝不会因为借款人缺乏，迫使利率下降，从而无可挽回；**这是因为，它为弥补损失而从储蓄中汲取的资金，与它为投资进行融资而从中汲取的资金量相等**。其次，贷款人现在已经对高企的利率颇为习惯。战争、战后的重建、"虚假的"借款等使利率在15年来始终保持在极高的水平上，在上一代人看来，这种水平是大大超乎合理的可能性范围的。因此，当短期利率不超过2%时，在近代金融家看来，收益在3%—4.5%的第一等债券，并不像他的父辈那样认为，是多么了不起的好买卖。这是因为，有关常规的和持久性的标准，很少有人不是主要由其近十五年的切身体验所决定的。

然而，除非顽固坚持误入歧途的货币政策，继续损害资本主义社会基础的元气，否则的话，谁又能够理直气壮地质疑那最终将会出现的结果呢？在那几个主要的金融国家，储蓄足够高，当储蓄用于投资而不在金融损失中漏出时，其现存的储蓄量足以令资本的增加比人口的增加快上五倍。除非把我们的储蓄给白白漏洒掉，否则我们又岂能年复一年地替它们在收益接近现行长期利率的企业中找到出路呢？因此，我敢大胆地预测，对于未来的经济史学家来说，1930年的萧条可能是战时利率的殊死搏斗与战前利率的卷土重来。

现在，历经辛苦，这种局面总算有惊无险地自动出现了。不需要以现金形式持有而存为短期存款的投资资金，在英国可能是10亿英镑，在美国可能是40亿英镑。直到晚近，这些资金才取得了可观的利率。在那些困难和危险的日子里，其持有者迟迟不愿动用它们。但总有一天他们会动用的。当它们可能会挣到6%或5%或4%时,若然只能取得2%或1%,甚至一无所得,就会令持有者感到厌烦。到那个时候,群众会动起来;然后我们会突然发现,在目前的利率下,债券的供给实在太过有限。

那么,如果原因是这些的话,这场萧条是否能够避免呢? 它能够得到补救吗? 我们给出的原因都是政策的后果;因此在某种意义上言之,这场萧条是可以避免的。然而,除非我们的当局者的思想与观念也能随之大大改变,否则,政策显然就不可能被彻底翻新。也就是说,所发生的情况确切说来并非是一种偶然;它深深根植于我们一般的行事风格当中。

但是,即便过去的已经过去,对于将来,我们难道就要抱持着宿命论的态度吗? 如果对事态的发展我们放任自流,其结果可能会是灾难性的。物价可能会在足够长的时间之内低于生产成本,从而使企业家感到,除了向生产要素的货币收益开刀之外,再也没有法子可想。在一个资本主义的民主社会中,这是危险的事情。在技术改进大踏步前进的时候,只要愿意我们就可以把自己的生活水平逐年提高一定的百分比;如果在这样的时期我们还陷入了困境,那不免显得太过愚蠢。过去11年,我成了一个凶事预言家,先是在和约的经济后果上,后是在恢复金本位上;我希望这回我不再扮演这样的角色了。

物价最终所确定的水平将取决于利率是否首先降低或削减生产要素收益之举能不能先取得成功;这是因为,若然后一种情况先取得了成功,从而导致收入紧缩,那么,在利润紧缩停止之后出现的均衡物价水平也会相应地要低一些。正如我在第三十章第八节中提到的那样,摆在我们面前的风险恐怕会遭遇到"吉布森悖论",这个悖论的意思是说,下降中的市场利率在速度上永远赶不上自然利率,因此就会反复出现利润紧缩,从而一再导致收入紧缩和物价水平下跌。如果这种情况出现,那么,我们当前的个人主义的资本主义制度就一定会被有着广泛影响的社会主义所取代。

是故,我认为,补救之法就是让大家普遍认识到,如果我们准备用我们的银行体系来对市场利率进行适当调整，那么，投资率并非没有控制住的可能。也许这只要大家普遍相信，在短期所能维持的极低利率能够长久维持下去，即已足矣。这种改变一旦开始，它就会自我持续和强化。

有关特殊的补救之法，本章提出了两个，这两个方法对于这种时机而言允称确当。英格兰银行和联邦储备局都可以对会员银行施加压力，使之在联合行动中达成有利于其自身的结果，也就是联手把存款利率降低到极低的水平，譬如降低到 0.5%这样的水平上。同时，这两个中央机构应该不打折扣地彻底执行银行利率政策和公开市场业务，事前还须达成共识，采取措施防止因国际黄金流动所造成的困难干扰这种政策和业务的施行。也就是说，它们应该联合起来共同维持一个极低的短期利率，并以扩张中央银行货币或抛售短期证券直到短期市场饱和的办法来购入长期证券。如果我的看法正确，那么，一旦限制公开市场业务彻底施行的其中一个条件不存在，这种时机也就到来了；这是因为，债券价格相对于其长期标准而言超出合理预期，以致人们可以继续购入而无需担心亏本的情况，尚不存在——至少目前还不存在。

就本书的观点看，只有在沿着上述路线采取审慎而有力的行动而遭遇败绩之后，我们才有必要承认此时银行体系无法控制投资率，因之而无法控制物价水平。

第三十八章　国际管理问题

在第三十六章，我们给出了一个探索性的结论，在确保适度的国内自主权所需要的某种保障和折中手段下，不久的将来之理想通货，可能是采用一种国际本位。

如果这一点得到了承认，那么，保持黄金为我们的国际本位显然大有益处，只要我们可以把这种金属当作一位立宪君主，完全服从掌握了主权的中央银行内阁的意志；这一点我们在前文中曾经表达过。这是因为，通过这种办法，我们虽然也会有一些花费，这些花费的数额可以由开采货币黄金所需的每年成本来衡量——却可以给那些胆怯的人以信心，可能还可以提前几十年加快采用这种科学方法。

因此，我们面前的终极问题是，通过某种超越一国的国际机构而发展出一套管理黄金本身价值办法的演化问题。

1929年6月，在本章的早期初稿里，我曾写道：如果批发物价指数的下降趋势要持续得非常之久，那么，这种流弊就会陷入造成大灾祸的地步。我又写道：自从1922年热那亚会议的决议表达了欧洲最为审慎的人士那入情入理的戒惧与明智的讨论之后，这些年来，世界各中央银行处理一般业务时，表现得混乱而又糟糕，歧见纷纭。平心而论，这种情况造成了极大的损失和停滞，细细思量，令人不寒而栗。当然，除非中央银行能够发展和实践某种公共精神，否则国际本位定不能维持长久；在蒙塔古·诺曼先生领导下的英格兰银行（在某些事情上不管犯下了什么样的错误）不失为是这方面的一个光辉典范。

我写完上述这些话之后，当时所担心会出现的物价水平进一步下挫的情况果然发生了。可能正是因为这样的原因，世界公共舆论较之于1925年的时候是更愿意友好地看待有关彻底变革的意见了。

第一节　国际管理的双重问题

对黄金国际价值长期趋势的管理，以及消除围绕这一趋势的短期上下波动，乃是两个截然不同的问题。至少在以下这个意义上来看，它们是截然有异的：确保长期稳定性的方法未必可以避免信贷周期的摇摆；虽然这两者有时候也是彼此联系在一起的，因为长期趋势需要物价水平的引致变化来促成，而这一趋势乃是短期波动的可能原因之一，因为它只能围绕自身产生一系列摇摆，方能得以体现。

是故，我们一定得把国际管理的这两个目标尽可能清楚地区分开来。如果我们的首要目标是要使我们现有的经济机器尽可能有效地为创造财富而运行，那么，避免投资非均衡就是这两个目标中更加重要的那一个。是故，选择最小需要引发变化、因之也最好可能干扰储蓄量与投资量之间平衡的那种变动态势，对长期趋势更为有利。但是，由于有些货币契约必然会带来更长期的变化，或更能抵抗引致变化，所以，长期趋势问题也会带来一些影响收益分配的便利和公平之问题。因此，对于国际管理当局而言，我们要求它完成的日常工作，乃是尽可能维持全世界储蓄量与投资量之间的平衡，舍此而外，我们还能为它提供什么样的标准来作为长期的指南呢？对这个问题的最佳答案，可以通过采撷本书各个讨论结果，集合在一起得出。

物价水平的长期变动态势应当缓慢而稳定，这一点要比到底是哪一个有资格的候选人登上宝座这个问题重要得多。因此，就我个人来说，如果遇到了这种情况，我会准备服从多数人的意见，去接受那个能够获得最多支持的当选者。然而，当我们已经决定我们的本位本质上是国际性的，我会认为有资格的候选者一定会大大减少。

这是因为，一旦这一点确定了，在我看来，我们就得放弃一切旨在保持单位人类劳动量的货币价值稳定的价值标准，也就是放弃旨在稳定计时报酬而非效率报酬或单位产出报酬的价值标准。国际本位应与某些国际物品整体的货币价值发生关系，这一点合情合理。但是，由于世界各地的人类劳动效率差别很大，前十年和后十年同一个地区的变化程度也不相同，所以，没有哪一个这种类型的本位可以用作国际本位。是故，那些极力赞成稳定报酬本位的人（参看第一卷，原书第56页）就一定会拥护国家或地方本位，而不拥护国际本位。

同样的理由也可以说明，为什么不用任一更为详备或精确的消费本位或货币购买力本位作为我们的国际本位。这是因为，这种本位也会随地区变化而不同；而且我们也必须承认的是，这种类型的本位没有一种是适用于国际本位的。

因此，我们就被拉回到了某种更加粗糙而现成的国际物品总体上来。我认为，大体选择（譬如）六十种具有世界性重要地位的标准食物和原材料，把它们综合成一个加权指数，每一种物品所占的总分量取决于由生产国计算的世界产出的货币价值，而其价格则取决于这些国家的离岸价格（f.o.b. price）的加权平均数，使用连锁法或环比法逐年进行比较，应该是最好的办法。

也就是说，我主张应当对黄金价值的长期趋势进行管理，让它与略显粗糙的国际物价指数本位制度或法定指数本位制度相符合。在国际联盟经济与财务部编制的生产指数中，有62种商品列入了进去。[1]这62种商品可能还要

---

1 《生产与贸易备忘录》（*Memorandum on Production and Trade*），1923年到1928—1929年。

再加上海运运费，即可大体给出我想得到的那种物价指数本位制度的大体性质。这些商品的列表如下：

表 56

小麦	黑麦	大麦
燕麦	玉蜀黍	稻米
马铃薯	甜菜糖	蔗糖
牛肉与小牛肉	猪肉	羊肉和羊羔肉
咖啡	可可	茶叶
啤酒花	烟叶	棉籽
亚麻籽	菜籽	大麻籽
芝麻	大豆	花生
椰子干核	棕榈和棕榈油（生油）	橄榄油（生油）
棉花	亚麻	大麻
马尼拉麻	黄麻	羊毛
生丝	人造丝	生橡胶
机制纸浆	化学纸浆	水泥
煤	褐煤	石油
生铁和铁合金	钢（钢锭和铸件）	铜
铅	锌	锡
铝	镍	银
天然磷酸盐	钾碱	硫磺
天然鸟粪	智利硝酸钠	硝酸钙（挪威产品和含氮品）
氰氨化钙	硫酸铁	过磷酸钙
碱性熔渣	硫酸铜	

在国际联盟备忘录中所给出的数字表明，这种物价指数本位的价值用黄金计算在 1926 年到 1928 年间下跌了大约 7%，指出这一点也是很有意义的。

物价指数本位制度既不能准确地衡量消费本位，也不能衡量收入本位，也就是说，既不能准确衡量货币的购买力，也不能衡量货币对劳动的支配力。但撇开其简单性和国际性之外，我认为，它还有三个其他的特征值得推荐。

正如我们在本书第二篇所看到的那样，随着技术发明的进步，商品价格相对于劳务价值可能会下降，批发本位相对于零售本位可能也会下降，因为后者包括的不大受技术革新影响的劳务所占比例较大。因此，物价指数本位制度的稳定将意味着消费本位趋于上升，而报酬本位则上升得比消费本位更高;也就是说,货币收入将增加,生活成本将会趋于上涨,但上涨得不如货币收入那么大。我认为,这是物价指数本位制度一个值得推荐之处,因为这样的变化动态整体来看可能与收入的"自发"趋势相配合,若然如此,对于避免用"引致性"变化来抵消与这种变化相关联的"自发性"趋势和短期非均衡问题,是有所助益的。这是因为,人类本性就是这样,对更高货币收入的要求,若然任其自然,就会超出均衡态势所要求的程度。

支持降低货币购买力和货币的劳动支配而不支持其上升的第二条理由,对我来说是很有吸引力的,但对过去的既得利益评价比我高的人,可能就不会像我这样认为它是有道理的了。我认为,由过去的债权——其中国债是最重要的部分——对人类劳作及其成果的支配权应该逐渐与时俱减;进步应当能够放松死人的控制之手;我们也不应当任由死人攫取在过去的指导者早已故去之后所获得的进步果实。如此一来,物价指数本位与其他本位之间的差别在长期将会是有利的,但短期内则差别不可能很大。即便这变化动态被充分预见到,且充分考虑了放款人所取得的利率,也不会带来任何的害处;这只是意味着,长期证券的当期收益将包括一小部分偿还资本总额的偿债基金。[1]

我认为,物价指数本位制度的第三个有吸引力的地方在于,长期稳定这种本位的目标与避免投资在短期内失衡的目的是彼此相互契合的。这是因为,批发物价指数与国际物价指数本位非常相类,它对投资失衡极为敏感,反应也最为迅速;因此管理当局若把物价指数本位作为长期本位制度,就不会对与之并行的短期职责漠然置之了。

由于消除信贷周期必然是我们的国际管理当局的首要职责,而——就目前全世界的知识和舆论情况而言——这也是其最大的难题,可能有些过于困难了。要完成这项任务,国际管理当局势必要与所属的各中央银行合作,

---

[1] 我认为,那些期限超过(譬如)10年的固定利息贷款均应由法律强制规定其具有有限期年金的特点,且期限不得超过(譬如)50年,这样使它在期限结束之后不再需要支付任何款项。这种办法或许是一种正确的金融原则。

并协助各中央银行的行动。没有这些中央银行，它将一事无成或者所为有限；有了这些中央银行，它又到底能够成就多少事情，则视它们的集体智慧和公共精神而定。至于可资利用的机制，我在下一节中给出若干建议。

第二节　国际管理诸法

未来的国际通货管理体系到底是一出世就已然诸体完备，还是会逐渐发展演化而成呢？可能会是后一种情况。虽然是这样，当我们坐下来勾勒一个理想体系的轮廓时，我们自然会设想一种完备的情景。因此，我将首先描述对于我来说最低程度的有用管理是个什么样子，然后再进一步讨论更加完备的制度是什么样的。由于眼下黄金价格无疑有着下降的趋势，所以在之后的讨论中我们将基本上假设我们的直接目标是节约黄金。虽然是这样，不久的将来还是很容易会出现相反的情况——这种情况源于黄金冶炼术的革命性发明的成分较多，源于新的富饶金矿的成分少。

一、最低限度的管理

我们可以按照很久之前热那亚会议的建议，召开各国中央银行大会，要求大会就采取共同行动的广泛原则达成一致意见：

（1）所有国家必须一致同意不允许黄金（或金券）进入该国实际流通中，只是将它作为中央银行的准备货币使用。

我们已经看到（参看第二卷，原书第 265 页），世界各地大部分的黄金已经从实际流通过程里抽了出来，超过 90% 的货币黄金现在都掌握在各国政府和中央银行手里。[1]在美国，金币仍然被允许进入实际流通，金券实际上也是这样。[2]法国新通货法则有一项危险的条款，允许黄金在法令许可下进入实际

---

[1] 美国金券包含在"掌握在政府手中"的总额里。如果我们把实际流动中的金券当做金币的等价物——事实上也就是如此，那么上述的"90%"就变成了"80%"。

[2] 美国最近在联邦储备银行准备金之外流通的金币一共有 3.75 亿美元，金券 9.5 亿美元，折合 2.65 亿万英镑，比英格兰银行的黄金储备高出超过 50%。

流通过程，但该条款尚未得到推行。在其他国家，这方面也没有什么变动的地方。

(2) 所有中央银行必须一致同意接受黄金的某种替代品，将其作为自己的准备货币的一部分，从而减少——或至少根据具体情况变更——自己认为有必要保存在金库中支持其所创造的中央银行货币的那部分黄金量。正如流通货币在十九世纪逐步成为代用货币一样，准备货币也一定会在二十世纪逐步变成代用货币。

使用黄金以外的某种东西来作为中央银行部分准备货币的办法，通过实施汇兑本位制和汇兑管理制，已经开始潜滋暗长。[1]我们在本书第三十三章（第二卷，原书第234页以及之后各页）已经讨论过国外余额在中央银行法定准备金中可以起到什么样的作用。然而，国外余额在各中央银行准备金总额中的实际地位却不可能得到准确的表述。这是因为，这类余额并非在每种情况下分别列出来的。例如，英格兰银行就没有将其是否持有或何时持有外汇或国外余额悉数列出来，德意志国家银行的每周报告中公布的"外汇储备"数字也无法代表总数。不过，下述数字——战前并无与之相当的此类数字——总可以说明"外汇与国外余额"所占的地位。

在1929年6月，[2]欧洲各中央银行发布的"外汇与外国余额"持有量约为4亿英镑，其主要情况如下：

表57

(单位：百万英镑)

法国银行	208	比利时银行	13
意大利银行	53	波兰银行	12
德意志国家银行	18	瑞士国家银行	11
奥地利国家银行	16	捷克银行	11
希腊银行	15		

---

1 参看第一卷，原书第315页及之后各页；第二卷，原书第282页及之后各页。
2 这个数额在1年之后没有多大变化。

因此，似乎在我们所希望的方向上，俨然存在着一种明确的演化趋势。虽然是这样，但我担心这种表象略带着一点儿欺骗性。部分出于第二十一章所给出的理由（参见第一卷，原书第 315 页及之后各页），黄金汇兑管理制度似乎正在日趋衰颓。还有部分原因可能是由于人们感到使用这种办法乃是一种软弱的表示，或者说表现出了自己不打算成为金融中心的特点。是故，为建立一种标准，开一种风气，明确地让所有中央银行均有自由裁量权，将其法定准备金至少一半以其他国家中央银行余额的形式持有，最好是以国际清算银行的余额方式持有，是一种值得期许的做法。

（3）所有中央银行的法定准备金在中央银行委员会的建议下应可予以变动，变动范围不得超过正常增减量的 20%。

这类条款可以令中央银行集体在必要之时有办法增减黄金的有效供给，所以极为重要。

（4）在所有国家，中央银行最低黄金购买价和最高黄金出售价之间的差距应当被扩大到 2%。这一条款的益处我们已经在本书第二卷第三十六章解释过。

除了与现行办法相去不远的第一条，这些条款中没有一条是要**强迫**任何一家中央银行改变其行为的。它们将不会被迫把一部分准备金用于国外余额的持有上；对于它们实际上所持有的多余准备金，也不存在什么限制；也没有什么会阻止它们宣布准备暂时以最小差价来买卖黄金。其目的反而是让中央银行能够从被迫遵守那些硬性法规当中脱身，对这些法规的严格遵守既不符合这些中央银行的利益，也不符合一般公众的利益。如果由各家中央银行联合提出一套符合安全、威信和公共精神等方面要求的通用法规，胆怯或不安的情绪将得以解除，而这类胆怯或不安的情绪，则是即便单独的一家中央银行采取它们时感到方向无误，也不免会产生。

这类规则不会阻止个别中央银行吸收并贮存超过其在世界黄金供给量中应有的亏损额，从而令邻国中央银行遭遇困境；我看不出有什么办法可以做到这一点。但它们会设立某些标准,对这些标准的采用至少会让黄金购买力出现较大波动的可能性以及信贷出现不稳定状况的可能性减少。这是因为,前三条法规会令人们大量节约黄金有其可能,这就可以消除未来若干年内出现黄金匮乏的风险;而第四条法规会允许中央银行具有高度的行动自由——这是目前尚不具备的,在国内短期信贷情况与全世界在性质上不一致时能够加以应对。

二、最高限度的管理

然而,一个令人满意的黄金价值的国际管理体系则需要向前迈出比这更大的一步——尤其是如果我们要针对信贷周期寻找任何有效的补救措施的话,情况更是这样。理想的安排必然是成立一间国际银行,这间国际银行与世界各个中央银行对其会员银行的关系是一样的。在这样的一间国际银行尚未进入政治舞台之前,早早地去草拟一份纸面上的详细章程,纯属浪费时间。但是,一份章程大纲可能又是最能说明我们所希望的那类东西到底是什么。

(1) 在我看来,这间国际银行不需要任何初始资本,但是其负债则应由所属的各中央银行来作担保。

(2) 除了对各国中央银行之外,它不应有任何经营上的业务。它的资产应该包括黄金、有价证券和对各国中央银行的垫款,以及因各国中央银行存款所造成的负债。这类存款我们称为国际银行货币(或简称为 S. B. M.)。

(3) S. B. M. 应该按差价为 2% 的固定价格购买或兑换黄金。

(4) 国际银行的黄金储备应由该行自己决定,而且不能强令超过其对负债的任何既定最低百分比。

(5) 该国际银行所属的所有中央银行发行的国家货币均应强制规定可以用 S. B. M. 按照上述黄金的条件——即按照 2% 的购买与销售差额——来收购或兑付。此外,各国货币应该只能用 S. B. M. 来兑现,这一点也是值得期许的;因此 S. B. M. 就会成为首要的国际本位,而以 S. B. M. 本身可兑换成的黄金则作为最后的本位。

(6) S. B. M. 可以视同黄金而作为所属各中央银行的法定准备金。

(7) 所属各中央银行一开始应在国际银行开设账户，并存入一大笔黄金；之后它们所持有的 S. B. M. 可以用进一步增加的黄金存入量、从其他中央银行转过来的 S. B. M.，以及向国际银行贷款等办法加以补充。

(8) 国际银行将规定所属各中央银行三个月以下期限的银行借款利率。至于其中任何一间中央银行所能够得到的这些贴现周转账款量可以按照该中央银行过去三年（譬如）在国际银行的平均存款量来决定，一开始可以按照其黄金存量来决定。例如，各中央银行一开始有权以初始黄金存量为限进行贴现，三年后以前三年的平均存款额为限。但最高额度应该像银行利率一样，按照 S. B. M. 总量的增减不时加以重新厘定，从而维持 S. B. M. 的价值稳定。如此一来，国际银行就可以从以下两个方面来控制它对中央银行的信贷条件——银行利率和贴现配额。最好是所属各中央银行平时就向国际银行借款，而不仅在紧急情况下才借。

(9) 国际银行在经过所属兑付国中央银行同意后，应有自由裁量之权开展公开市场业务，对长期或短期证券进行买卖，这类同意在购进时必须取得，在抛售时则不必如此，然而以 S. B. M. 发行国际贷款却没有什么不能进行之处，而且还会日趋普遍。到了那个时候，国际银行就可以完全按照自己的意愿自由地购买或售出了。

(10) 国际银行的章程在这里属于细枝末节问题，不必多说。但可能其管理还是应该独立，对于日常行政管理工作应拥有高度的权力和自由裁量之权，只受所属中央银行代表组成的监督委员会的最终控制。

(11) 国际银行的利润可以分为两个部分，一部分归入准备金，另外一部分则按照所属各中央银行的平均存款比例进行分配。

(12) 到目前为止，我尚没有就国际银行的管理目标说过什么。我认为这只是一个一般方向的问题而不是具体责任的问题。基本方向有两个。这间国际银行的第一管理责任就是，如前文所言，尽可能按照国际贸易主要商品的物价指数本位来维持黄金（或 S. B. M.）价值的稳定。其第二个管理责任，是要尽可能避免国际性的普遍通胀与通缩。要达到这些目的的方法一部分是运用其银行利率、贴现配额和公开市场政策，但是基本上还是由其与所属中央银行或由后者相互之间进行协商并采取联合行动；各中央银行应该在监督委员会的月度会议上讨论它们的信贷政策，并尽可能按照共同商议的方针采取行动。

单凭纸面上的组织章程，显然不能保证任何东西。只有通过世界各地的金融当局日复一日地运用其慧见，方能达到这一令人期待的目标。但如果能够按照上面的路线搞出些名堂，那么，我认为全世界的中央银行就可以掌握一种工具，只要自己愿意而且知道如何运用，就可以用它来达到主要的目标。

第三节　国际清算银行

1929 年年初，在欧文·杨格先生（Mr Owen Young）的主持下，巴黎的一帮专家召开会议，抛出了一个《德国赔款问题报告》，其中有一项附录概略性地说明了所提议的"国际清算银行"的职权范围和组织结构。后来就按照这个建议的方针，成立了一间银行。本书付梓之际，这间银行刚刚投入运营。

创设这间银行的基本目的乃是为了便利第一次世界大战所造成的国际债务的支付和转移——德国的赔款、协约国之间的债务以及欧洲各国政府所欠美国的债务，等等。但是很显然，清算银行打算行使的职权要更加广泛，可能所欲起到的作用就是我在前文所提到的关于货币的国际管理方面的那种作用。这间银行的创办人之一乔赛亚·斯坦普爵士（Sir Josiah Stamp）就曾经公开这么讲过。因此，从这个角度来看，对其结构进行一番研究是很有价值的。

对这间银行及其组织章程的附录进行概述是冗长而复杂的。[1]但其要点则可以简单地概括如下：

(1)"本行的目标是要推动各国中央银行进行合作，为国际金融活动提供更多便利；而这项清算工作是与有关各方协议在国际金融清算中充任受托人或代理人。"

(2)"本行的工作应与有关国家中央银行的金融政策取得一致。"

(3)"本行的全部行政管理权属于董事会，"董事会经过三分之二多数同意后有权修改该行的某些规章，其余的规章则在"按照本行组织章程补充条款批准"后方可予以修改。[2]

(4)董事会应由英国、法国、比利时、意大利、日本、德国和美国的中央银行总裁担任，或由这些中央银行的总裁提名人选。每个国家应派两名成员，德国和法国可多派一名代表，董事会中大约三分之一的董事应从某些其他国家的中央银行所提出的名单中选定。

(5)该银行可以以往来账户或存款账户的名义接受各中央银行的存款，可以向各中央银行垫款，而且还可以自由购买或出售黄金、外汇、票据和证券。但是，如果有关中央银行不批准，该银行不得开展任何金融业务（投入时未尝提出过反对的资金予以撤回是例外）。

(6)如果与某国国民进行交易而其中央银行未曾反对，则该银行可以不用局限在只与各国中央银行开展交易。

---

1 详细内容见艾尔辛格（Einzig）所著《国际清算银行》（*The Bank for International Settlements*）一书中所清楚罗列的这些方面的细节。

2 是谁制定了这一项法律，并未说明。[根据剑桥版《凯恩斯全集》编者所注，沃尔特·雷顿（Walter Layton，即已故的雷顿勋爵）致凯恩斯的一封信（该信写于本书出版之后几天）里，雷顿曾就此做出过澄清："这次会议就此规定得非常清楚。该法必须是所在国的一项法律——但只有瑞士可以把这类法律当做只有签署后生效的协议结果来通过，这是条约赋予它的特权（见章程序言第三段）。这类法律也必定是通过股东大会以及董事会投票表决通过的 B. I. S. 协议：即非赔款国的银行也有发言权。"——译注]

(7) 该银行不得：(a) 发行钞票，(b) 承兑票据，(c) 为政府垫款（但可以购买政府的国库券与有价证券）或以政府名义开设往来账户，(d) 在任何企业中取得优势权益（predominant interest），或保有非自身业务所需的财产，暂时保有这类财产除外。

(8) "该银行应特别注意保持其自身的流动性，"但不要保有任何规定比例的黄金或票据。

(9) 该银行有已认购的资本，利润按照既定比例分配在准备金、股票持有人、存储长期定期存款的中央银行，以及德国赔款账户上。

很显然，这些条款草拟得很宽泛，而且是与该银行按照上述建议路线演变成一个国际金融管理机构的方针相一致。但是，在这种情况下，其组织章程方面则存在着某些困难。接受赔款的强国被赋予了优势代表权，这与一个真正的国际机构完全不相容；然而这一组织章程已然如此，以后要改变是不大容易的了。

这间银行还有权经营中央银行客户一般业务，这一点也可能会遭受非议。我认为，就存款和贴现而言，这间银行最好应该严格限制在与中央银行之间的业务经营上，不应该与任何其他各方产生直接关系；正如中央银行除公开市场业务之外，也许最好只限于与其本身的会员银行或其他中央银行发生业务关系一样，该银行也当有类似限制。如果国际银行插手一般金融业务，就会无谓地激起诸多的竞争排挤。

虽说如此，我们仍然可以期待该银行能够成为一个核心，最后演变成为一个管理金融问题的国际银行。至少，它为各国中央银行总裁可以养成开诚布公地讨论问题之习惯提供了一个集会的地方，他们可以在这里熟悉和了解彼此的做法和想法，逐渐发展出协作和共同行动来。然而，国际清算银行将来的作用就像其他一些不够成熟的国际机构一样，基本上要靠美国的支持才能得以发挥。只要美国政府当局感到仍有必要向国内舆论表白自己毫无舍己利人行为的话，这间银行的进展就一定会比较缓慢。但我们还是期待美国人能够抛弃这样的态度，而这样的态度并非出于自私自利之心——恰恰相反，这是出于对古老的文明中心的某类猜妒而来。

第四节 结 论

近年来，大部分人对这个世界管理其货币事务的方式开始感到不满。然而，他们对那些所提出的补救之法又不大信任。我们做得很糟糕；而且我们还不知道如何才能做得更好些。我认为，主要责任不应该由在实践第一线的银行家来承担。白芝浩有一段著名的话，曾抱怨英格兰银行的董事对正确的原理并不了解，他还写道："我们无法期望他们自己会发现这些原理。世界上的抽象思维从来就不可能从这帮身居高位的人身上得到，对那些最要紧的现行交易的管理已然占据一切，负责这些交易的人通常是不大去想理论的问题的，甚至从事这类思考与这些事情有密切关系时也是如此。"不过，当我们回头去看看经济学家的工作，这些人的本职就是从事"世界上的抽象思维"，值得注意的是，直到最近几年风波乍现之前，任何地方几乎都很难看到严肃认真的有关货币理论方面的著述。最近几年的事情确实激起了许多这方面的思考，时机相宜将会取得其成果。但经济学的特点是：虽然有价值和有意义的工作进行多年，其间取得了稳定的进展，然而如若其结果尚未严谨或完美到某种地步，用于实际时就几乎一无可为。半生不熟的理论虽然已经朝最终完美的形式上走出了一半路程，但在实际应用上却还没有多少价值。如此一来，要是说虽然原本有正确的指导方针可供使用，但那些工作在实践第一线的人们却往往会忽略这方面的结论，那也不确切。

货币理论现在是不是准备好了跃出这关键性的一步，有效地与现实相联结呢？我相信，如今工作在英国、美国、斯堪的纳维亚、德国和奥地利的活跃的经济学家的研究氛围对于这样的结果是有利的。而这种情况并不限于货币理论。马歇尔的《经济学原理》出版于四十年前，其中大部分思想是五十多年前形成的。自该书出版以来，三十年间经济理论的进展无足道哉。到了

1920年，他的经济均衡理论已经被接纳，但并无多大的改进。不幸的是，马歇尔一心期待能将其经济理论发展到可与现实世界恢复联结的程度，于是便常常倾心于用很多机智而精妙的语言对动态问题指指点点，以求粉饰其均衡理论的静态本质。不过，我倒认为现在终于到了更上层楼的前夕，如果这一步能够顺利跨越，那么这将大大增进理论应用于实际的可能性——也即，这是在朝理解非静态均衡下经济系统的详细表现而迈出的一步。本书与大部分老的货币理论著作相比，其不同之处就在于，本书旨在为经济科学的这一新的阶段做出一份贡献。

不过，在我们把我们的理论成熟化或安全地运用到实际问题上去之前，我们还需要增加另外一类知识，即有关当代经济交易的精确数量信息。在这方面——至少在英国——从事实践工作的银行家容易受到更多的责难。而在美国，所有筚路蓝缕以启山林的工作都已经完成，最近五年许多这类工作都具有极高的质量，而主持这件事的，有时候是联邦储备局（由斯图尔特博士、高登威赛尔博士和其他人所领导），有时候是诸如美国国民经济研究局、哈佛商业研究所和哈佛经济学会这类半官方的机构。正如联邦储备局的米勒博士所言，收集和整理全面的统计资料对于"消除只凭印象说话的印象主义"非常重要。[1] 另一方面，英国的银行——英格兰银行和五大银行——直到最近还把经济调查员看成是哑剧中的警察，给那些被逮捕的人使眼色，暗示"他所说的话都会被记下来，然后改头换面之后用作呈堂证供来对付他"。我倒愿意把他们比作医生，他们拒绝收集或提供有关出生、死亡以及健康与疾病状况的统计资料，他们的部分理由是说透露这种资料就辜负了病人对他们

---

[1] "'只凭印象说话'（Impressions）无可避免地在人类事务中发挥着很大作用，但据我观之，印象主义在美国的行政管理当中所起作用实在过大。因此，每一个可以拿出科学工具而又在做着与行政事务有关的工作之人最好避免它，这样可以减少猜测。"在物价稳定委员会（《美国国会报告》，1927年，第700页）前作证时米勒博士这样进一步言道。在此我要补充一句，只凭印象说话在所有其他国家都比在美国所起的作用大。

的信任，还有部分理由是，怕这种资料被他们的同侪竞争者抓住把柄，或是影响他们的职业威信。他们不仅对这个不够完美和发展不充分的科学中不够稳定的结论采取合理的保留态度，而且直到最近他们也极少或根本没有帮助它提高过。至于其他地方，日内瓦的国际联盟经济与金融分部以及国际劳工局也都曾做出过勇敢的努力，但由于它们所依靠的数字是碰上其他权威机构收集到什么就拿过来使用，而非由其自身来收集，所以就受到了限制；而白厅的贸易部和劳工局的统计部门则因人手和财力不足也受到了阻碍。

就货币科学的情况来说，还有一个特别的原因，使得统计资料对于提出理论、检验理论并令人信服非常之重要。归根结底，货币理论不过是对"大浪淘沙"这句古语的更大规模上的一个阐发罢了。但要把这种情况说清楚，并使我们信服，我们就必须得有一张完整的清单。总的来看，商店柜上收到的钱数应等于顾客所花的钱数；公众的总开支应等于其收入**减去**他们存放起来的钱数；诸如此类简单的道理，其意义与关系显然最难理解。

译者跋

约翰·梅纳德·凯恩斯是二十世纪当之无愧的伟大经济学家和重要的思想家，其经济思想对今天世界各国的经济政策制定仍然有着相当的影响。

凯恩斯生前一共出版过九部著作，分别是：《印度的通货与金融》、《凡尔赛和约的经济后果》、《论概率》、《条约的修正》、《货币改革略论》、《货币论》（上、下册）、《劝说集》、《传记文集》，以及《就业、利息与货币通论》。此外，他还出版过六本小册子作品。译者在研习经济思想史时，发现凯恩斯著作的中译本虽然很多，但多是对其中一两部名著如《就业、利息与货币通论》和《货币论》的重译，而诸如《货币改革略论》和《论概率》等这类反映其思想渊源与流变的重要著作，却付诸阙如。经过几年的阅读和准备之后，译者这才起心动念，打算在前人译本的基础上，提供一套较为完备的凯恩斯生前著作的中文译本。

凯恩斯先生是一代大家，译者虽然不辞辛劳，心里存着追慕远哲、裨益来者的决心，但是才疏学浅，译文中的错讹之处必多。祈望海内外学人，对于译文能够多所教诲，先在这里表达自己的不胜感激之情。

李井奎

写于浙江财经大学·钱塘之滨

图书在版编目(CIP)数据

货币论:全二卷/(英)约翰•梅纳德•凯恩斯(John Maynard Keynes)著;李井奎译. —上海:复旦大学出版社, 2020.9
(约翰•梅纳德•凯恩斯文集)
书名原文:A Treatise on Money
ISBN 978-7-309-15025-4

Ⅰ.①货… Ⅱ.①约…②李… Ⅲ.①凯恩斯主义-货币论 Ⅳ.①F091.348

中国版本图书馆 CIP 数据核字(2020)第 076376 号

货币论:全二卷
(英)约翰•梅纳德•凯恩斯(John Maynard Keynes) 著
李井奎 译
出 品 人/严 峰
责任编辑/谷 雨
复旦大学出版社有限公司出版发行
上海市国权路 579 号 邮编:200433
网址: fupnet@fudanpress.com http://www.fudanpress.com
门市零售: 86-21-65102580 团体订购: 86-21-65104505
外埠邮购: 86-21-65642846 出版部电话: 86-21-65642845
上海盛通时代印刷有限公司

开本 787×960 1/16 印张 41 字数 563 千
2020 年 9 月第 1 版第 1 次印刷

ISBN 978-7-309-15025-4/F•2692
定价: 158.00 元(全二卷)

如有印装质量问题,请向复旦大学出版社有限公司出版部调换。
版权所有 侵权必究